Susanne Feigl / Christian Lunzer
Das Mädchenballett

SUSANNE FEIGL / CHRISTIAN LUNZER

Das Mädchenballett
des
Fürsten Kaunitz

Kriminalfälle des Biedermeier

EDITION S

Edition S
Verlag der österreichischen Staatsdruckerei

1. Auflage 1988
Copyright by
Österreichische Staatsdruckerei
Alle Rechte vorbehalten
Umschlaggestaltung: Atelier Schiefer
Umschlagmotiv: Fanny Elßler im Alter von zwölf Jahren als
Mitglied von Horschelts Kinderballett.
Aquarell von Johann Stefan Decker.
Druck- und Bindearbeit: Österreichische Staatsdruckerei
ISBN: 3-7046-0095-4

INHALT

Vorwort

Zu den spektakulärsten Kriminalfällen der Biedermeierzeit gehört der Prozeß gegen Alois von Kaunitz-Rietberg. Fürst Kaunitz stand im Jahre 1822 in Wien vor Gericht, angeklagt wegen „Schändung, Notzucht und Kuppelei in vielen Fällen". Der – mehr als tausend Folioseiten umfassende – Gerichtsakt ist vollständig erhalten; nicht zuletzt, weil er weit über hundert Jahre zu den Geheimakten zählte. Dieses Aktenmaterial wurde bisher noch nie bearbeitet. Der Fall Kaunitz aber ist nicht nur spektakulär, er ist zugleich bezeichnend für die Abhängigkeitsverhältnisse jener Zeit.

Für die Auswahl der Kriminalfälle waren zwei Kriterien entscheidend: Sie sollten typisch für die Biedermeierzeit und auch heute noch von Interesse sein. Straftaten „kleiner Leute" finden sich neben prominenten Fällen, wie jenem des Ritters von Bohr, einem Mitbegründer der Ersten österreichischen Sparcasse, von dem sich letztlich herausstellte, daß er sein ganzes Vermögen mittels Geldfälschung erworben hatte.

Als Quellen wurden zum überwiegenden Teil Akten des Wiener Kriminalgerichts herangezogen; wo dies nicht möglich war, Sekundärliteratur. Bei einigen bekannten Kriminalfällen, wie dem des Räuberhauptmanns Grasel, konnte sich die Wiedergabe auf eine Reihe von Vorarbeiten stützen. Eine novellistische Bearbeitung wurde in jedem Fall vermieden.

Nur ein Bruchteil der ehemaligen Akten des Wiener Kriminalgerichts hat sich bis auf den heutigen Tag erhalten, und die vorhandenen sind keineswegs immer vollständig. Einzelne Aktenstücke haben offenbar Liebhaber gefunden – so fehlen im Akt Jaroszynski die Briefe der Therese Krones und im Akt Bohr die einst als Beweismittel beiliegenden gefälschten Banknoten. Oft aber wurde vom Gericht auch nur das „Referat" des Untersuchungsrichters aufbewahrt, die – in indirekter Rede gehaltene – Zusammenfassung der Tatbestände einschließlich der Personalien.

Die Kriminalprozeßordnung der Biedermeierzeit unterschied sich grundlegend von der heutigen. Der Strafprozeß war ein inquisitorisches, geheimes Verfahren. Es gab weder Geschworene noch Verteidiger. Die Untersuchung wurde von zwei Richtern in Anwesenheit von zwei Beisitzern geführt – unter Ausschluß der Öffentlichkeit. Über den Inhalt der Anklage und die Aussagen der Zeugen wurde der Inquisit nur soweit informiert, als dies dem Richter zielführend erschien. Abgeschlossen wurde der Prozeß mit dem Referat des Untersuchungsrichters. Er trug seine „Meinung" dem Kriminalsenat vor, der mit einfacher Mehrheit das Urteil beschloß. Um Rechtskraft zu erlangen, mußte es dem Obergericht vorgelegt und von diesem bestätigt oder revidiert werden.

Da es sich beim Großteil der für dieses Buch herangezogenen Quellen um Handschriften handelt (Akten, Polizeiberichte), die zum Teil orthographische und grammatische Fehler und eine eher willkürliche Zeichensetzung aufweisen, wurde die Rechtschreibung durchgehend den heutigen Regeln angepaßt. Der Sprachduktus aber wurde beibehalten.

Was als „kriminell" gilt, was davon tatsächlich zur Anzeige kommt und welche Strafe wem zugemessen wird, das ist nicht unabänderlich, sondern hat sich im Laufe der Geschichte immer wieder geändert – aufgrund der sich wandelnden Wertvorstellungen, Lebens- und Arbeitsbedingungen.

Das vorliegende Buch beschränkt sich daher nicht auf die Wiedergabe von Kriminalfällen, sondern informiert auch darüber, wie und wovon die Menschen der Biedermeierzeit gelebt, was und für wen sie gearbeitet haben, was das Gesetz ihnen zu tun erlaubt hat, und was nicht. Es versucht, die Kriminalfälle nicht als Einzelphänomene darzustellen, sondern in ihrem gesellschaftlichen Kontext.

So gesehen ist auch Kriminalgeschichte Kulturgeschite.

Üblicherweise aber wird Kulturgeschichte auch heute noch vornehmlich in Form von Kunstgeschichte vermittelt. Ausstellungen und Bücher haben das ihre dazu beigetragen, daß mit dem Begriff Biedermeier in erster Linie die Vorstellung von behaglicher Wohnkultur, von Hausmusik und familiärer Harmonie verbunden wird. Das aber kann nicht alles gewesen sein. Warum wäre es dann 1848 zur Revolution gekommen?

Das Biedermeier war auch die Zeit der beginnenden Industrialisierung, in der die Arbeitskraft von Männern, Frauen und Kindern unbegrenzt ausgebeutet wurde. Die Bevölkerung Wiens hat sich in diesen wenigen Jahrzehnten verdoppelt; als Wohnungen vermietet wurden selbst Scheunen, Keller und Lagerräume. Die Zahl der „Aftermieter" und Bettgeher stieg sprunghaft an. Die Massenarmut infolge Staatsbankrott, Inflation und Teuerung macht den extrem hohen Anteil an Eigentumsdelikten und die zahlreichen Prozesse wegen Geldfälschung begreiflich und entlarvt die vielgepriesene „Genügsamkeit" jener Zeit als eine erzwungene. Daß die in Genrebildern verewigten Familienidyllen eher Wunschbild als Lebensrealität waren, das lassen nicht nur die Kindesmorde und Kindesweglegungen vermuten, das zeigt auch die Tatsache, daß in der ersten Hälfte des 19. Jahrhunderts 40 Prozent der Bevölkerung zeitlebens unverheiratet geblieben sind.

Die gängigen Vorstellungen über die Biedermeierzeit wenn schon nicht zu revidieren, so doch zu ergänzen, war ein wesentliches Motiv für die Arbeit an diesem Buch.

Sein Zustandekommen verdankt es auch Friedrich Hartls umfangreicher rechtshistorischer Studie über das „Wiener Kriminalgericht", in der alle heute noch vorhandenen Kriminalakten aufgelistet sind, was die Auswahl der Fälle und den Zugang zu den Akten sehr erleichtert hat.

Für Informationen, Hilfestellung und Beratung sei dem Bildarchiv der Österreichischen Nationalbibliothek, dem Haus-, Hof- und Staatsarchiv, dem Allgemeinen Verwaltungsarchiv, vor allem aber dem Wiener Stadt- und Landesarchiv, besonders Herrn Dr. Helmut Kretschmer, herzlich gedankt.

Susanne Feigl
Christian Lunzer

TRAUTES HEIM –
GLÜCK ALLEIN

Wiener Polizeibericht für den Monat Dezember 1816

Volksstimmung

Die Klagen des Publikums über die stets wachsende Teuerung, besonders bei Fleisch, Brot und Mehl, werden immer lautbarer und in einem hohen Grad von umgreifender Niedergeschlagenheit und Mißmut geführt, indem es vorzüglich den Personen, die einen fixierten Gehalt beziehen, und der gemeinen Volksklasse, der es schon größtenteils an Verdienst zu gebrechen anfängt, beinahe unmöglich ist, sich nur die notwendigsten Bedürfnisse für ihre Familien zu verschaffen.
(...)

Die Unzufriedenheit wird dadurch vergrößert, daß man auf den Märkten und bei den Gewerbsleuten zureichende Vorräte erblickt, aber nur wegen der teuren Preise nichts zu erkaufen imstande ist, daher man nicht den Mangel, sondern nur den Wucher als die Ursache der allgemeinen Bedrückung ansieht.
(...)

Man äußert gegen die Staatsverwaltung allgemein einen hohen Grad von Unzufriedenheit und macht derselben den Vorwurf, daß selbe keine ernstlichen Maßregeln – wo nicht zur Herstellung wohlfeilerer Zeiten, wenigstens zur Verminderung des in Friedenszeiten unerhörten Druckes der Teuerung – ergreife, daß diese Staatsverwaltung statt den Wucher zu zerstören und den Börsekurs zu regulieren, gerade noch solche Anordnungen treffe, welche zur Erhöhung dieser Übel mitwirken.
(...)

Öffentliche Ordnung, Reinlich– und Sittlichkeit

Bei den öffentlichen Beleuchtungs-, Feuersicherheits- und Straßenreinigungsanstalten wurde kein bedeutendes Ge-

12

brechen wahrgenommen. Ebenso wurden in Hinsicht auf die Sittlichkeit alle erforderlichen Maßregeln gehandhabt und auch sichtlich der Schanddirnen jeder bemerkte Unfug abgestellt.
Laut der anliegenden Tabelle wurden wegen erwerbslosen Wandels, Mangel an Ausweis und Unterstand und wegen nächtlicher Betretung im ganzen Monat 165, endlich wegen Bettelns 774 Personen eingebracht und behandelt.
(...)

Öffentliche Ruhe und Sicherheit

Laut des Verzeichnisses Nr. 1 wurden in diesem Monat verhaftet:

wegen Verbrechen	88 Personen
wegen schwerer Polizeiübertretungen	241 Personen
wegen minderer Vergehen	249 Personen
Zusammen	578 Personen

Verbrechen, die besondere Erwähnung verdienen, sind folgende vorgekommen:
Am 27. d.M. früh ist der jubilierte k.k. Kabinettsoffizial Franz Winzer in seiner Wohnung in der Stadt Nr. 1043 ausgeraubt und seine Köchin Theresia Dörfler ebenda ermordet gefunden worden. Der Täter wurde am nämlichen Vormittag durch hieramtige Verfolgung der aufgenommenen Spuren in der Person des bürgerlichen Schneidermeisters Ferdinand Wurzinger ausgemacht, der dieses verübte Verbrechen bei hieramts vorgenommener Voruntersuchung eingestanden, und noch am nämlichen Tage an das Kriminalgericht übergeben wurde.
Am 29. nachts ist ein Einbruch in den Flecksiederladen des Hauses Nr. 183 im Alten Lerchenfeld geschehen, wobei ein Diebstahl im Wert von 100 fm. verübt wurde. Es konnte bisher keine Spur der Täter erlanget werden.
In dem Hause Nr. 65 wurde ein weggelegtes Kind weiblichen Geschlechts, bei drei Monate alt, gefunden, welches der dasige Hausinhaber Kastner bis auf weitere Verfügung

bei sich zu behalten erklärte. Der Täter konnte bisher nicht
ausfindig gemacht werden.

Michael Lediny, Uhrmachergesell, hat aus der Verlassen-
schaft der verstorbenen Regierungsratswitwe Klein einen
Betrag von 78.375 fm. in Obligationen nach vorgenommener
Sperre mittels Einsteigen durch das Fenster entwendet,
solchen aber auf nämlichen Wege wieder in die versperrte
Wohnung zurückgetragen, wo sie unter einem Kasten gefunden wurden. Man konnte ihn dessen jedoch anfangs
nicht überweisen. Endlich trat Lediny als Universalerbe der
gedachten Witwe Klein auf, indem er sich auf ein mündli-
ches, vor Zeugen gemachtes Testament berief, aber es gelang der Polizeibehörde zu entdecken, daß er falsche Zeugen
zu diesem Ende genommen hatte, worauf er mit allen seinen
Teilnehmern nach geständiger Tat an das Kriminalgericht
übergeben wurde, nachdem zuvor außer obiger Obligations-
entwendung auch noch mehrere an der Kleinischen Verlas-
senschaft begangene Diebstähle erhoben worden sind.

Klara Krug, auch Gusterer genannt, wurde in der Stadt am
Ruprechtssteig vor dem Hause Nr. 496 von dem Wagner-
meister Bernhard, der eben vorbeiging, besinnungslos liegen gefunden, hierauf in eine Wohnung dieses Hauses
einstweilen aufgenommen, wo sie durch Arzneien zu sich
gebracht und endlich in einem Fiaker zu sich nach Hause
begleitet wurde. Sie gab bei dieser Gelegenheit an, daß sie
eben damals nachmittags um 3/4 auf 3 Uhr am Hafnersteig
mit einem Sackel Zwanziger unter dem Arm gegangen und
von einem Bettler um ein Almosen angesprochen worden
sei. Als sie ihm solches willig geben wollte und den Arbeits-
beutel hierzu eröffnete, habe sie der Bettler am Halse
gepackt, sie dergestalt zu Boden geworfen, daß sie besinnungslos liegenblieb, ihr den Geldsack und Beutel abge-
nommen, worin sich 200 fm. Silbermünzen und 150 fm. Wiener Währung befanden, und sich damit entfernt.

Weil aber in dieser Gegend niemand damals einen Bettler
gesehen, die Krug auch sich bei der Vernehmung in manche
Widersprüche verwickelt hatte, und sie als eine sehr unmo-
ralische, der Kuppelei und körperlichen Gewerbetreibung
höchst verdächtige Person bekannt war, so wurde die Untersuchung hierüber streng verfolgt und endlich erhoben,

daß die Krug diesen an ihr begangenen Raub nur erdichtet habe, um den Kooperator Wanke in Bockfließ, von dem sie anvertrautes Geld in Händen hatte, damals nicht bezahlen zu müssen, sowie man auch entdeckte, daß sie schon früher Privaturkunden verfertigte, um diesen Wanke damit zu täuschen und zu vertrösten. Wegen dieses verübten Betruges wurde sie dem Kriminalgericht angezeigt, weil sie wegen Krankheit nicht sogleich dahin überliefert werden konnte. Der ausführliche Rapport hierüber wird in der Anlage beigefügt.

Am 21. d. M. nachts um zwei Uhr entstand in der Wohnung des entlassenen Invaliden Wisinger in der Alservorstadt Nr. 147 eine starke Explosion von Schießpulver, und man fand, daß dieselbe im Bette des Wisinger vorgegangen war. Man erhob ferner von dessen Eheweib und von vier Strickerinnen, die allda in Aufenthalt waren, daß Wisinger nichts arbeiten wollte, von seinem Weib nur immer Geld zu erpressen suchte, und bereits die Drohung ausgestoßen hatte, daß sie alle bald hin werden müssen, wenn er kein Geld bekomme. Da er dadurch des beabsichtigten Selbstmordes verdächtig war, so wurde er an den Magistrat übergeben.

Die meisten vorgekommenen Verbrechen überhaupt bestanden in Diebstählen und Betrügereien, die aber meistens ohne hohen Belang waren, und wovon man vorzüglich Not, gesunkene Moralität und Verdienstlosigkeit als Ursachen betrachten muß.

Unglücksfälle

haben sich in diesem Monat folgende ergeben:
Verübte Selbstmorde
Theodor Koch, Drechslergesell, hat sich in der Schlosserwerkstatt seines Bruders zu Hernals durch einen Pistolenschuß entleibt.
Kränklichkeit und Verzweiflung an der Herstellung seiner Gesundheit haben ihn zu diesem Schritt wverleitet.
Theresia Friedenberg, k.k. Majorswitwe und Wäschverwahrerin beim Grafen Palffy in der Jägerzeile Nr. 14, hat sich erhängt Melancholie, daß sie ungeachtet mehrmaligen

Bittens keine Pension erhalten konnte, soll sie zu dieser Tat gebracht haben.
(...)
Bedeutende Unglücksfälle
Josefa Schindler, Wäscherin, Anna Disler, Druckerseheweib, und der zehnjährige Sohn der Kräutlerin Mayer, wurden von Hunden gebissen, die als wütend erkannt worden sind, daher sie unter ärztliche Obsorge gestellt wurden.
Franz Wieland, ein Waisenkind, beim Taglöhner Kurz in der Leopoldstadt in Verpflegung, wurde von einem Hund gebissen und bedeutend verletzt. Da der Hund entlaufen war, und man daher keine Gewißheit über seinen Zustand erlangen konnte, so wurde Wieland der ärztlichen Behandlung übergeben.
Rosalia Weimann, Kleinhäuslerin von Unterkreuzstetten und Theresia Hirmer, Maurergesellenseheweib, wurden von scheu gewordenen Pferden niedergestoßen und bedeutend beschädigt.
(...)
Auf der Landstraße in dem Hause Nr. 187 ist auf dem mit Heu- und Strohvorräten angefüllten Boden Feuer entstanden, wodurch der Dachstuhl abgebrannt ist. Dieses Feuer ist wahrscheinlich durch nachlässigen Gebrauch des Lichts entstanden.

Vom Wahnsinn

wurden die Gärtnerstochter Juliana Römer, 27 Jahre alt, und Therese Entres, Dienstmagd, befallen und in die Irrenanstalt übergeben.
(...)

Entdeckte Diebstähle

Bei der Untersuchung der hieramts arretierten Diebe Raimund Thot und Johann Kugler ward erhoben, daß beide bei dem Herrn Vizepräsidenten von Sonnenfels mittels Einbruch den beträchtlichen Diebstahl begangen und mit dem ganzen Raub sich nach Preßburg begeben haben. Durch den dahin abgesendeten Beamten ward der ganze Diebstahl bis auf eine goldene Repetieruhr allda auf dem Schloßberge beim Bierwirt zur schönen Schäferin, Josef Gaupe, entdeckt, nebst mehreren anderen gestohlenen Effekten in Beschlag genommen, und es ist die gegründe Vermutung vorhanden, daß der Herr Vizepräsident für den erlittenen Schaden ganz entschädigt wird.

UND BIST DU NICHT RUHIG, SO BRAUCH ICH GEWALT

Der Fall Joseph Zimmerl (1834)

Am Abend des 26. Juni 1834 wurde dem „löblichen Kriminal-Gerichts-Praesidio" die Anzeige erstattet, daß der neunundsiebzigjährige Joseph Zimmerl, gewesener Milchmayer und Inhaber des Hauses Nr. 147 am Hundsturme, seine achtundsiebzig Jahre alte Frau ermordet habe und flüchtig sei.

Aufgrund dieser Anzeige wurde Kriminalrat Schlesinger vom „löblichen Kriminal–Gerichts–Praesidio" beauftragt, sich zusammen mit Gerichtskommissär Paul Stengl und dem Polizeikommissär Wolf, der die Anzeige überbracht hatte, persönlich zur Aufnahme des Tatbestandes in das bezeichnete Haus zu begeben.

Die Leiche der Anna Zimmerl wurde am 27. Juni im Allgemeinen Krankenhaus vorschriftsmäßig beschaut. Und noch am selben Tage, am Nachmittag des 27. Juni, gelang es der Polizeidirektion Stubenviertel, den Ehemann und Mörder auszuforschen. In leicht angetrunkenem Zustand wurde er von Polizeibeamten im Krebsenkeller auf dem Hohen Markte aufgegriffen und in den „Kriminal-Verhaft" eingeliefert, wo er ein Geständnis ablegte.

Über Herkunft und Person Joseph Zimmerls ist in den Gerichtsakten folgendes nachzulesen:

Sein Vater Matthias war Hauer, hatte im sogenannten „Meidlinger Gebirg" zwei Weingärten besessen, seine Mutter Katharina war nebstbei Wäscherin gewesen. Bis zu seinem fünfzehnten Lebensjahr war Joseph bei seinen Eltern „in Auf- und Unterhalte". Während dieser Zeit hat er die Schule besucht und ist in der alten Gumpendorfer Kirche Kirchenbub gewesen. Danach erlernte er bei seinem Vetter, dem Zimmermeister Franz Benedick, die Zimmermannsprofession, in der er nach zwei Jahren freigesprochen wurde. In diesem Beruf arbeitete er ungefähr sieben Jahre

– teils als Geselle, teils als Polier – bei dem am Schottenfeld befindlich gewesenen Baumeister Simonelli.

1780 heiratete er Anna Maria Mandel. Seit damals besorgte sein Weib den Milchverschleiß. Anfangs, so heißt es in dem Gerichtsprotokoll, sei die Milch gekauft worden, später „habe er dieselbe durch eigene Kühe erzeugt".

Mit seiner Gattin zeugte Joseph Zimmerl dreizehn Kinder, von denen zum Zeitpunkt seiner Verhaftung allerdings nur noch vier am Leben waren.

54 Jahre hatten Joseph und Anna Zimmerl als Eheleute zusammengelebt. Eine lange Zeit. Doch die Dauer einer Ehe sagt bekanntlich nur wenig aus über deren Qualität. Damals wohl noch weniger als heute. Denn: Geschieden werden konnte eine Ehe nur durch den Tod. Dieser Grundsatz der katholischen Kirche hatte auch Eingang ins Zivilrecht gefunden.

„Das Band einer gültigen Ehe kann zwischen katholischen Personen nur durch den Tod des einen Ehegatten getrennt werden. Ebenso unauflöslich ist das Band der Ehe, wenn auch nur ein Teil schon zur Zeit der geschlossenen Ehe der katholischen Religion zugetan war."

So lautete der Paragraph 111 des Allgemeinen Bürgerlichen Gesetzbuches. Zwar war im Gesetz die Möglichkeit einer sogenannten „Scheidung von Tisch und Bett" vorgesehen, die aber schloß die Wiederverheiratung aus und galt vor allem im Kleinbürgertum, unter Handwerkern und Gewerbetreibenden, als verpönt und war, zum Teil wohl auch aufgrund ökonomischer Erwägungen, unüblich.

Unter diesen Umständen war die Ehe ein Kerker, aus dem auszubrechen es keinen anderen Weg gab als den der Gewalt, zumal vergleichsweise harmlose Ausbruchversuche (Scheidung) nicht selten mit Gewalt verhindert wurden. Dies gilt auch für die Ehe der Zimmerls, über die im Gerichtsakt folgendes zu lesen ist:

„ Joseph Zimmerl, 79 Jahre alt, und sein Weib, 78 Jahre alt, haben schon seit mehreren Jahren in größtem Unfrieden gelebt, welcher durch Eifersuchtsvorwürfe von seiten des Weibes veranlaßt worden sei, und sich bei dem boshaften Charakter des Weibes (...) immer steigerte und ihren Mann, welcher durchaus in keine Scheidung zu willigen erklärte, öfters zu lebensgefährlichen Drohungen gegen sein Weib verleitete."

Was Anna Zimmerl dazu bewogen haben mag, auf Scheidung zu drängen, hat das „löbliche Kriminal-Gericht" nicht interessiert.

Joseph Zimmerls Angaben zufolge habe ihn die Schlechtigkeit seines Weibes, ihre krankhafte Eifersucht und ihr zänkisches Wesen zu dem Mord veranlaßt. Besonders verdrossen habe ihn, daß sie ihn beim Verwalter am Hundsturm wiederholt wegen eines verbotenen Verhältnisses mit einer Wäscherin verklagt und auch immer Recht erhalten habe.

Den Hergang der Tat schildert das nach den Aussagen Joseph Zimmerls verfaßte Gerichtsprotokoll folgendermaßen:

„Am 26. Juni dieses Jahres sei er in der Früh um sechs Uhr aufgestanden, um Wasser abzuschlagen und die Uhr aufzuziehen. Bei diesem Anlasse habe sein Weib wieder angefangen, ihn einen Hurenkerl zu schimpfen. Als es nicht ruhig werden wollte, habe er nach der unfern gelegenen Hacke gegriffen und ihr damit zuerst auf ihr loses Maul geschlagen und als er sah, daß der Streich zu stark gewesen, ihr noch zwei Streiche auf den Kopf versetzt, um ihr kein langes Leiden zu verursachen.

Nach vollbrachter Tat habe er das Zimmer zugesperrt, den Schlüssel in die Wien geworfen und sei einige Zeit herumgeirrt. Nachdem er fünf Vaterunser in der Kirche zur Muttergottes gebetet hatte, sei er, mit dem Vorsatz, sich zu ertränken, in einem Fiaker auf den Spitz gefahren. Er habe es aber nicht getan, sei in die Leopoldstadt gegangen, habe sich daselbst in einem unbekannten Wirtshause aufgehalten und sei mit dem festen Vorsatz, sich dem Verwalter am Hundsturme anzugeben, in den Krebsenkeller gekommen."

Während Joseph Zimmerl dieses Protokoll seines Geständnisses vorgelesen wurde, sei er, so ist im Akt vermerkt, „öfters in Ausrufe ausgebrochen, hat die Hände zusammengeschlagen und öfters geweint, noch öfter aber Verwünschungen gegen sein Weib ausgestoßen". Vor allem aber wollte Joseph Zimmerl die Angaben ergänzt wissen: „Aufge-

Der Graben in Wien um 1820. Durchblick vom Kohlmarkt
in Richtung Pestsäule und Elefantenhaus. (1822)

schrieben müsse auch werden, wie sein Weib gewesen sei und wie sehr sie ihn gepeinigt habe."

Beim zweiten Anlauf schildert Joseph Zimmerl um einiges ausführlicher und drastischer, wie es zu dem Mord gekommen ist:

„In der Nacht vom 25. auf den 26. Juni sei er bereits um drei Uhr einmal aufgestanden, um Wasser abzuschlagen. Als er wieder ins Bett steigen wollte, sei sein Weib gekommen, habe ihn Spitzbube und Hurenkerl geheißen, ohne daß er ihr die geringste Veranlassung dazu gegeben. Plötzlich habe sie einen Prügel genommen und ihm diesen aus Bosheit über beide Arme geschlagen. Er müsse noch Wunden davon haben. Weil seine Frau immer weiter geschimpft habe und er das Schimpfen nicht habe aushalten können, sei er gegen sechs Uhr aufgestanden, habe seine Kleider aus dem Kasten genommen und habe fortgehen wollen. Er habe seinem Weibe gedroht, sie mit dem Prügel zu schlagen, wenn sie nicht stille werde. An diesem Punkt berichtigt sich Joseph Zimmerl: *Sie* habe gesagt, daß sie *ihn* mit dem Prügel totschlagen werde. Sie sei aufgestanden, um den Prügel zu holen. Er sei ihr aber nach und habe sie rücklings ins Bett gestoßen. Da sie immer weiter geschimpft habe, habe er zu seinem Weib gesagt: ‚Wenn du nicht still bist, so schlage ich dir die Zähne ein.' Dann sei er in die Küche gegangen und da habe er beim Herd das Zimmermannshackl, mit dem das Kleinholz gehackt wird, gesehen. Damit sei er zu seinem Weib, welches in ihrem Bette gelegen, gegangen, habe ihr gesagt: ‚Halts Maul. Wenn du nicht aufhörst, geschieht ein Unglück.' Allein , sie habe immer weiter geschimpft."

Befragt, was für eine Bewandtnis es mit der Wäscherin habe, sagte Joseph Zimmerl:

„Seit Jacobi vorigen Jahres habe in seinem Haus eine Wäscherin namens Theresia Bradl, ein Weib mit fünf Kindern, deren Mann vor Jahren gestorben, gewohnt. Sie sei eine arme, ordentliche Person gewesen, der sie, was vom Essen übrigblieb, geschenkt haben. Auf einmal habe sein Weib es sich in den Kopf gesetzt, daß er es mit der Wäscherin halte, und habe mit ihm geeifert, und die Wäscherin habe ausziehen müssen. Da sie jedoch nicht weit von seinem Haus gewohnt habe, habe es sich getroffen, daß sie öfters bei seinem Haus habe vorbeigehen müssen."

Der als Zeuge einvernommene Grundrichter vom Hundsturm, Paul Hurther, sagte für Joseph Zimmerl aus:

„Seine Gattin sei gegen ihn sehr eifersüchtig gewesen, so daß er beinahe keinen Schritt alleine machen durfte, nicht einmal vor seinem Haus habe er alleine stehen dürfen, weswegen das Haustor immer zugemacht werden mußte. Sogar im eigenen Zimmer habe er so sitzen müssen, daß er nicht auf das Haustor sehen konnte. Das eingegangene Geld habe seine Gattin verwahrt und ihm nur immer etwas auf die Hand gegeben, so daß er öfters seinen Kindern um Unterstützung kommen mußte."

Auch die als Zeugin geladene Tochter Joseph Zimmerls, Barbara Nessl, bestätigte, daß ihr Vater unter der Mutter sehr viel zu leiden hatte, obwohl er „ihrer Mutter alles getan, was er von ihren Augen abgesehen habe". Die Mutter habe dem Vater jeden Kreuzer auf Tabak vorgerechnet, sie sei nur um den Milchverkauf besorgt gewesen, alle andere Arbeit habe der Vater verrichten müssen. Vor ungefähr vier Jahren habe sich der Vater wegen der Mutter sogar in den Wienfluß gestürzt. Und vor einigen Wochen habe die Mutter den Vater so geschlagen, mit einem Knüppel, am Arm, daß er eine Wunde gehabt habe und bei ihr, der Zeugin, über Nacht bleiben mußte. Warum ihre Mutter auf die Idee gekommen sei, Joseph Zimmerl habe ein Verhältnis mit der Wäscherin? „Wahrscheinlich deswegen, weil er ihr einmal ein Paar alter Patschen geschenkt hat."

Am 21. Juli 1834 wurde Joseph Zimmerl wegen Mordes an seiner Gattin zum Tod durch den Strang verurteilt.

Am 9. Jänner 1835 wurde das Urteil durch allerhöchste Resolution revidiert, das Strafausmaß wurde auf drei Jahre Kerker herabgesetzt.

Am 9. November 1836 starb Joseph Zimmerl an Altersschwäche.

Familienstand und Wohnkultur

Heirat: Ein soziales Privileg

„Die Ermittlung des Zivilstandes der Bevölkerung, nämlich der Zahl der Ledigen, Verheirateten, Verwitweten
und Geschiedenen, erscheint sowohl vom populationisti-
schen Standpunkt als auch aus staatlichen Rücksichten
wünschenswert, da der Verheiratete in der Regel, weil er
die Gesetze mehr achtet, mehr zur Aufrechterhaltung der
Ordnung beiträgt und sich auch einer längeren Lebens-
dauer erfreut als der Unverheiratete."(Schmitt, S.66)
Tatsächlich allerdings konnte in jener Zeit, da diese Zeilen
geschrieben wurden, keineswegs heiraten, wer wollte. In
weiten Teilen der Bevölkerung standen der Eheschließung
massive und unüberwindbare Hindernisse im Weg. Voraussetzung für eine Heiratserlaubnis war eine entsprechende
materielle Grundlage. Heiraten durfte (und sollte), wer
Grund und Boden besaß oder über sonstigen Besitz verfügte. Tieferer Sinn dieser Familienpolitik: Kinderkriegen sollte nur, wer auch etwas zu vererben hatte. Knechte, Mägde,
Taglöhner, Dienstboten, Arbeiter, zum Teil aber auch Beamte und Militärpersonen, hatten keine Chance, eine Ehe
einzugehen.
Die Befürchtung, die hinter diesen sozialen Heirats-
beschränkungen und behördlichen Eheverboten stand: Die
Besitzlosen könnten überhandnehmen und der All-
gemeinheit (respektive den Besitzenden) zur Last fallen.
Ergebnis: Mehr als 40 Prozent der Frauen blieben im Biedermeier Zeit ihres Lebens unverheiratet. (Zum Vergleich:
Von den um 1940 geborenen Österreicherinnen sind nur
acht Prozent ledig geblieben).
In größeren Städten wurde gewöhnlich später geheiratet als
auf dem Lande. So lag das durchschnittliche Heiratsalter in
Wien über dem von Niederösterreich: In Wien betrug das
Heiratsalter der Männer 32 Jahre, das der Frauen 28.

Durchschnittliches Heiratsalter (1830 - 1847)

Kronländer	Bräutigame	Bräute
	Jahre	
in der Militärgrenze	23.13	19.53
Bukowina	25.02	20.58
Galizien	26.10	21.44
Venedig	26.91	22.47
Lombardie	26.92	22.26
Istrien	27.07	23.11
Monarchie	27.45	23.24
Dalmatien	28.20	23.71
Böhmen	28.22	24.58
Mähren	28.30	24.88
Schlesien	28.41	24.74
Krain	28.79	25.36
Triest (samt Gebiet)	29.59	26.08
Niederösterreich	30.10	27.44
Steiermark	30.12	27.08
Tirol	30.75	26.67
Oberösterreich	31.34	27.86
Kärnten	31.51	26.92
Salzburg	33.26	28.61

Mittlere Dauer der Ehen (für die Periode 1818 − 1827)

	Jahre		Jahre
Niederösterreich	21.38	Bukowina	19.06
Oberösterreich	24.87	Triest	19.37
Salzburg	25.68	Wien	16.78
Steiermark	22.90	Linz	21.38
Kärnten	27.31	Salzburg	22.20
Krain	27.30	Graz	15.17
Böhmen	21.64	Prag	16.77
Mähren	20.03	Brünn	21.52
Schlesien	19.72	Troppau	21.67
Galizien	20.01	Lemberg	23.35

Quelle: Schmitt, S. 77f und S. 80.

Späte Heirat und hohe Sterblichkeit, nicht nur der Kinder, sondern auch der Mütter, hatten zur Folge, daß familiäre Beziehungen instabil und kurzlebig waren. Mehrgenerationenfamilien waren außerordentlich selten. Meist erlebten Kinder ihre Großeltern nicht, oft verloren sie bereits in frühen Jahren einen Elternteil.

Kinderzahl und Familiengröße

Der Anteil von Frauen, der – aufgrund von Eheverboten, Keuschheitsgeboten und der sozialen Ächtung unehelicher Geburten – überhaupt kein Kind geboren haben, war im Biedermeier bedeutend größer als heute. Insgesamt haben die Frauen in der ersten Hälfte des 19. Jahrhunderts zwar mehr Kinder geboren; im Schnitte brachte eine (Ehe-) Frau damals vier bis fünf Kinder zur Welt, von diesen aber haben nur zwei, bestenfalls drei überlebt. Da Kinder zum Teil sehr früh, Knaben oft schon im Alter von zehn, zwölf Jahren aus dem Haus gegeben wurden, war die durchschnittliche Biedermeierfamilie eher klein. Im Wien des Jahres 1830 umfaßte eine Wohnpartei im Schnitt 3,8 Personen, was – da Untermieter nicht hinzugerechnet wurden – in etwa der durchschnittlichen Familiengröße jener Zeit entsprach.

Anmerkungen zur ,, Wohnkultur"

In den Jahren 1811 und 1812 war die Wohnungsnot in Wien so groß, daß die Behörden sich nicht anders zu helfen wußten, als zahlreiche Familien aus Wien abzuschieben. 1816 – nach Krieg, Mißernten und Staatsbankrott – wurden die Mietzinse drastisch erhöht. Selbst kleinere Wohnungen, die bis dahin zwischen 50 und 60 Gulden gekostet hatten, stiegen auf 200 bis 300 Gulden. Aufgrund der außerordentlich geringen Bautätigkeit kam es in der Folge auch nicht zu einer Verbesserung, sondern zu einer ständigen Verschlechterung der Wohnverhältnisse: Während die Bevölkerung Wiens allein in den Jahren 1830 bis 1847 um nahezu die

Hälfte, nämlich um 42,5 Prozent zugenommen hat, stieg die Zahl der Häuser nur um 11,4 Prozent. Dieses Mißverhältnis trieb zum einen die Mieten in die Höhe und vergrößerte zum anderen die Zahl der Untermieter und Bettgeher zusehends.

Entwicklung der Häuser - und Bevölkerungszahl von Wien

im Jahr	Stand der		Zuwachs an			
			Häusern		Bewohnern	
	Häuser	Bewohner	absolut	%	absolut	%
1827	7856	289.382	–	–	–	–
1830	8037	317.768	181	2.3	28.386	9.8
1834	8223	326.353	186	2.3	8.585	2.6
1837	8264	333.582	41	0.5	7.229	2.2
1840	8385	356.869	121	1.3	23.287	6.9
1843	8586	373.236	201	2.4	16.367	4.5
1847	8756	412.513	170	1.9	39.277	10.5
Überhaupt			900	11.4	123.131	42.5

Quelle: Zenker, S. 270

Nicht berücksichtigt in der Bevölkerungszahl sind Angehörige des Militärs. Die Zahl der in Wien stationierten Militärpersonen schwankte in den Jahren 1827 bis 1847 zwischen 15.000 und 20.000.

MUTTERLIEBE UND KINDESMORD

Der Fall Katharina Straubinger (1841)

1863, zu einer Zeit, als das Bürgertum bereits zur tonangebenden Gesellschaftsschicht geworden war und sich das zu etablieren begann, was später bürgerliche Sexualmoral genannt wurde und was heute seiner Tabuisierungen wegen viel geschmäht wird, erschien die erste umfassende Studie über das Findelwesen in Europa. Ihr Verfasser war der Wiener Arzt Franz Seraph Hügel.

Als eine der Ursachen für das häufige Vorkommen von Fruchtabtreibungen, Kindesweglegungen und Kindesmorden nennt Hügel in dieser Schrift – neben dem Verfall patriarchalischer Ordnungen, der Zunahme der Unsittlichkeit, der drückenden Armut und den katastrophalen Wohnverhältnissen in den Städten – auch den Mangel an Vereinen zur Weckung der Mutterliebe.[1] Es ist dies ein deutlicher Hinweis darauf, daß noch in den sechziger Jahren des vorigen Jahrhunderts Mutterliebe keineswegs als etwas Selbstverständliches oder gar Natürliches angesehen wurde, ansonst hätte es keines Plädoyers für die Errichtung von Vereinen zu ihrer Weckung bedurft.

Hügels Argumentation weist aber bereits hin auf die zunehmende Idealisierung der Mutter-Kind-Beziehung, die zwar im Biedermeier ihre Wurzeln hat, damals aber für das reale Leben der meisten Frauen noch völlig ohne Belang war. Die einstige Gleichgültigkeit gegenüber Säuglingen und Kleinkindern mag heute befremdend erscheinen, ist aber erklärbar. Auch noch im Biedermeier war es Frauenschicksal, eine Schar Kinder zu gebären, viele davon sterben zu sehen, ihrem Sterben notfalls nachzuhelfen und beim eigenen frühen Tod kleine Kinder zurückzulassen. Sein Herz an Kinder zu hängen, wäre unter diesen Umständen ein Luxus gewesen, ein Luxus, den sich nicht einmal die Oberschicht geleistet hat und den sich die Mehrzahl der Bevölkerung gar nicht hätte leisten können.

Wie sehr sich der Zeitgeist in der Frage, wer denn nun eine Rabenmutter sei und wer nicht, innerhalb weniger Jahrzehnte geändert hat, zeigt sich deutlich in der unterschiedlichen Einstellung gegenüber den Findelhäusern. Franz Hügels Meinung dazu: „... nur der Hang nach Neuerungen und eine falsch verstandene Nächstenliebe haben die benannten Asyle ins Leben gerufen."[2] Noch wenige Jahrzehnte davor waren diese Einrichtungen hingegen als höchst sinnvoll erachtet und überaus lobend erwähnt worden. So heißt es in einem der ersten Wiener Reiseführer, erschienen 1827 in Leipzig:

„ Eine schöne Einrichtung ist hier das Gebär- und Findelhaus. Ist eine gefallene Person arm, und der Vater bekümmert sich um seine Generation nicht (das Gesetz verbindet ihn bei unehelichen Kindern nicht dazu), so geht sie in das Gebärhaus, wird unentgeltlich verpflegt und entbunden, das Kind bleibt da und wird auf Kosten des Staates erhalten und aufgezogen. (...) Diese menschenfreundliche Stiftung hat Wien seinem Kaiser Joseph II. zu verdanken. In dieser Anstalt können auch Damen von Distinktion entbunden werden, ohne für ihr Zartgefühl etwas zu besorgen. Oft fährt hier in der Nacht ein Wagen mit Livree vor. Eine Dame mit einer Maske vor dem Gesichte steigt nebst ihrer Begleiterin aus; der Bediente klingelt, die Damen betreten schweigend ein elegantes Gemach – auf ihren Wunsch erscheinen die Ärzte, die Kreißende wird entbunden – das Kind bleibt mit einer versiegelten Karte, in welcher Name und Wohnung der Mutter enthalten sind und welche nur im Falle, daß das Kind verstirbt und man Ursache hat, die Interessenten davon in Kenntnis zu setzen, geöffnet – aber durchaus geheimgehalten – wird, zurück; die Dame fährt in ihrer Maske fort: Niemand hat sie gesehen oder erkannt, sie braucht nicht zu erröten und lebt unbescholten wie früher."[3]

Während sich „Damen von Distinktion" eines ungewollten Kindes entledigen konnten, ohne irgendwelchen Repressalien ausgesetzt zu sein, sahen sich Frauen der unteren sozialen Schichten auch im Biedermeier – trotz Findelhaus – bei der Lösung dieses Problems häufig alleingelassen. Das zeigt der keineswegs besonders spektakuläre, sondern eher typische Fall der 21-jährigen Katharina Straubinger.

1835, im Alter von fünfzehn Jahren, kam Katharina Straubinger, die aus dem Dorfe Salmandingen im Fürstentum Hohenzollern-Sigmaringen gebürtig war, nach Wien zu ihrem Bruder Josef. Er war Bäckermeister im Haus zur Bretzn am Neubau. Noch im selben Jahr starb Katharinas Bruder. Katharina mußte sich als Magd in fremden Häusern verdingen.

Über die einzelnen Stationen ihrers weiteren Lebens gibt der Gerichtsakt detailliert Auskunft, festgehalten ist dort auch, daß die Zeugen ausnahmslos Katharinas „Treue und Anhänglichkeit zu ihren jeweiligen Dienstgebern, ihre Liebe zu fremden Kindern und ihre bewiesene Religiosität" bestätigten.

Unmittelbar nach dem Tod ihres Bruders diente Katharina neun Monate lang bei der Tochter ihrer Schwägerin, danach war sie sieben Monate Dienstmagd bei einer Blumenmacherin, zehn Monate bei einem Greißler, neun Monate im Haushalt eines Regierungsrats und Provinzial-Staatsbuchhalters, sechs Monate bei einer Expedit–Direktions–Adjunktens– Witwe. Dort erkrankte sie am Nervenfieber, wurde von den Barmherzigen Schwestern im Spital gepflegt. Danach laborierte sie an einem „bösen Fuß", fand vorübergehend Unterschlupf bei einer Kräutlerin. Als sie genesen war, nahm sie eine Stelle beim Kaffeesieder im Bürgerspitale an. Während dieser Zeit, es war um Weihnachten 1840, lernte sie einen Studierenden der Polytechnik namens Leitzinger kennen. Das Verhältnis zwischen den beiden dauerte keine zwei Monate. Katharina wurde schwanger. Der Student der Polytechnik ließ sich nicht mehr blicken.

Für kurze Zeit fand Katharina Arbeit bei einem Handlungsbuchhalter. Dann war sie sechs Wochen lang ohne Stelle; noch einmal gewährte ihr die Kräutlerin Obdach. Schließlich gelang es Katharina, für einen Monat bei einem k.k. Hofkonzipisten zu arbeiten. Als ihre Schwangerschaft nicht mehr zu verbergen war, mußte sie weg.

In ihrer Verzweiflung suchte sie den einzigen Verwandten auf, den sie ihn Wien noch hatte, ihren 61 Jahre alten Vetter, den Schneidermeister Georg Rupprecht, der im Haus Nr. 12 in St. Ulrich wohnhaft war. Eine Nacht ließ der Witwer sie in seiner Wohnung auf einem Sofa schlafen. Da er das Sofa aber bereits an einen anderen Bettgeher vermietet hatte und das Geld dringend brauchte, mußte Katharina anderntags die Wohnung wieder verlassen.

Für das Putzen von zwei Zimmern verdiente sie an diesem Tag, es war der 28. September 1841, noch einmal zwanzig Kreuzer. Am Abend aber wußte sie nicht, wohin sie sich schlafen legen sollte. Sie verbrachte die Nacht auf der Stiege des Hauses, in dem ihr Vetter wohnte.

Tags darauf, am 29. September, fand Katharina aufgrund eines Tor-Zettels eine Schlafstelle bei der Zimmerfrau Elisabeth Mangold am Spittelberg Nr. 71. Dafür mußte sie im voraus 30 Kreuzer Bettgeld bezahlen und achteinhalb Kreuzer für das Frühstück.

In dieser Nacht wurde Katharina von den Wehen überrascht. Was sich in dieser Nacht abgespielt hat, läßt sich in dem vom Gericht aufgrund von Verhörprotokollen und Zeugenaussagen erstellten Summarium nachlesen. Emotionslos und ein wenig unbeholfen schildert es den Hergang der Tat. Was in Katharina während dieser Nacht vorgegangen sein mag, läßt sich nur erahnen.

Im Gerichtsakt heißt es,

„sie sei eigens auf die Retirade gegangen, um dort zu entbinden, damit das Kind in die Retirade falle und nicht zum Vorschein komme, weil sie nichts hatte, um das Kind zu erhalten, und auch niemanden hatte, der sich ihrer annimmt.

Um neun Uhr habe sie sich in das ihr angewiesene Bett gelegt, nach einer halben Stunde habe sie Schmerzen im Kreuz bis gegen vorne zu verspürt und auch, daß es sie im Leibe unten hinabdrücke, daher vermutet, daß das Kind kommen möchte.

Sie sei daher aufgestanden und mit bloßen Füßen, im Hemde und Unterrocke, hinab auf die Retirade gegangen, habe sich gleich auf den Retirade-Spiegel gesetzt, aber das Kind sei noch nicht gekommen, und sowie sich die Schmerzen wieder etwas stillten, habe sie sich wieder in das Zimmer hinaufbegeben und ins Bett gelegt, hierauf abermals den Eintritt der Geburtswehen verspürt, sich wieder auf den Abtritt begeben, sei einige Zeit auf demselben gesessen, da sich aber die Wehen wieder stillten, so habe sie sich abermals ins Bett gelegt, und als sich die Wehen wieder einstellten, habe sie sich abermals auf den Abtritt begeben, und dies dritte Mal sei, als sie sich auf den Abtritt setzte, das Kind gekommen, und sie habe dasselbe, ohne es anzurühren, in den Abtritt hinabfallen lassen.

Die Nabelschnur sei von selbst abgerissen, und sie habe gemerkt, daß ein Stück davon aus ihrem Leibe heraushänge, nachdem das Kind von ihr gegangen war. Sie habe sich so auf den Abtritt gesetzt, wie man sich gewöhnlich darauf zu setzen pflegt, jedoch habe sie sich hübsch weit nach hinten gesetzt, sich mit dem Rücken an die Wand gelehnt und die Füße auseinandergehalten.

Ob das Kind sich gemeldet, nämlich geschrieen habe, wisse sie nicht. Sie habe nur das Plumpsen gehört, sei sogleich wieder aufgestanden, in das Zimmer hinaufgegangen und habe sich ins Bett gelegt.

Nach ungefähr eineinhalb Stunden sei im Bette die Nachgeburt von ihr gegangen, welche sie in ihren Unterrock eingewickelt und auf eine Truhe neben dem Bett gelegt habe."

Als Elisabeth Mangold am Morgen als erste aufstand, bemerkte sie Blutspuren auf dem Zimmerboden und in der Küche. Katharina gab vor, die „Reinigung" bekommen zu haben, wusch den Boden auf und ging auf den Abtritt, um auch dort die Spuren der Tat zu verwischen.

Währenddessen entdeckte die Zimmerfrau die Blutflecken in Katharinas Bett. Sie befahl ihr, zum Nachbarn zu gehen, Lauge zu kaufen und die Flecken auszuwaschen. Für die Lauge mußte Katharina ihre allerletzten elf Kreuzer ausgeben, so daß sie bei der Verhaftung keinen einzigen Kreuzer mehr besaß.

Ihre Zimmergenossinen hatten in der Zwischenzeit die Nachgeburt gefunden. Sie riefen eine Hebamme herbei, die die erfolgte Geburt konstatierte, und die Polizei, die das tote Kind aus dem Abtritt barg. Katharina wurde ins Inquisitenspital eingewiesen. Die amtsärztliche Untersuchung ergab: Das Kind sei lebend geboren worden; die zahlreichen Hautabschürfungen, die es aufwies, seien Folgen des Falls durch den Abtrittskanal.

Damit bestätigte sich die Aussage Katharinas, daß sie das Kind nicht berührt, also nicht eigenhändig getötet habe.

Der untersuchende Rat kam zu dem Schluß, daß das Geständnis der Angeklagten offenherzig und ohne alle Beschönigung erfolgt sei.

„Sie war von der Erkenntnis ihrer strafbaren Handlung ganz durchdrungen, hat bei den Kommissionen viele Tränen vergossen."

Das Gericht machte auch mildernde Umstände geltend: Katharinas bis dahin untadeliger Lebenswandel wurde betont sowie die Tatsache, daß sie als Erstgebärende von den Wehen überrascht worden sei und auch keine Vorkehrungen habe treffen können, da es sich um eine Frühgeburt gehandelt habe. Berücksichtigt wurde auch die „wahrhaft drückende Lage" der Inquisitin und der Umstand, daß sie völlig auf sich gestellt war, daß sie niemanden hatte, dem sie sich hätte anvertrauen können, der ihr Unterstand, geschweige denn finanzielle Unterstützung gewährt hätte. Zugute hielt ihr das Ratskollegium auch, daß sie aufgrund ihrer mißlichen Lage zur Zeit der Tat „einer reifen Überlegung minder fähig war".

Desungeachtet wurde Katharina – laut Urteil vom 6. November 1841 – für das von ihr begangene Verbrechen zu zehn Jahren Kerker verurteilt. Überdies stellte das Gericht fest, daß die Inquisitin infolge der Geburt zwar geschwächt, jedoch zu zehn Rutenstreichen und einem Fasttag pro Woche geeignet sei. Vierzehn Tage später wurde durch Bescheid des Appellationsgerichtes die Strafe auf fünf Jahre schweren Kerkers herabgesetzt.

Ein Schicksal wie das der Katharina Straubinger war keineswegs ein Einzelfall. In der zweiten Hälfte des 18. und der ersten Hälfte des 19. Jahrhunderts war der Kindesmord – und zwar in ganz Europa – eines der häufigst begangenen Verbrechen, eine nicht unübliche Art der Geburtenregelung. Zeitgenossen sprechen in Zusammenhang mit der Tötung und Aussetzung neugeborener Kinder geradezu von einer Seuche. Die Strafjustiz reagierte darauf zunächst repressiv.

Unter Maria Theresia stand auf Kindesmord die Todesstrafe – nicht zuletzt aus religiösen Gründen: Die Kinder waren gestorben, ohne das Sakrament der Taufe empfangen zu haben.

Zeitweilig wurden Eltern, Ärzte und Hebammen auch dazu angehalten, jede ihnen bekannt gewordene Schwangerschaft der Ortsobrigkeit zu melden, um im Falle eines Kindesmordes der Täterin eher habhaft werden zu können. Joseph II. verfolgte eine andere Strategie. Er versuchte des Problems mit Hilfe vorbeugender Maßnahmen Herr zu werden und ließ in den großen Städten Findelhäuser errichten.

Die Zahl der Kindesmorde verringerte sich dadurch nicht wesentlich. In den Polizeiberichten der Biedermeierzeit werden Monat für Monat neue Kindesmorde und Kinderweglegungen erwähnt. Was sich in der Folge tatsächlich geändert hat, das war die Rechtsprechung. Die Todesstrafe wurde durch eine zeitliche ersetzt. Die Richter entwickelten zunehmend so etwas wie Verständnis für die Misere der Angeklagten. Zumindest konzedierten sie ihnen, daß infolge ihrer tristen Lage, ihrer seelischen Bedrängnis und ihrer körperlichen Schwäche „ihr Zustand verfinstert" sei. Sowohl Polizei als auch Richterschaft waren sich darüber im klaren, daß speziell bei diesem Verbrechen die Dunkelziffer besonders hoch sei, daß nur ein Teil der Kinderleichen überhaupt entdeckt und noch seltener die Täterin ausgeforscht werden konnte: Üblicherweise versuchte eine Frau, wenn ein Abtreibungsversuch mißlang, die ungewollte Schwangerschaft zu verbergen, was aufgrund der Mode der damaligen Zeit offenbar eher möglich war; sie brachte das Kind heimlich auf einem Feld oder im Wald zur Welt, oft auch auf dem Abort, wo es in die Sickergrube fiel und erstickte. Die Chance, des Verbrechens nicht überführt zu werden, war groß, zumal es für erwerbstätige Frauen jener Zeit ohnehin eine Selbstverständlichkeit war, bis zur Geburt zu arbeiten und die Arbeit anschließend sofort wieder aufzunehmen.

Daß sich unter den wegen Kindesmord Angeklagten fast ausschließlich unverheiratete Frauen zwischen 20 und 30 Jahren finden, daß sie von Beruf fast alle Dienstmädchen, Taglöhnerinnen und Arbeiterinnen waren, kommt nicht von ungefähr. Die Ursachen von Kindestötungen waren vor allem sozialer und rechtlicher Natur. Eine ledige Dienstmagd mit Kind konnte nicht damit rechnen, Arbeit und

Quartier zu finden, sie hatte aber auch kaum die Möglichkeit, eine Ehe einzugehen, denn Eheverbote machten der „besitzlosen Klasse" das Heiraten praktisch unmöglich. Rechtliche Unterhaltsansprüche gegenüber dem Kindesvater gab es nicht.

Zur sozialen und rechtlichen Diskriminierung kam noch die moralische: Uneheliche Kinder galten als Schande, die ledige Mutter als „gefallene Person". Das Vorhandensein eines unehelichen Kindes war der lebendige Beweis dafür, daß die Mutter sexuelle Beziehungen unterhalten, „Unzucht getrieben" hatte. Die Beseitigung des „corpus delicti" schien Frauen daher oft der einzige Weg, um der Bestrafung zu entgehen, den gerichtlichen Strafen ebenso wie den demütigenden Kirchenbußen.

Es zeigt sich, daß die diversen Sanktionen, die angeblich dazu dienen sollten, Kindesmorde zu verhindern, sie geradezu provozierten. Überall dort, wo die öffentliche Meinung aufgrund des geltenden Kirchenrechts, uneheliche Geburten besonders scharf verurteilte, gab es zwar tatsächlich weniger uneheliche Kinder, dafür aber war die Zahl der Kindesmorde und der Kindesweglegungen besonders hoch.

Unehelich geboren

Anteil der unehelich Geborenen an je 10.000 Neugeborenen, gegliedert nach Kronländern

in der Militärgrenze	132	Mähren	1.242
Istrien (ohne Triest)	252	Schlesien	1.335
Venedig	281	Böhmen	1.448
Dalmatien	359	Oberösterreich	1.756
Lombardie	417	Salzburg	2.151
Tirol	475	Steirmark	2.353
Bukowina	690	Triest(s. Gebiet)	2.385
Galizien	809	Niederösterreich	2.391
Krain	810	Kärnten	3.393
Monarchie	1.014		

Anteil der unehelich Geborenen an je 10.000 Neugeborenen in den Städten

Graz	6.250	Laibach	3.480
Klagenfurt	5.270	Mailand	2.890
Wien	4.660	Troppau	2.600
Lemberg	4.440	Zara	2.500
Prag	4.410	Innsbruck	2.020
Brünn	4.170	Venedig	1.480
Linz	3.880		

Quelle: Schmitt, S 83f

Diese auf Zahlen der Jahre 1830 bis 1847 beruhende Statistik zeigt, daß die Unehelichen-Rate in den einzelnen Kronländern stark differierte. Dies erklärt sich vor allem aus dem regional unterschiedlichen Erbrecht. In sogenannten Anerbengebieten mit Ältestenerbrecht (z.B. Kärnten) mußten Bauernsöhne sehr lange auf die Hofübergabe warten. Daß die – häufig bereits mit auf dem Hof lebende – zukünftige Frau „voreheliche" Kinder bekam, war nicht nur üblich, sondern erwünscht. Sie stellte damit unter Beweis, daß sie fruchtbar und die Erbfolge gesichert war. Daß in den daß sie fruchtbar und die Erbfolge gesichert war. Daß in den größeren Städten die Zahl der unehelichen Kinder bedeutend größer war als in den betreffenden Kronländern, erklärt sich im wesentlichen aus der erzwungenen Ehelosigkeit der Dienstboten, die einen sehr hohen Prozentsatz der städtischen Wohnbevölkerung ausgemacht haben.

Vorschriften für unehelich schwanger Gewordene

§ 94 Strafgesetz:
Eine Weibsperson, die sich von einem unehelichen Beischlafe schwanger befindet, muß bei der Niederkunft eine Hebamme, einen Geburtshelfer oder sonst eine ehrbare Frau zum Beistande rufen.
Wäre sie aber von der Niederkunft übereilet oder Beistand zu rufen gehindert worden, und sie hätte entweder eine Fehlgeburt getan oder das lebendig geborene Kind wäre binnen 24 Stunden von Zeit der Geburt an gestorben, so ist sie verbunden, einer zur Geburtshülfe berechtigten oder, wo eine solche nicht zur Hand ist, einer obrigkeitlichen Person von ihrer Niederkunft die Anzeige zu machen und derselben die unzeitige Geburt oder das tote Kind vorzuzeigen.

Kommentar: (...) Der Grund, aus welchem die Mutter bei dem Absterben eines lebensfähig geborenen Kindes nur dann zur Anzeige verpflichtet wurde, wenn dasselbe *binnen 24 Stunden* nach der Geburt gestorben ist, liegt darin, weil eben in der *nächsten Zeit* nach der Geburt das Kind durch die gesetzlichen Vorschriften vorzüglich gegen Angriffe der Mutter geschützt werden muß, welche, da hier immer eine von einem unehelichen Beischlafe schwanger Gewordene vorausgesetzt wird, durch die Furcht vor der Schande leicht zum Kindesmorde hingerissen werden könnte.
(Kudler, S. 218f)

15 JAHRE EINGESPERRT IM KABINETT

Der Fall Alois Ignaz Göll und Johanna Czerwinka (1839)

In der letzten Jännerwoche des Jahres 1839 ging bei der Polizei-Oberdirektion ein anonymes Schreiben ein, in welchem der Behörde mitgeteilt wurde, daß die Tochter des Baumeisters Alois Ignaz Göll seit Jahren in einem Zimmer der Wohnung eingesperrt sei, dort unter menschenunwürdigen Bedingungen hause, schon gänzlich von Kräften gekommen und ihr Leben daher in Gefahr sei.

Alois Ignaz Göll, 66 Jahre alt, galt als tüchtiger Geschäftsmann, ein wenig resch, aber grundsolid. Im Haus Nr. 20 zu Mariahilf bewohnte er seit einiger Zeit eine große Eckwohnung im ersten Stock. Angeblich soll er auf die „Wiener Zeitung" abonniert gewesen sein und allen Premieren in den Vorstadttheatern beigewohnt haben. Von Beruf war er städtischer Baumeister, beim Schottenstift bekleidete er das Amt eines Bauschätzmeisters und überdies war er Mitglied des äußeren Rats der Stadt Wien. Kurz: Baumeister Göll war ein angesehener Wiener Bürger.

Desungeachtet sahen sich die Sicherheitsbehörden aufgrund der Anzeige genötigt, mit den Erhebungen zu beginnen.

Als erste Zeugin wurde die Hausmeisterin des sogenannten Heniksteinschen Hauses, in der Stadt Nr. 637, vorgeladen. Dort hatte Baumeister Göll vor seiner Übersiedlung nach Mariahilf mehr als acht Jahre gewohnt. Die Hausmeisterin, Elisabeth Klimetsch, gab an, der Herr von Göll habe den Zins, 700 Gulden Konventionsmünze, jedes Jahr zu Georgi und Michaeli pünktlich bezahlt. Im Hause hätte die Familie eine Wohnung im zweiten Stock mit acht Zimmern bewohnt.

Elisabeth Klimetsch wußte noch mehr zu berichten: Die Frau des Baumeisters Göll, so habe sie erfahren, sei gar nicht seine Frau, auch wenn sie sich Frau von Göll titulieren lasse und auch er sie als seine Frau ausgebe. Sie heiße in Wahrheit Johanna Czerwinka, und die beiden lebten im Konkubinat. Gölls erste, rechtmäßige Frau sei bereits vor Jahren im Irrenhaus gestorben. Die Marie sei auch nicht das einzige Kind des Baumeisters. Eine seiner Töchter sei als Klosterfrau bei den Ursulinen gestorben; einen Knaben habe er im Alter von zwölf Jahren verloren. Die übrigen Kinder habe die Czerwinka wohl vertrieben, um sich materielle Vorteile zu verschaffen. Der Rudolf habe eine Zeitlang bei den Jägern gedient, wohne jetzt bei einem Polier des Baumeisters Brandl und habe mit dem Vater ganz gebrochen. Zwei Töchter seien im Kloster. Die Amalie bei den Karmeliterinnen in Graz, die Louise bei den Ursulinen in Wien. Auch die Marie sei bei den Ursulinen in der Johannesgasse erzogen worden. Und es wäre, so fügte Elisabeth Klimetsch hinzu, für sie wohl besser gewesen, wenn sie dort geblieben wäre. Aber die Czerwinka habe eine Dienstmagd gebraucht. Bald aber habe die Marie ihr Kabinett, das nur die Länge eines Bettes hatte, nicht mehr verlassen dürfen. Die Fenster waren vergittert und zugeschraubt gewesen, und niemand habe zu ihr dürfen außer der Czerwinka, die ihr das Essen ins Zimmer gebracht habe.

Das ganze Haus habe sich, wie Elisabeth Klimetsch versicherte, über die grausame Behandlung der Tochter empört, niemand aber habe sich einmischen wollen, das hätte nur Verdruß gegeben.

Als nächste Zeugin wurde Franziska Wild einvernommen. Sie hatte 1838 beim Baumeister Göll vorübergehend den Dienst einer Köchin versehen. Auch im Haus in Mariahilf, so gab sie an, sei die Tochter des Baumeisters in einem Zimmer eingeschlossen gewesen. Hineingehen habe niemand dürfen außer der Frau des Göll. Die habe ihr das Essen und einen Krug Wasser gebracht. In der Früh habe sie Kaffee bekommen, zu Mittag Rindfleisch und Gemüse und am Abend Suppe. Sie selbst habe die Marie nur ein einziges Mal gesehen, sie schaue aus wie „Christus am Kreuz". Befragt, ob sie eine Ahnung habe, warum die Tochter wie eine Gefangene gehalten werde, gab sie an, sie glaube, die Czerwinka wolle schalten und walten, wie es ihr beliebt. Die Marie sei ihr da wohl im Wege. In Abwesenheit ihres Mannes erhalte die Frau Göll öfters Männerbesuche.

Diese Aussagen rechtfertigten ein gerichtliches Einschreiten. Mit den Erhebungen betraut war Polizeikommissär Stenzinger. Zusammen mit dem Stadtphysikus, einigen Kriminalbeamten, Polizeidienern und -agenten begab er sich zur Wohnung des Baumeisters. Es war die Wohnung eines wohlhabenden Mannes. Fünf Zimmer und Nebenräume, gediegen eingerichtet, fast prunkvoll, Bilder an den Wänden, goldgerahmte Spiegel, kostbare Teppiche, die Vorhänge aus Seide, Tapeten und Mobiliar dem Typus der Mode entsprechend; im Speisezimmer Volieren voll zwitschernder Singvögel.

Was der Grund seines Besuches sei, fragte Baumeister Göll den Polizeikommissär.

Er wolle eine Revision vornehmen und Nachschau halten, ob hier ein erwachsenes Individuum festgehalten würde.

Ob es die Marie sei, die er sehen wolle, fragte Göll zurück. Als Stenzinger bejahte, zog die Czerwinka den Schlüssel aus der Tasche ihres Kleides. Zusammen mit dem Baumeister wies sie den Beamten den Weg.

Sie gingen durch einen mit Glasfenstern gedeckten Gang, kamen zuerst in ein dunkles Zimmer, an dessen Wänden Kleiderschränke standen. Zwischen den Kästen lagen weiche Kotzen auf dem Boden, die drei großen Hunden als Lager dienten. Beim Eintreten der Fremden begannen sie zu knurren. Nur durch gutes Zureden des Baumeisters ließen sie sich besänftigen. An der Rückwand dieses Garderobezimmers (oder: Hundezwingers) war eine Tür. Baumeister Göll sperrte sie auf, als hätte er nichts zu verbergen.

Als die Tür aufging, verschlug es den Beamten den Atem. Aus dem Zimmer drang bestialischer Gestank. Darin: Ein altes Bett, ein wackliger Tisch, ein Kasten. Ein krasser Gegensatz zum behaglichen Interieur der übrigen Wohnung. Mittendrin, auf einem Sessel sitzend, Marie. Ein Bild des Jammers. Eine ausgemergelte Frau mit fahler Haut, tiefen Ringen unter den Augen und stierem Blick. Als ihr Vater sie aufforderte, herauszukommen, rührte sie sich nicht von der Stelle. Sie zitterte am ganzen Leib.

Nicht lange danach verließ die gesamte Familie Göll, eskortiert von den Polizei- und Kriminalbeamten, das Haus. Alois Göll und Johanna Czerwinka waren verhaftet.

Für Gesprächsstoff in der näheren und weiteren Umgebung war gesorgt. Die einen verurteilten „das elende Weib", die anderen den „Rabenvater". Acht Tage danach war die traurige Geschichte der Marie Göll nicht nur in aller Munde, sondern auch bereits käuflich zu erwerben. Die in aller Eile verfaßte Moritat, Titel „Baumeister Kieselherz", fand reißenden Absatz. Sie begann mit den bewegenden Worten:

„Freunde hört, was Schauriges geschehen,
Es tut die Welt kaum zweimal das erleben;
Ein Vater sperrt die eigne Tochter ein,
Sie muß durch fünfzehn Jahr in einem Kerker sein."

Über den Gesundheitszustand der Marie Göll und die Bedingungen ihres Aufenthaltes gab Stadtphysikus Dr. Stuhlberger ein Gutachten ab:

„Marie Göll, gegenwärtig 33 Jahre alt und ärztlich untersucht, hat durchaus keine Merkmale einer Geisteskrankheit und zwar weder des Wahnsinns noch des Stumpf- oder Blödsinns oder der Melancholie zu erkennen gegeben.

Ihre körperliche Gesundheit scheint nicht beträchtlich gelitten zu haben — wenigstens behauptet die Untersuchte während all der Jahre nicht wesentlich krank gewesen zu sein. Dennoch hat sie ein blasses, seidenes Aussehen und ist ziemlich mager.

Das Zimmer, in welchem sie sich befand, ist zwar ziemlich geräumig, hätte auch eine freundliche Aussicht auf den belebten Kirchenplatz, aber die unteren äußeren Flügel des einzigen Fensters waren verschraubt und nur die oberen zu öffnen, was bei dem Umstande, als die Türen beständig verschlossen gehalten wurden, bewirken mußte, daß das Zimmer nur schlecht gelüftet werden konnte. In der Tat wurde daselbst ein sehr übler Geruch wahrgenommen, teils vom Leibstuhl, welcher sich im Zimmer befand und der nur alle acht Tage geleert wurde, teils rührte er von den Hunden her, die in dem anstoßenden Raume untergebracht waren.

Ein im Zimmer angebrachter Windofen, in welchem mit Holzkohlen die zum Bügeln nötigen Eisen gehitzt wurden und ein zweiter zu heizender Ofen mußten notwendig dazu beitragen, um die Luft im Zimmer zu verderben.

Daß bei einer solchen Lebensweise, zu welcher Marie Göll durch so viele Jahre gezwungen war, die Gesundheit derselben im allgemeinen wesentlich beeinträchtigt werden mußte, kann keinem Zweifel unterliegen, und wenn nicht bereits ein ausgebildeter Krankheitszustand wirklich vorhanden ist, so zeigt doch schon ihr äußeres Aussehen, daß sie bereits eine merkliche Anlage zu Krankheiten der negativen Sphäre, zu Fehlern der Ernährung und Säftemischung in sich trägt."

Die unter größtmöglicher Schonung vorgenommene erste Einvernahme der Marie Göll brachte folgendes zutage:

In ihrer frühesten Jugend sei sie von den Eltern gut behandelt worden, daran habe sich auch nichts geändert, als die Mutter das Haus verlassen und die Schwester des Vaters das Hauswesen geführt habe. Mit dreizehn Jahren sei sie zu des Ursulinen gegeben worden und habe dort fünf glückliche Jahre verlebt. Neben den „gewöhnlichen weiblichen Arbeiten" habe sie Französisch, Singen und Klavierspielen gelernt und Unterricht im Malen erhalten. Mit achtzehn Jahren sei sie auf Wunsch des Vaters nach Hause zurückgekehrt, und da habe sie im Elternhaus die Czerwinka als Wirtschafterin und Geliebte ihres Vaters vorgefunden. Sie, Marie, sei von ihr wie eine Dienstbotin behandelt worden.

Anderes war aus dem Munde des Baumeisters zu hören. Er behauptete, das Unglück zu haben, mit Kindern geschlagen zu sein, die ihm sein Lebtag nur Kummer gemacht hätten. Nachdem Marie das Kloster der Ursulinen verlassen hatte, habe er sehr bald bemerkt, warum man sie dort nicht habe behalten wollen. „Sie hatte nachgerade die Sucht, andere zu verleumden." Seinen Angaben zufolge habe sie auch gestohlen. Als weitere „Unverbesserlichkeit" führte er ihr schamloses Betragen an. Seinerzeit, als sie noch im Heniksteinschen Haus gewohnt hätten, habe sie sich in höchst undezentem Aufzug am Fenster gezeigt. Er sei dadurch bei der Nachbarschaft ins Gerede gekommen.

Die Polizei versuchte sich daraufhin Klarheit darüber zu

Anmerkungen zum Elementarunterricht

„Den einzig wahren Maßstab zur Beurteilung der geistigen Bildung einer Nation gewährt die Einsicht in den
Umfang und den Erfolg des Elementarunterrichts sowie
die Kenntnis des Verhältnisses, in welchem die schulfä-
hige Jungend an dem in den Volksschulen erteilten Un
terrichte wirklich teilnimmt." (Schmitt, S. 245)
Dieses Verhältnis hat im Biedermeier nicht einmal 3:2
betragen. Seinen allerhöchsten Stand hat der Schulbesuch
während der Biedermeierzeit im Jahr 1841 erreicht. Damals besuchten 62 Prozent der „schulfähigen" Kinder eine
Schule. In den Jahren danach hat sich dieser Prozentsatz
wieder verringert. Von den im gesamten Bereich der Monarchie im Jahr 1850 bestehenden 18.702 Volksschulen
waren 18.346 katholische Institute.

Als Lehrpersonal standen dort zur Verfügung
   12.959 Katecheten
   17.548 Lehrer/innen
    8.338 Gehilfen.

Quelle: Schmitt, S. 246f

Die Ausbildung der Volksschullehrer dauerte drei Monate.
Der Unterricht in den – zweiklassigen – Volks- oder Tri-
vialschulen umfaßte die Gegenstände Religion, Lesen,
Schreiben und Rechnen. Der gesamte Unterricht aber war
religiösen Prinzipien unterworfen. Denn: Mit der von Kaiser Franz I. erlassenen „Politischen Verfassung der deutschen Schulen in den k.k. Erbländern" war 1805 die geist-
liche Schulaufsicht, die durch die Reformen Josephs II.
1774 beseitigt worden war, wiederhergestellt worden. Erst
mit dem Reichsvolksschulgesetz (1869) wurde das Schul-
wesen der kirchlichen Aufsicht entzogen und der staatlichen unterstellt.

verschaffen, warum Marie tatsächlich von den Ursulinen weggegangen sei. Zu diesem Zweck wurden an die Oberin des Klosters St. Ursula folgende Fragen gerichtet und um deren schriftliche Beantwortung gebeten:

„In welcher Eigenschaft war Marie Göll im hiesigen Kloster zu St. Ursula? War sie bloß zur Erziehung dort belassen oder zum Eintritt bestimmt?

Antwort: Marie Göll kam zur Erziehung und war nicht zum Eintritte ins klösterliche Leben bestimmt.

Wie war ihr Betragen? Sind gegen die Aufführung des Mädchens Anstände oder Bedenken vorgekommen?

Antwort: Marie Göll hatte sehr viele Talente zum Lernen; wohl zerstreute sie die große Lebhaftigkeit ihres Geistes. Jedoch war ihr Betragen von der Art, daß man ihr keinen besonderen Fehler zur Last legen konnte.

Auf welche Art erfolgte ihr Austritt? Hat ihr Vater sie aus freien Stücken herausgenommen? Hat das Mädchen darauf gedrungen? Wünschte vielleicht das Kloster ihre Entfernung, und wäre es so gewesen, warum?

Antwort: Der Anlaß, daß Marie Göll aus der Erziehung genommen wurde, war, daß, weil sie die Ältere sei, sie zum Häuslichen verwendet werden sollte. Sie wurde nicht von seiten des Klosters entlassen, sondern weil die vermeintliche Baumeisterin Johanna Göll es begehrte."

Während Baumeister Göll mit seinen Aussagen den Eindruck zu erwecken versuchte, Marie habe sich die Folgen ihres Betragens selber zuzuschreiben, Tenor: schuld ist das Opfer, verlegte sich Johanna Czerwinka auf eine andere Strategie: Alles, was sie getan, sei auf Geheiß und mit Einverständnis von Maries Vater geschehen. Bewußt oder unbewußt gab sie sich damit, obwohl mit Göll gar nicht verheiratet, den Anstrich einer gehorsamen Ehefrau, die sich verhält, wie das Gesetz es befiehlt. Gab es doch im Eherecht der damaligen Zeit folgenden Passus (der übrigens bis 1976 Gültigkeit behielt) : „Der Mann ist das Haupt der Familie. ... Die Gattin ... ist verbunden, ... so weit es die häusliche Ordnung erfordert, die von ihm getroffenen Maßregeln sowohl selbst zu befolgen als befolgen zu machen."

Daß zur Aufrechterhaltung der häuslichen Ordnung im

konkreten Fall drastische Maßnahmen erforderlich gewesen seien, würde, so die Aussage Czerwinkas, alle Welt einsehen. Es sei schwer zusammenzuleben mit einer „Person, welche die Dienstboten zum Betruge abrichtet, einen unausstehlichen Charakter hat, alles wegstiehlt und nie parieren wollte". Sie selbst, so gab sie an, habe schon wiederholt von Göll wegziehen wollen, er aber habe sie immer inständig gebeten zu bleiben, und so habe sie sich seinem Willen gefügt.

Von Polizeikommissär Stenzinger befragt, warum er, da er mit seiner Tochter offenbar Probleme gehabt habe, nie die Hilfe der Behörden gesucht, sondern seine Tochter in einer Weise versperrt gehalten hätte „wie nur die Obrigkeit gegen Arrestanten vorgehen darf", gab Baumeister Göll sinngemäß zur Antwort, es schicke sich nicht, familiäre Probleme in die Öffentlichkeit zu tragen. Seine Tochter sei aus guten Gründen von anderen ferngehalten worden und im übrigen sei ihr nichts Böses widerfahren, sie habe zu essen bekommen und sei von seiner Frau mit Nachsicht behandelt worden.

Was die angebliche Nachsicht der Johanna Czerwinka betraf, so hatte das Gericht seine Zweifel.

Marie Göll hatte nämlich erzählt, von der Czerwinka mißhandelt worden zu sein. Einmal, so erzählte sie, sei eine Flasche ihren Händen entglitten, da sei die Czerwinka derart in Zorn geraten, daß sie mit Fäusten auf sie eingeschlagen, sie zu Boden geworfen und auch nach ihr getreten habe.

Befragt nach ihren Personalien hatte Johanna Czerwinka angegeben, vor knapp 50 Jahren in Brüssel geboren und mit dem Handlungsgehilfen Anton Czerwinka verheiratet zu sein. Seit mehr als zwanzig Jahren aber lebe sie von ihm getrennt und wisse daher nicht, wo er jetzt sei.

Baumeister Göll ergänzte, daß er mit Johanna Czerwinka, seit sie sich von ihrem Mann getrennt habe, auf ehelichem Fuß lebe. Für den Fall, daß die Czerwinka Witwe werden sollte, sei er fest entschlossen, sie zu heiraten.

Aufgrund gerichtlicher Untersuchungen hatte sich inzwischen herausgestellt, daß es auch mit der Uneigennützigkeit der Czerwinka nicht allzu weit her war. Im Laufe der Jahre war es ihr gelungen, den Baumeister zu veranlassen, ein Testament aufzusetzen, daß sie im Falle seines Todes zur Universalerbin machte. Außerdem stellte sich heraus, daß sie ohne das Wissen Gölls immer wieder Silbersachen aus seinem Besitz veräußert und sich auch einen Schlüssel zur Kassa des Baumeisters beschafft hatte, aus der wiederholt Abgänge festgestellt worden waren.

Baumeister Göll kam daraufhin zu dem Schluß, der Czerwinka möglicherweise allzu blind vertraut zu haben. Er bequemte sich auch zur Aussage, daß seiner Tochter möglicherweise unrecht geschehen sei, er aber nicht habe wissen können, wie sie von der Czerwinka behandelt werde. Er selbst sei kaum je ins Zimmer von Marie gekommen, da er seinen Geschäften habe nachgehen müssen.

In der Zwischenzeit war es der Polizei auch gelungen, in der königlich ungarischen Freistadt Pest den Ehemann der „Frau Göll", Anton Czerwinka, auszuforschen.

Auf Befragen gab er an, im Jahre 1808 in Wien in einer Nürnberger Großhandlung am Bauernmarkte gearbeitet und dort die Bekanntschaft des Fräulein Johanna Mayer gemacht zu haben. Die schwarzhaarige Johanna habe ihm gefallen, ihre Familie sei rechtschaffen gewesen, aber ganz ohne Vermögen. Er habe Johanna aus wahrer Zuneigung geheiratet. Im Jahre 1815 oder 1816 hätten sie den Baumeister Göll kennengelernt, seien des öfteren zusammengekommen, und nach einem Jahr habe Göll ihm und seiner Frau den Vorschlag gemacht, in seinem Haus in der Alservorstadt, in dem er damals wohnhaft war, die Gartenwohnung zu beziehen. Das Ehepaar Czerwinka willigte ein.

Es dauerte ein weiteres Jahr, bis Anton Czerwinka dahinterkam, daß das Verhältnis zwischen Göll und seiner Frau mehr als ein bloß amikales war. Daraufhin faßte er den Entschluß, sich von seiner Frau zu trennen. Er einigte sich mit ihr über die Teilung des wenigen, das sie besaßen, und versuchte, in Ungarn ein neues Leben zu beginnen. Was aus seiner Frau geworden sei, wisse er nicht und habe sich auch nicht darum gekümmert. Durch Zufall sei ihm nur einmal zu Ohren gekommen, daß sie mit dem Baumeister gemeinsam wirtschafte.

Die gegen Alois Göll und Johanna Czerwinka erhobene

Anklage lautete auf „öffentliche Gewalttätigkeit durch unbefugtes Einschränken persönlicher Freiheit und wegen körperlicher Verletzung."

Noch immer aber herrschte bei Gericht Unklarheit darüber, was nun tatsächlich der Grund für die gewaltsame Isolierung Marie Gölls gewesen war.

Die Aussage der Marie Göll, die am 6. Februar vor das Kriminal-Gericht geladen wurde und „keinen Anstand nahm, gegen ihren Vater auszusagen" brachte es schließlich zutage. Sie berichtete:

Bald nachdem sie das Kloster der Ursulinen auf Wunsch des Vaters verlassen habe, habe er das Haus in der Adlergasse verkauft, die Familie sei ins Heniksteinsche Haus gezogen. Johanna Czerwinka sei dort immer herrischer geworden. Aus diesem Grund hätten ihre Geschwister auch das Kloster- und das Soldatenleben dem Leben in der Familie vorgezogen.

Zurückgeblieben war nur Marie. Aber offenbar war auch die der jungen Liebe des nicht mehr ganz so jungen Paares im Wege gestanden.

Wie aber wird man eine Tochter, die „keine Berufung zum Klosterleben fühlt", ganz ohne Aufsehen los? Man sucht für sie einen Mann.

Des öfteren, so erinnerte sich Marie Göll, sei ein Miltärbediensteter zu Besuch gekommen, dieser habe dann immer häufiger einen Freund mitgebracht, und den hätte sie auf Wunsch der Czerwinka heiraten sollen. „Ich hatte aber keine Neigung zu dem Mann." Daran änderte auch das Drängen des Vaters nichts.

Unmittelbarer Anlaß für ihre Absonderung aber sei der folgende Vorfall gewesen:

„Die Fenster im Heniksteinschen Hause gingen auf die Schulerstraße. Gegenüber lag der Gasthof zum König von Ungarn. Dort wohnte damals im zweiten Stock der Prinz von Hessen-Homburg. Eines Tages bemerkte der Prinz, daß die Czerwinka halbnackt, sie war nur mit einem Hemd bekleidet, am offenen Fenster stand. Der Prinz veranlaßte daraufhin einen Diener, einen unserer Dienstleute daraufhin anzusprechen, und der wiederum hielt es für seine Pflicht, mich davon in Kenntnis zu setzen."

Marie war empört über das Benehmen der Czerwinka und gab ihr dies auch zu verstehen. „Daraufhin sperrte sie mich in ein Zimmer, und als mein Vater nach Hause kam, wußte sie ihn zu überreden, als ob ich es gewesen sei, die sich so schamlos am Fenster gezeigt habe."

Der Vater hörte nicht auf die Tochter, sondern versetzte ihr eine Tracht Prügel. Damit war Maries weiteres Schicksal besiegelt.

Marie unternahm zwar noch einigemal den Versuch, ihre Lage zu verändern. So machte sie ihrem Vater den Vorschlag, das Haus zu verlassen und in Dienst zu gehen. Doch vergebens. Die Tochter eines städtischen Baumeisters — eine Dienstmagd? In den Augen Gölls war dies nachgerade ehrenrührig. Vor Gericht befragt, warum er sie nicht wirklich aus dem Haus gegeben habe, sagte er jedenfalls, er habe sich die Schande ersparen wollen.

Nach Abschluß der Kriminaluntersuchung stellte Alois Göll sein Geschick dem Gericht anheim, nicht ohne darum zu bitten, auf seinen bisherigen unbescholtenen Lebenswandel und seine Verdienste Rücksicht zu nehmen.

Kriminalrat Anton Prandstetter — der Überlieferung zufolge „eine in der Strafrechtspflege hervorragende Persönlichkeit", ein „großer Menschenkenner" und „scharfsinniger Kriminalrichter"–, der die Untersuchung geleitet hatte, plädierte in seinem Vortrag dafür, Johanna Czerwinka zu drei Jahren schweren Kerkers zu verurteilen, die Untersuchung gegen Alois Göll jedoch mangels rechtlicher Beweise einzustellen. Seinem Verhalten sei — nach Prandstetters Ansicht — keine böse Absicht zugrundegelegen, er sei über den Charakter seiner Tochter irregeführt worden und habe sie nur vor Abwegen bewahren wollen. Rat Prandstätter gelang es allerdings nicht, seine Ratskollegen von der Unschuld des Vaters zu überzeugen. Tatsächlich wurde Johanna Czerwinka zu drei Jahren, Alois Göll zu zwei Jahren schweren Kerkers verurteilt. Am 9. September 1839 wurde dieses Urteil vom Obergericht bestätigt.

Alois Göll starb noch während der Haft. Am 18. März 1841 setzte ein Schlagfluß seinem Leben ein Ende.

Johanna Czerwinka wurde nach Verbüßung ihrer Strafe nach Pest abgeschoben, dort jedoch nicht angenommen. Sie sollte zurück nach Wien. Auf halbem Weg händigten ihr die Behörden jedoch einen Schubpaß aus und ließen sie laufen. Als sie nach einiger Zeit wieder in Wien auftauchte, wurde sie von der Polizei aufgegriffen. Da aber „die Ausmittlung ihrer Zuständigkeit viel Zeit und Mühe in Anspruch" genommen hätte, ließen die Beamten, um Mehraufwand zu vermeiden, sie bald wieder laufen.

Hunde in der Stadt

Um 1815 gab es in Wien etwa 30.000 Hunde – bei einer Einwohnerzahl von ungefähr 240.000. In manchen Häusern wurden 30 bis 40 Hunde gehalten. Da es unter den Hundebesitzern viele gab, die nicht genug Geld hatten, um für die Verpflegung der Hunde aufzukommen, so mußten sich diese die Nahrung auf der Straße selber suchen.

Hundebisse waren alltägliche Vorkommnisse, aber auch Verletzungen durch tollwütige Hunde keine Seltenheit. Mitunter wurde an einem einzigen Tag ein halbes Dutzend Menschen von wutkranken Hunden gebissen. Die „unterlassene Anzeige eines mit Wut behafteten Tieres" wurde mit Arrest bestraft (Paragraph 141 Strafgesetzbuch), die Behörden waren aber auch bemüht, die Bevölkerung über die Symptome der Tollwut aufzuklären:

„Um die fürchterlichen Verletzungen durch wütende Tiere zu verhüten, hat die Staatsverwaltung nicht nur Anweisungen über die Behandlung der Haustiere, um der Entstehung der Wut (Wasserscheu) vorzubeugen, sondern auch faßliche Belehrung über die Kennzeichen der sich entwickelnden und der schon ausgebrochenen Wut erlassen:

Infolge derselben ist jeder Eigentümer eines Hundes verpflichtet, denselben fortwährend genau zu beobachten. Wenn das Tier wenig oder gar nicht ißt und trinkt oder auch andere Kennzeichen einer Krankheit bemerkt werden, so hat es der Eigentümer an die Kette zu legen und einzusperren. Wird der Hund traurig, mürrisch, verkriecht er sich, bekommt er trübe oder fließende Augen und säuft in diesem Zustand nichts oder verabscheut wohl gar das Wasser, so ist dieses der erste Grad der eintretenden Wut. Bei dem höheren Grade derselben flieht der Hund vor jedermann, der Durst quält ihn, er streckt die bleifärbige Zunge aus dem Munde und scheut jedes Getränke; er leidet niemand um sich, bellt selten und versetzt jedem, der sich ihm nähert, einen ansteckenden Biß. Bei zunehmender Krankheit flieht er selbst seinen Herrn, und fällt jeden an, der ihm in den Weg kommt. Er läuft mit gesenktem Kopfe, hängenden Ohren, mit abwärts gesunkenem Schweife und schäumendem Munde und flieht jede Flüssigkeit. Nur bei der – aber ebenso gefährlichen – stillen Wut ist der Hund bloß mürrisch, still und verkriecht sich vor jedermann." (Kudler, S. 291)

Zur Einführung des Maulkorbzwanges konnten sich die Behörden jedoch nicht entschließen, sie griffen zu einem anderen Mittel, um des Problems Herr zu werden – zur Vertilgung der Hunde.

Um den Eifer der Abdecker und ihrer Knechte zu erhöhen, bekamen diese sieben Kreuzer für jeden getöteten Hund. Ergebnis: Sie fingen nicht nur streunende Hunde ein, sondern alle, derer sie habhaft werden konnten. Die Polizei-Oberdirektion sah sich genötigt, in einem eigenen Erlaß daran zu erinnern, ausschließlich herrenlose Hunde einzufangen und zu töten.

Aus einem Polizeibericht geht hervor, daß in den Jahren 1814–1816 in Wien, um die Ausbreitung der Tollwut einzudämmen, mehr als 14.000 Hunde getötet wurden. Im Jahr 1841 brach abermals die Tollwut aus, und wieder begann das große Hundesterben. Allein in den Monaten August und September dieses Jahres wurden 700 Hunde umgebracht. (Vgl. Oberhummer, S. 159f)

VON DIRNEN UND KUPPLERINNEN

Der Fall Maria Anna Haberfellner (1816)

Der bereits erwähnte Wiener Arzt Franz Seraph Hügel, war – jedenfalls im 19. Jahrhundert – der erste Österreicher, der sich eingehend mit dem „Problem" Prostitution befaßt hat. In einer seiner Schriften zu dem Thema, 1863 erschienen, hält er gleich eingangs fest:

„Die öffentliche Prostitution ist ein Schutz für den sittlichen Bestand der Familie." Und weiter: „Je sittlicher unser Familienleben erhalten werden soll, desto notwendiger erscheint also auch die Prostitution."[4]

Auch wenn Hügel – im Interesse der Sittlichkeit des Familienlebens – die Prostitution nicht abgeschafft wissen wollte, so war sie doch für ihn ein Ärgernis. Erklärtes Ziel seiner Schrift war es, die Prostitution zu legalisieren, sie aber gleichzeitig auch einzudämmen und vor allem, sie unter Kontrolle zu bringen. Hügel war offenbar ein Kind seiner Zeit, ein überzeugter Vertreter bürgerlicher Doppelmoral, allerdings einer der wenigen, der sich – möglicherweise unbewußt – offen dazu bekannte.

Zwanzig Jahre davor hat sich über Dirnen und Kupplerinnen kaum jemand den Kopf zerbrochen; sie blieben auch weitgehend ungeschoren – und das, obwohl das Gesetz alles verbot: die Prostitution, die Kuppelei, das Konkubinat und weiten Kreisen der Bevölkerung auch die Eheschließung. Ohne ausdrückliche Bewilligung der Behörden durften nur folgende „Klassen" heiraten: Aristokraten; Bürger; landesfürstliche, ständische, städtische und herrschaftliche Beamte, Doktoren, Magister, Professoren, Lehrer und Advokaten, Haus- und Güterbesitzer sowie Personen, die mit dem Meisterrecht versehen waren. Allen anderen war es – genaugenommen – vom Gesetz her untersagt, ihre geschlechtlichen Bedürfnisse zu befriedigen. Ein Zustand, der einen ausländischen Beobachter zu der Bemerkung veranlaßte:

Limonadehütte am Wiener Graben. (Zeichnung von Georg
Emmanuel Opitz)

„Wo die freie Anwendung des körperlichen Genusses be-
schränkt ist, da liegt auch fast immer der Geist in schwe-
rem Joche. Österreich liefert hierzu das sprechende Bei-
spiel."[5]
Historischen Schilderungen zufolge war die Prostitution in
Wien nie so verbreitet als zu jener Zeit, da sie verboten war.
So soll es im Wien der Biedermeierzeit zwischen 20.000 und
30.000 Freudenmädchen gegeben haben – und das bei einer
Bevölkerungszahl von etwa 300.000.
Ein deutscher Reisender schrieb 1827 über seinen Wien-
besuch:
„Ich setzte mich eines Abends an das Kaffehaus am
Graben und ließ wie viele meinesgleichen ruhig und be-
haglich die Menschen vorüberziehen. Später kamen die
Freudenmädchen, und dies gab einem neben mir sitzenden Staatsbeamten die Gelegenheit, mir darüber eines
breiteren zu berichten. Nach seiner Aussage hat Wien
20.000 solcher Nymphen, welche ihr Geschäft or-
dentlicherweise als Erwerb treiben, obgleich sie darauf
kein Patent haben und nur so von der Polizei geduldet,
wenn sie aber infolge ihres Lebenswandels erkranken, auf
Staatskosten in das venerische Kurhaus gebracht werden, wo ihnen ein junger Jesuite – aus der sogenannten
Redemptoristenkongregation – Pater P+++; ein höchst ar-
tiger, in Gesellschaften gern gesehener Mann – am Kran-
kenbette Sittenpredigten hält. Fänden die Mädchen nach
ihrer Genesung doch nur auch eine Versorgungskongre-
gation, in der sie beschäftigt und verpflegt würden; denn
so müssen unter zwanzig bestimmt 19 wieder aus Not zu
dem früheren Erwerbszweige greifen. – Als ich meinem
Gewährsmanne bemerkte, die obige Zahl von 20.000 sei
gar nicht so außerordentlich groß, erwiderte er etwas
verstimmt: ‚Ja, ich habe Ihnen nur das Fixum genannt,
von welchem die Polizeibehörde, wie gesagt, Kenntnis hat
– aber die Zahl der Außerordentlichen, der Dilettantinnen
dieses Fachs, der Vorzüglichen, der Gefeierten, unter
denen sich ja selbst einige Gräfinnen finden, ist gewiß
ebenso groß, und Wien darf sich in diesem Punkte gewiß
mit jeder andern Stadt in die Schranken stellen.' "[6]
Daran hat sich offenbar auch in den darauffolgenden Jah-

ren nichts geändert. Auch in einem 1846 erschienen Buch wurde berichtet, daß unter allen Städten Deutschlands die Prostitution sich in Wien ganz besonders verbreitet habe, daß es in Wien wohl keine privilegierten Bordelle, aber immerhin eine Legion von Winkeldirnen gegeben, daß ein großer Teil des weiblichen Dienstpersonals der heimlichen Prostitution verfallen, daß das Cicisbeat, Italien ausgenommen, nirgends mehr als in Wien geblüht und daß die syphilitischen Krankheiten in ganz auffälligerweise darselbst grassiert haben.[7]

Der Hinweis auf den hohen Anteil an Dienstmädchen kommt nicht von ungefähr. Verließ oder verlor ein Dienstmädchen seine Stelle, ohne mit einer „ordentlichen Verabschiedung" versehen zu sein, so wurde das Dienstmädchen zwangsweise zum Straßenmädchen. Da Dienstpersonal keine eigene Wohnung besaß, standen solche Mädchen im wahrsten Sinne des Wortes auf der Straße. „Dienstlosem Gesind" auch nur für eine Nacht „Herberge und Liegestätte" zu geben, war aber bei Strafandrohung verboten.[8] Die Polizei wiederum machte mit „herrenlosem Dienstvolk" kurzen Prozeß, arretierte das „Gesindel" oder schob es ab. Die einzige reale Alternative war die Kupplerin. Bei ihr konnten stellenlose Dienstmägde unterschlupfen und Geld verdienen.

Daß es zumeist nicht Lust und Laune, sondern Hunger und Elend war, was junge Frauen zur Prostitution trieb, zeigt der Fall „Haberfellner". 1816 stand Maria Anna Haberfellner – nicht zum ersten Mal – vor Gericht. Angeklagt wegen Kuppelei.

Die Akten aus dem Jahr 1816, aus denen im folgenden zitiert wird, liegen dem Kriminalakt Kaunitz (vgl. S 193) bei, da – in späteren Jahren – auch Fürst Kaunitz die Dienste der Haberfellner in Anspruch genommen hat.

Zur Person der Kupplerin: Im Jahre 1816 war Maria Anna Haberfellner, aus Aschau in Oberösterreich gebürtig, 35 Jahre alt. Sie war Taglöhnerwitwe, mit einer Hausiererbefugnis versehen, und bereits 18 Jahre in Wien. Laut eigenen Angaben lebte sie von ihrer Hausierertätigkeit und von den 40 Gulden, die sie von ihrem Geliebten, Michael Fill, Bedienter beim Grafen Compagni, monatlich bekam.

Als Zeuginnen einvernommen wurden drei bei ihr wohnende und von ihr beschäftigte Frauen. Was sie schildern, das sind – gewiß nicht untypische – Frauenschicksale der Biedermeierzeit.

Aussage der aus Oberösterreich stammenden Theresia Kampmüller, 18 Jahre alt, katholisch, ledig:

„Ich befinde mich seit einem Jahre in Wien. Gleich nach meiner Ankunft kam ich in Dienst zu einem Kässtecher am Petersplatz, dessen Namen ich nicht mehr weiß, woselbst ich durch fünf Monate in Dienst blieb.

Da mir dieser Dienst zu beschwerlich war, trat ich aus und blieb ungefähr vierzehn Tage vazierend. Während dieser Zeit ereignete es sich, daß ich an einem Nachmittag um vier Uhr durch das Durchhaus, ‚Zum Bacchus‘ genannt, ging. Daselbst stand eine Mannsperson, diese zog mich in die Wohnung der Hausiererin Anna Haberfellner und überredete mich, seinen Wünschen nachzugeben, für welche schändliche Hingebung ich vier Gulden erhielt, von welcher Summe sie sogleich die Hälfte in Beschlag nahm.

Sie munterte mich auf, zu ihr zu ziehen und machte mir Vorstellungen, daß ich mir bei ihr leicht die nötige Kleidung schaffen und bequem leben könne. In meiner hilflosen Lage ließ ich mich überreden und begab mich in ihre Wohnung.

Sie ließ mich bei der Polizei-Bezirksdirektion als ihre Dienstmagd melden – allein ich mußte ihr täglich zwei Gulden Kostgeld bezahlen. Sie hatte mir schon vorher angekündigt, daß Männer in ihre Wohnung kommen würden und daß von dem empfangenen Schandgelde ich ihr immer die Hälfte geben müsse.

Wann ich auf diese schändliche Weise nicht jeden Tag wenigstens acht bis zehn Gulden als die Hälfte meines Erwerbs geben konnte, machte sie mir die größten Vorwürfe und drohte mir mit Schlägen. Als ich ungefähr vier Monate bei ihr in Aufenthalt war, wurde ich durch diesen unordentlichen Lebenswandel angesteckt, und ich begab mich ins Spital, woselbst ich sieben Wochen bleiben mußte.

Während dieser Zeit hielt sie zwei andere Weibspersonen

bei sich aus, von welchen ich aber nur die Vornamen Anna und Josepha anzugeben weiß.

Überhaupt muß ich bemerken, daß während meines Aufenthalts bei ihr, mehrmals des Abends, Weibspersonen in Begleitung von unbekannten Männern in ihre Wohnung kamen.

Vor mir hielt sich eine gewisse Anna Preyerin bei der Haberfellner auf, allein, diese wurde arretiert und nach Preßburg abgeschoben.

Als ich aus dem Spital kam, wußte sie mich wieder an sich zu locken, und ich sah mich umso mehr gezwungen, wieder bei ihr zu bleiben, weil ich ihr dazumals bei 300 Gulden schuldig war und sie mir drohte, sie wolle mich einsperren lassen, wenn ich anderswo Unterstand suchen würde.

Schließlich muß ich noch bemerken, daß sich die Haberfellner auch während der Zeit, wo ich schon stark angesteckt war, immer aufforderte, daß ich mich demungeachtet von Männern gebrauchen lassen soll, und mir, weil ich solches nicht tat, die bittersten Vorwürfe machte."

Auszug aus dem Verhör mit der aus Wien stammenden Anna Fehringer, 18 Jahre alt, katholisch, ledig, ehemals bei einem Kaufmann in Aufenthalt:
„Ich lernte die Haberfellner durch die Preßburger Nettl kennen, weil diese zugleich mit mir im Polizeigefängnis war. Da ich mir gar keinen Ausweg wußte, ließ ich mich durch sie überreden und zog zur Haberfellner."

Aussage der Karoline Putz, aus Wien gebürtig, 18 Jahre alt, katholisch, ledig:
„Als ich von meinem letzten Dienst austrat und keinen Unterstand wußte, wies mich eine gewisse Barbara Kastnerin, die ich früher kennengelernt hatte, zu der Haberfellnerin.

Um das Kostgeld und die Kleidung bestreiten zu können, war ich gezwungen, täglich wenigstens einige Männer hinaufzuführen, aber dies mußte auch die eben daselbst wohnhafte Theresia Kampmüller tun, wenn sie sich nicht Mißhandlungen aussetzen wollte.

Als ich ungefähr vierzehn Tage bei der Haberfellner war, fühlte ich mich aus der Folge meines ausschweifenden Lebenswandels krank – und sah mich genötigt, ins Spital zu gehen, meine Aufenthaltgeberin hielt aber meine Kleidungsstücke zurück, damit ich, wenn ich wieder gesund wäre, nicht irgend anderswo in Dienst treten, sondern wieder zu ihr kommen müßte. Aus Furcht vor ihren Drohungen, und weil ich noch elf Gulden abzuzahlen hatte, begab ich mich wieder zu ihr, nachdem ich sieben Wochen im Spital gewesen war. Die Haberfellnerin munterte mich nun auf, recht viele Männer zu ihr zu führen, da sie aber sah, daß ich noch schwach und kränklich war, trug sie mir auf, einen anderen Unterstand zu suchen."

Am 8. Juli 1816 wurde das Urteil gefällt: „Maria Anna Haberfellner soll durch drei Monate im Polizeihause in einfachem, aber wöchentlich einmal mit Fasten verschärftem Arrest angehalten werden."

Bestraft wurde immer nur das Angebot und nie die Nachfrage. Und Ansteckung galt – jenen, die nicht betroffen waren – als „Berufsrisiko". Die Genehmigung von Bordellen verbunden mit gesundheitlicher Vorsorge, war zwar bereits Ende des 18. Jahrhunderts diskutiert worden, wurde aber nicht zuletzt von „Gebildeten" abgelehnt. Zynische Begründung:

„Glaubt man denn wirklich etwas so Großes getan zu haben, wenn man ein paar Tausend Pflastertretern in der Hauptstadt jährlich eine Quecksilberkur erspart?"[9]

Daneben wurden – vereinzelt – auch kritische Stimmen laut, die aber ihrer Zeit weit voraus waren. Ihre Überlegung: Wenn „lasterhafte Dirnen" für den Bestand des „sittlichen Familienlebens" offenbar unabdingbar sind, dann sollten sie auch nicht schlechter gestellt sein als „ehrbare Leute". In einem 25 Punkte umfassenden Programm wurde die öffentliche Duldung der Prostitution gefordert. Die ersten drei Punkte dieses Programms:

„1.) Diejenige Klasse von Frauen und Mädchen, die man bisher mit dem Namen „öffentliche oder Freudenmädchen" bezeichnete, wird für eine *notwendige* menschliche *Gewerbsklasse* erklärt.

2.) Die *Ehrlosigkeit*, die das Gesetz und die Meinung bis jetzt damit verbanden, ist als aufgehoben betrachtet. 3.) Die Klasse der sich im Interesse des Staatswohles und der Befestigung des Familienglückes preisgebenden Frauenzimmer ist vom Staate beschützt und im erforderlichen Falle pekuniär unterstützt."[10]

Wiener Polizeibericht für den Monat Jänner 1817

Verwaltungsausweis für die im Monat Januar bei der k.k. Polizei-Oberdirektion vorgekommenen bedeutenden Vorfälle und Amtshandlungen

Betragen der Staatsbeamten

Es herrscht unter ihnen eine große Niedergeschlagenheit und Mißmut, daß sie, besonders jene von minderen Kategorien, mit ihren Besoldungen und Zuschuß die so hoch steigenden Preise der nötigsten Bedürfnisse und vorzüglich den Wohnungszins, zu bestreiten nicht imstande sind. Sie hoffen mit Zuversicht auf eine baldige Abhilfe und dauerhafte Verbesserung ihres Zustandes. Ihrer Pflicht gemäß fügen sie sich ihrem Schicksal, und man hat in öffentlichen Orten nicht wahrgenommen, daß selbe sich widrige Ausfälle gegen die Staatsverwaltung erlauben.
(...)

Öffentliche Ruhe und Sicherheit

Laut des Verzeichnisses Nr. 1 wurden in diesem Monat verhaftet:

Wegen Verbrechen	106 Personen
Wegen schwerer Polizeiübertretungen	167 Personen
Wegen minderer Vergehen	209 Personen
Zusammen	482 Personen

Wichtigere Verbrechen sind folgende vorgekommen:
Der Fuhrmann Friedrich Blahold aus Böhmen wurde von einer unbekannten Mannsperson aus dem Wirtshaus Nr. 429 in der Leopoldstadt, wo er eingestellt hatte, unter dem trügerischen Vorwand, ihm eine Fracht zu verschaffen, in die Rossau gelockt, allda aber zwischen dem Brennholz auf

der Holzgestette mit dem Bedeuten verlassen, daß der Herr, welcher die Fracht benötige, nicht mehr anwesend sei. Gleich nach Entfernung dieser Mannsperson wurde Blahold von drei unbekannten starken Männern zu Boden geworfen und seiner Barschaft von 140 fl. Wiener Währung beraubt. Es konnte bis jetzt noch keiner dieser Täter ausfindig gemacht werden.

Folgende weggelegten Kinder wurden vorgefunden:

Am Himmelpfortgrund in dem Hause Nr. 81 ein Knab, 8 bis 10 Tage alt, lebend und gesund, welcher in das Findelhaus übergeben wurde.

In dem Hernalser Buchenhof eine 5 Monate alte Leibesfrucht, ohne Leben und ohne Spuren einer Gewalttätigkeit, in Fetzen gewickelt.

In der oberen Bräunerstraße im Hause zum burgundischen Kreuz eine tote Leibesfrucht männlichen Geschlechts, drei bis vier Monate alt. Es konnte kein Täter dieser Kindesweglegung erforscht werden.

Am 14. Jänner wurde die Nr. 1.061 in der Stadt wohnhafte Frau von Skerletz, geborene Gräfin Czaky, von ihrem Bedienten Jos. Spadony, einem Dalmatiner, an Pretiosen, Silberzeug und Sachen von Wert sehr beträchtlich bestohlen, und folglich nach erhobenem Tatbestand zur Erforschung des Täters die nötigen Einleitungen getroffen. Weil jedoch alles erdenklichen Fleißes ungeachtet, welcher vorzüglich von dem betreffenden Bezirksvorsteher, Oberkommissär von Pfleger darauf verwendet wurde, den Täter hieramts zu betreten, fruchtlos blieb, indem derselbe, wie es nunmehr bereits erhoben ist, gleich nach vollbrachtem Diebstahl von hier sich flüchtete, so verbreitete man jene Nachforschungen nicht nur auf die Umgebungen, vorzüglich gegen Ungarn, sondern versandte an alle Polizeibehörden und an die Magistrate der Hauptstädte von Ungarn, im besonderen nach Pest, dringende Requisitionsschreiben, wo derselbe auch wirklich schon am 2. Februar erforscht, handfest gemacht und samt allen gestohlenen Pretiosen eingebracht wurde, und wo ihn nunmehr seine Bestrafung erwartete.

Dem Nr. 468 in der Stadt wohnhaften jüdischen Handelsmann Benedikt Schlesinger ist eine sehr bedeutende

Menge von Waren – welche beim Drucker Urban in Penzing aufbewahrt lagen – auf Einleitung dieses letzteren einverständlich mit ein paar Diebsgesellen gestohlen und durch tätige Amtshandlung der Polizeibezirksdirektion zu Mariahilf die ganze Ware samt den Tätern eingebracht worden. Somit sind die Diebstähle und Betrügereien am zahlreichsten vorgekommen, die jedoch wenigstens nicht von hohem Belang noch mit Angriffen auf Personen verbunden waren und die teils an offenem, teils an versperrtem Gut verübt wurden. Erwerbslosigkeit und drückende Not sind als vorzügliche Ursachen davon zu betrachten.

Vom Wahnsinn

wurden folgende Personen befallen und in die Irrenanstalt übergeben:
Theresia Frank, Schneidermeistersgattin, 31 Jahre alt
Barbara Niklin, Tuchweberstochter, 28 Jahre alt
Adam Seisel, Hausmeister, 39 Jahre alt
Katharina Friedel, Kindsmagd, 22 Jahre alt.

DANKE GOTT UND SEI ZUFRIEDEN

Wiener Polizeibericht für den Monat Februar 1817

Verwaltungsausweis über die im Monat Februar 1817 bei der k.k. Polizei-Oberdirektion vorgekommenen bedeutenden Vorfälle und Amtsgegenstände.

Volksstimmung

Fortwährend herrschen die empfindlichsten Klagen über die außerordentliche und durch ihre lange Dauer unerschwingliche Teuerung aller Lebensmittel und Bedürfnisse.
(...)
Das Publikum überläßt sich teils lauten, bitteren Klagen, teils einer stumpfen Gefühllosigkeit, es tritt beinahe allgemein Mißmut ein, daß selbst bei ordentlichem Erwerb die Deckung der notwendigsten Bedürfnisse unerschwinglich ist und daß dagegen keine Abhilfe getroffen wird.
(...)

Öffentliche Ruhe und Sicherheit

Laut des Verzeichnisses Nr. 1 wurden in diesem Monat verhaftet:

Wegen Verbrechen	64 Personen
Wegen schwerer Polizeiübertretungen	184 Personen
Wegen minderer Vergehen	171 Personen
Zusammen	419 Personen

Verbrechen, die besondere Erwähnung verdienen:
Zu Gumpendorf wurde aus dem Mühlbach beim Abfall nächst dem Wehre ein nackendes totes Kind herausgezogen, welchens nach wundärztlichem Befund ein neugeborener Knabe, am ganzen Körper vom Wasser sehr aufgelau-

fen und schon in Fäulung übergegangen, war, daher man schloß, daß es schon mehrere Tage im Wasser gelegen sein möge. Es waren keine äußeren Verletzungen an dem Kinde bemerkbar.

In der St. Stephanskirche auf einer Stufe der Toten-Einsegnungs-Kapelle wurde ein Kind männlichen Geschlechts, sechs bis sieben Monate alt, in einer Schachtel niedergelegt gefunden.

Man konnte in beiden Fällen auf keine Spur des Täters gelangen.

Gottfried Ebert, Bestandwirt, wurde wegen versuchter Abtreibung der Leibesfrucht bei seiner Geliebten eingezogen.

Am 7. Februar abends nach 9 Uhr wurde der Buchhalter Ignaz Riesek am Glacis, in der Allee zur Rossau, von zwei ungarischen Soldaten räuberisch angefallen, und obschon er sich mit seinem Stock - einem sogenannten Czakan - verteidigte, zu Boden geworfen, und mit einem Säbelhieb am Arm leicht beschädigt. Da auf sein Geschrei Leute herbeikamen, so sind die Täter entschwunden, ohne etwas geraubt zu haben.

Anton Bernlocher, Schlossergesell, wurde in der Nacht betreten, als er eben das Schloß von einem Gewölb abbrechen wollte. Er gestand, schon von neun Gewölben die Schlösser abgebrochen und verkauft zu haben.

Anton Sehak, Deserteur, wurde betreten, als er eben beschäftigt war, eine Wohnungstür mit einem Dietrich zu öffnen. Man fand bei ihm 2 Hauptschlüssel, 1 Stemmeisen, 1 Handlaterne nebst Feuerstein und Schwamm. Er war schon dreimal wegen Diebstahl in Untersuchung.

Christoph Schlauch hat das falsche Gerücht eines Räubers ausgestreut; indessen er selbst der Täter eines verübten Diebstahls von 415 fl. Wiener Währung gewesen ist.

(...)

Vom Wahnsinn

wurden in diesem Monat befallen und in die Irrenanstalt übergeben:
Theresia Funk, Schneidersgattin, 42 Jahre alt
Josefa Schottroh, Bäckergesellensgattin, 34 Jahre alt
Franziska Lewin, Köchin, 35 Jahre alt.

EINE VON VIELEN

Der Fall Theresia Denner (1843)

Eigentumsdelikte, deren Ursache Not und Elend ist, die begangen werden, um das eigene Überleben zu sichern, gehören als „Fälle" sicherlich nicht zu den attraktiven Kriminalgeschichten. Sie sind, von der Person des Täters angefangen über die Tatausführung bis zur detektivischen Ausforschung hin, meist wenig spektakulär. Die Motive aber und die Häufigkeit ihres Vorkommens lassen deutliche Schlüsse auf die soziale Situation ihrer Zeit zu.

Ein einziges Beispiel soll daher für zahllose andere, gleichartige stehen: Theresia Denner, die 1843, knapp sechzehn Jahre alt, zum ersten Mal mit dem Gesetz in Konflikt gekommen war, hatte vor Gericht als Berufsbezeichnung „Dienstmädchen" angegeben. Sie gehörte damit einem Berufstand an, der zwar alle anderen Berufe an Zahl bei weitem übertraf – von 100.000 Einwohnern der Städte Ofen und Pest waren im Jahr 1848 7.000 Dienstboten – der aber zugleich der rechtloseste war. Das einzige Recht, das dem Arbeitnehmer zugestanden wurde, war, seine Arbeitskraft zu verkaufen.

Der Willkür der Herrschaft ausgesetzt, arbeiteten Dienstboten oft nur für Kost und Logis, Tag für Tag und auch Teile der Nacht hatten sie den Befehlen der Hausfrau, den Wünschen des Hausherrn zur Verfügung zu stehen, deren Disziplinargewalt sie ausdrücklich unterstellt waren, da sie der Hausgemeinschaft zugezählt wurden.

Auch das Strafgesetz überließ kleinere Vergehen, wie etwa die „tätige Verletzung schuldiger Ehrerbietung der Dienstleute gegen den Dienstherren", ausdrücklich der häuslichen Zucht, solange sie im Inneren der Familie „verschlossen blieben".

Lohn gab es oft nur alle heiligen Zeiten, Entlassungen waren hingegen jederzeit möglich, aus den geringfügigsten Anlässen.

Zum überwiegenden Teil stammten die Dienstboten aus ländlichen Gebieten, aus sozial niederen Schichten und stellten schon dadurch die wohl am meisten gefährdete Klasse dar. Aus den biographischen Angaben in den Gerichtsakten lassen sich die Lebensschicksale der meist sehr jungen, unerfahrenen und oft kaum der Sprache mächtigen Mädchen ablesen:

Schlechte Behandlung durch die Herrschaft. Entlassung oder freiwillige Entfernung vom Dienst und damit zwangsläufig Erwerbs- und Unterstandslosigkeit, da sie in der fremden Großstadt keine Verwandten und Bekannten hatten. In der Folge: kleine Diebstähle, um das Überleben zu sichern, die aber vom Gericht unnachsichtig geahndet wurden. Eine bedingte Strafe gab es nicht, und Armut galt wohl als Erklärung, nicht aber als Entschuldigung und nur selten als Milderungsgrund. Verurteilung und Strafe verschlossen die Möglichkeit, einen weiteren Dienst zu finden. Die Folge: neuerliche Eigentumsdelikte oder Vergehen gegen das Meldegesetz, neuerliche Verurteilung – der Lebensweg war vorgezeichnet und endete für die Mädchen meist in der Prostitution und aufgrund der allgegenwärtigen Gefahr der venerischen Ansteckung im Allgemeinen Krankenhaus, bei männlichen Dienstboten häufig im Berufsverbrechertum.

Theresia Denner war in Wien geboren, auf der Windmühle, stand aber ebenso allein wie ihre aus den „Provinzen" zugezogenen Kolleginnen. Ihr Vater war 1841 gestorben, von einer Mutter ist in den Akten nicht die Rede. Die Waise mußte früh in Dienst gehen, um überleben zu können. Wegen eines Eigentumsdelikts, Diebstahles und Veruntreuung, wurde sie verurteilt. Das Stiftsgericht Schotten hat ihr dafür am 8. November 1843 neben einer dreiwöchigen Arreststrafe noch zehn Rutenstreiche zugemessen.

Nach der Entlassung arbeitslos, wurde sie erneut wegen Diebstahls und falscher Meldung – um doch noch eine Stelle finden zu können, hatte sie offenbar einen falschen Namen angegeben – zu einem Monat strengen Arrests verurteilt und wenig später wieder, ebenfalls wegen Diebstahls, vom Wiener Magistrat mit vier Monaten Kerker abgestraft.

Bei ihrer Enthaftung bekam sie als Lohn für die im Gefängnis geleistete Arbeit einen Gulden und siebzehn Kreuzer ausgefolgt.

Für jeden Wiener einen Diener

Wohnbevölkerung der Wiener Altstadt (1822 - 1825), gegliedert nach sozialer und beruflicher Zugehörigkeit. Angaben in Prozenten.

Adel	8,5	
Mit Berufsangaben	72,0	
Beamte, freie Berufe		5,4
Gewerbetreibende (Meister, Gehilfen)		15,0
Handel und Verkehr		5,7
Hauspersonal		45,9
Haushaltsangehörige ohne Angaben	19,5	
		100,0

Wohnbevölkerung 50.000

Quelle: Lichtenberg, S. 315

Bei rund 46 Prozent, also bei nahezu der Hälfte, der in Wien (innerhalb der Basteien) lebenden Wohnbevölkerung handelte es sich um sogenannte Dienstboten. Drei Viertel davon waren Frauen, vorwiegend im Alter zwischen 20 und 30 Jahren. Über die Vielfalt ihrer Tätigkeiten geben die in den Fremdentabellen enthaltenen näheren Berufsbezeichnungen Auskunft: Magd, Bedienter, Hausknecht, Hofmeister, Hausmeister, Portier, Kammerdiener, Kammerjungfrau, Kindsmagd, Stubenmagd, Zimmerputzer, Stiefelputzer, Tafeldecker, Köchin, Kutscher, Roßwärter, Reitknecht, Futterknecht, Staller, Sesselträger, Gouvernante.

Der extrem hohe Anteil an Dienstpersonal erklärt sich nicht so sehr aus der kaiserlichen Hofhaltung - die war gegenüber früheren Jahren wesentlich „bescheidener" geworden, sondern aus dem Bestreben des Adels, den Hof zu imitieren, vor allem aber aus dem Versuch wohlhabender bürgerlicher Kreise, und solche wohnten vor allem in der Altstadt, es der Aristokratie gleichzutun.

Eine gewisse Anna Newald, Mutter eines Mithäftlings, gab ihr unentgeltlich einen Tag Quartier, doch reichte das Geld trotzdem für nur kurze Zeit. An Kleidung besaß sie nur, was sie am Leibe trug, aus dem späteren Urteil geht hervor, daß sie nicht einmal ein Hemd besaß, und auch diese wenigen Kleidungsstücke mußte sie flicken, um überhaupt auf die Straße gehen zu können.

Nachdem auch die Newald sie nicht mehr beherbergen konnte, sie unterstands- und völlig mittellos war, mußte sie zum letzten Mittel, das damals einer Frau offen stand, Zuflucht suchen.

„Am Abend des 14. Jänner habe", so sagte sie vor Gericht, „ein unbekannter Mann sie aufgefordert, mit ihm in seine Wohnung zu gehen. Das habe sie auch getan, sei in seiner Wohnung, die sie nicht näher bezeichnen könne, geblieben und habe von ihm für mehrmaliges Zuhalten den anderen Tag drei Gulden Konventionsmünze erhalten."

Mit dem Geld machte sie sich am nächsten Morgen auf die Suche nach einer Unterkunft, einer Bettstelle, die sie endlich auch in Breitenfeld, im Haus Nr. 50 fand. Dort mußte sie „von ihrem Schandlohn" das Bettgeld von 20 Kreuzern vorauszuzahlen.

Als die Bettfrau sie bat, ihr Kind zu hüten, benützte sie die Gelegenheit, ein paar Wäschestücke an sich zu bringen. Der Diebstahl wurde sofort entdeckt, und Theresia Denner stand wiederum, zum vierten Mal, vor Gericht.

Die Richter führten alle Milderungsgründe an: ihr freiwilliges Geständnis, die Tatsache, daß sie nicht versucht hätte, sich der Entdeckung durch falsche Meldung zu entziehen, vor allem aber ihre Not und den Mangel an nötigen Kleidungs – und Wäschestücken. Sie wurde ausdrücklich für besserungsfähig erklärt, trotzdem aber am 6. März 1845 zu vier Monaten Kerker verurteilt.

Ihr weiteres Schicksal ist nicht bekannt.

Exkurs: Zur sozialen Lage

Neun Zehntel aller Verbrechen, die zwischen 1793 und 1849 vor dem Wiener Kriminalgericht verhandelt wurden, waren Eigentumsdelikte, gegenüber nur mehr 75 Prozent in der folgenden Epoche (Hausner, S. 142). Wenn man davon ausgeht, daß die Kriminalität einer Zeit jeweils ein Spiegel, besser ein Zerrspiegel, ihrer Gesellschaft ist, bestätigt auch diese Zahl die Vermutung, daß die gepriesene Anspruchslosigkeit, Genügsamkeit und Einfachheit des Biedermeier keineswegs selbstgewählte Tugenden, sondern Folgen unfreiwilliger Armut gewesen sind. Wie die Tat, so die Täter: Neunzig Prozent der Angeklagten entstammten den armen Bevölkerungsschichten. Das Eigentum stand in der Skala der vom Gesetz geschützten Güter an oberster Stelle, seinem Schutz hatte – jedenfalls in der Theorie – das höchste Maß an behördlicher Aufmerksamkeit zuzukommen. Eigentumsdelikte wurden mit verhältnismäßig hohen Strafen geahndet. Die Geschichte der Kriminalität des Biedermeier ist gleichzeitig eine „Geschichte der Armut" (Hartl, S. 292). Die Verarmung und Verelendung breitester Schichten der Bevölkerung wurde bereits von Zeitgenossen mit dem bezeichnenden Schlagwort Pauperismus bedacht.

Eine der wesentlichen Ursachen für die Verelendung weitester Bevölkerungsschichten waren die Napoleonischen Kriege. Sie führten in der Folge nicht nur zum Staatsbankrott des Jahres 1811, sondern auch zu einer unvorstellbaren Teuerungswelle, vor allem bei den Grundnahrungsmitteln. Mißernten in den darauffolgenden Jahren verschärften die Situation; der Staat war nicht in der Lage, die durch die Abwertung entstandene Inflation und den Wucher abzustellen. Der Wiener Kongreß brachte zwar einigen wenigen Branchen Gewinne, belastete aber die Versorgung der Bevölkerung mit Nahrungsmitteln. Wenn sich auch die Situation in den zwanziger Jahren des 19. Jahrhunderts, was die Staatsfinanzen und die Entwicklung des Preis-Lohnverhältnisses betraf, etwas stabilisierte, grundsätzlich änderten sich die Lebensbedingungen nicht. Der Pauperismus, die Massenarmut, blieb Kennzeichen der sozialen

Situation. Die beginnende und in Österreich bekanntlich nur zögernd einsetzende Industrialisierung verschärfte zusätzlich die sozialen Unterschiede, bis die Mitte der vierziger Jahre neuerlich einsetzende Inflation und Teuerungswelle Anlaß für die Revolution von 1848 wurde.

Der relativ starke Bevölkerungszuwachs führte vor allem in den ländlichen Gebieten, wo die josephinischen Reformen die drückende Abhängigkeit von der Grundherrschaft nicht hatten beseitigen können, zu einer Überbevölkerung: Der Anteil der Landleute, die keinen Grund und Boden besaßen und auch nie die Chance bekamen, welchen zu erwerben, und sich daher als Taglöhner, Wander- und Gelegenheitsarbeiter fortbringen mußten, wurde in Preußen im Zeitraum von 1820 bis 1850 auf mehr als ein Drittel der Gesamtbevölkerung geschätzt (Küther, S. 22); in Österreich, für das es keine diesbezüglichen Zahlenangaben gibt, dürfte die Situation kaum anders gewesen sein.

Die traditionellen Produktionsbetriebe konnten die wachsende Zahl von Arbeitssuchenden nicht beschäftigen, im Gegenteil. Die Lockerung der Zunft- und Gewerbegesetze, von Joseph II. gegen den Widerstand der Betroffenen begonnen, wurde erst in der zweiten Hälfte des Jahrhunderts institutionalisiert. (Zatschek, S. 93 f) Die alten, patriarchalischen Arbeitsverhältnisse bestanden weiter, bedingt durch die Notwendigkeit des Kleingewerbes und des Handwerks, gegen die aufkommenden, wesentlich billiger produzierenden Industriebetriebe konkurrieren zu können. Besonders kraß waren die Verhältnisse in der Textilindustrie, dem ersten Industriezweig, der sich – durch die Mechanisierung der Baumwollspinnerei – den technologischen Fortschritt zunutze machen konnte.

1801 hatte John Thornton aus Manchester die bis dahin von den Engländern eifersüchtig gehüteten Fabriksgeheimnisse der mechanischen Webstühle an Österreich preisgegeben. Daraufhin wurde die k.k. privilegierte Garnmanufakturgesellschaft in Pottendorf etabliert. Charakteristisch für die Interessen, die hinter der Industrialisierung in Österreich standen, war der soziale Status des Gründungskonsortiums: An der Spitze stand Fürst Nikolaus Esterházy, der Besitzer der Grundherrschaft Pottendorf, unter den übrigen Fürst Colloredo, Graf Keglevics, Graf Wrbna, Freiherr von Badenthal, aber nur zwei Bürgerliche: die Großhändler Berger und Frank. (Vgl. Häusler, S. 48)

Das Unternehmen war so erfolgreich, daß sich zahlreiche Nachahmer fanden. 1828 bestanden in Niederösterreich schon 31, 1848 dann 50 Baumwollfabriken. Die Zahl der Handweber und Handspinner, die im selben Gebiet am Ende des achtzehnten Jahrhunderts noch 100.000 betragen hatte, war bis zur Mitte des neunzehnten Jahrhunderts auf 7.000 gesunken. (Vgl. Häusler, S. 48)

Die Baumwollspinnerei verdrängte alle anderen Zweige der Textilindustrie, die nicht mechanisiert werden konnten. Traditionelle Gebiete der Leinenerzeugung verelendeten. 1841 waren in Böhmen zwar noch 200.000 Menschen in der Leinen-Hausindustrie beschäftigt, der durchschnittliche Taglohn betrug aber nur 15 Kreuzer, der Preis für einen Metzen Kartoffel aber war damals 34 Kreuzer und stieg – bei fast gleichbleibender Entlohnung – bis zum Jahr 1847 auf 2 Gulden 30 Kreuzer. In diesen Regionen kam es daher auch zu den ersten durch Hunger erzwungenen, gewaltsamen Lösungsversuchen: 1841 brachen die Weberaufstände in Schlesien aus, und 1844 kam es zur Erhebung der Kattundrucker in Prag.

Zeitgenössische Berichte über die Arbeitsverhältnisse in dem von der Industrie bedrängten traditionellen Produktionsbetrieben gewannen aber auch den – für heutige Begriffe – unvorstellbar harten Arbeitsbedingungen noch idyllische Seiten ab, getreu dem Motto „arm, aber ehrlich": „Die Lebensart dieser Leute (Arbeiter in einer Kärntner Nagelschmiede 1815) ist keineswegs die beneidenswürdigste. Täglich müssen sie, und zwar durch alle Jahreszeiten, mit Weibern und Kindern um ein Uhr früh zur Arbeit aufstehen, die sie dann bis sechs Uhr abends, drei Zwischenstunden ausgenommen, fortsetzen müssen. Nur am Mittwoch wird zu Mittag und Samstag früh um sieben Uhr aufgehört, an welchen Tagen sich die Weiber mit Waschen und Brotbacken beschäftigen; und da diese in den wenigen nächtlichen Ruhestunden sich meist mit Stillung kleiner Kinder abgeben müssen, so sind sie von dieser Seite wahrlich zu bedauern. Dennoch macht die

Gewohnheit auch hier alles gut. Von frühester Jugend dieser Arbeit zugetan, sind sie dabei zufrieden und würden ihren Stand mit keinem anderen verwechseln." (Häusler, S. 75f)

Daß schwangere Frauen bis zum Einsetzen der Wehen bei ihrer Arbeit zu bleiben hatten, aber in einem neben ihrem Arbeitsplatz aufgestellten großen Geschirr das Wasser wärmen durften, um das neugeborene Kind waschen zu können, erschien bereits als soziale Einrichtung. Die Erschütterung durch den schweren Eisenhammer, so versichert der Berichterstatter, trage viel zu einer leichten Geburt bei. Nach vier, längstens fünf Tagen stand die Frau wieder am Nagelhammer. Unnötig festzuhalten, daß es weder Kranken- noch Altersversorgung gab:

„Der Bettelstab ist übrigens das gewöhnliche Los dieser Arbeiter, mit dem sie, wenn sie zur Arbeit nicht mehr tauglich sind, von einem Werke zum anderen im Lande herumziehen und von ihren noch arbeitenden Kameraden mit Nägeln beschenkt werden, durch welches der Gewerkschaft entfremdete (!) Almosen sich diese ein Verdienst zu erwerben hoffen." (Häusler, S. 75f)

Das traditionelle Gewerbe stagnierte. Zwischen 1837 und 1841 erhöhte sich die Zahl der selbständig Gewerbetreibenden in Wien nur um 7,8 Prozent, die der Fabrikanten aber um 164 Prozent. (Häusler, S. 92) Die Situation für den Arbeitnehmer jedoch verbesserte sich nicht. Mit Ausnahme der religiös motivierten Sonntagsruhe gab es keine gesetzliche Einschränkung der Arbeitszeit. Über die Lohnzahlung hinausgehende Ansprüche hatte der Arbeitgeber nicht zu stellen.

Kennzeichnend für die Abhängigkeit des Arbeiters vom Unternehmer, und zugleich das wohl beschämendste Beispiel für die sozialen Zustände der Zeit ist die Selbstverständlichkeit, mit der das Elend der Kinderarbeit hingenommen wurde.

Viele der heute so bewunderten Erzeugnisse des Kunsthandwerks jener Zeit – vor allem Stickereien und Papierarbeiten – sind von unterernährten Kindern zu Minimallöhnen hergestellt worden.

Erst die Gewerbeordnung von 1859 enthielt einschlägige

Bestimmungen, die aber in der Praxis ebenfalls nicht berücksichtigt wurden – mangels der Einrichtung von Gewerbeinspektoraten.

Eine Selbsthilfe des Arbeiters auf Solidaritätsbasis war ihm im Gegensatz zum Unternehmer, der sich mit seinesgleichen rasch und, wie sich beim Kampf gegen das Verbot der Kinderarbeit gezeigt hatte, durchaus erfolgreich zusammengeschlossen hatte, untersagt. Das Strafgesetzbuch von 1803 verbot ausdrücklich den Zusammenschluß von Arbeitern und Gesellen gegen den „Arbeitsherrn".

„Um die Arbeitsherrn nicht in Verlegenheit zu setzen, wenn sämtliche Gesellen die Arbeit infolge geschehener Verabredung verweigern sollten, sind solche Verabredungen der Gesellen, um durch gemeinschaftliche Weigerung zu arbeiten oder durch andere Mittel einen höheren Tag- oder Wochenlohn oder andere Bedingungen von ihren Meistern (Fabrikherren) zu erzwingen, an den Rädelsführern mit durch Fasten und Züchtigung verschärftem Arreste von drei Tagen bis zu einer Woche zu bestrafen; und nachdem diese entweder Eingeborene oder Ausländer sind, sind sie aus der Provinz oder aus den sämtlichen Erbländern abzuschaffen." (Wildner, S. 143.)

Das neu kodifizierte Strafrecht von 1852 übernahm im § 481 diese Bestimmung fast wörtlich, setzte aber überdies den Strafrahmen hinauf.

Daß die sozialen Verhältnisse, vor allem nach der neuerlichen Teuerungs- und Inflationswelle Anfang der vierziger Jahre zu einer gewaltsamen Lösung führen mußten, war nach den Ereignissen des Jahres 1830 in Wien, als die Bevölkerung die Linienämter stürmte, nach den Arbeiteraufständen in Schlesien und Böhmen vielen Zeitgenossen klar:

„Wann hat es größeres materielles Elend gegeben, wann hat die Menschheit aus tieferen schreckhafteren Wunden geblutet als eben jetzt? Tausende von Menschen sind inmitten einer reichen, stets wachsenden Zivilisation verwaist, vergessen und einem namenlosen Elende preisgegeben, wissen von einem Tag zum anderen nicht, wo sie ihr Haupt hinlegen, wo sie das ärmliche Stück Brot finden werden, das ihr jammervolles Leben fristen soll – und durch diese habe- und heimatlosen Proletarier, deren Anzahl mit jedem Tag wächst, breitet sich rasch und drohend eine Umwälzung vor, vor deren Umfang und Folgen wir wohl nicht einmal eine Ahnung haben." (Andrian-Werburg 1847, Bd. 1, S.129)

Die hier angesprochene zwangsläufig heimatlose, nichtseßhafte und mit keinem ausreichenden Erwerb abgesicherte Bevölkerungsschicht setzte sich zusammen aus den nach den Napoleonischen Kriegen entlassenen oder desertierten Soldaten, aus verabschiedeten Beamten, stellungslos gewordenen Handwerksgesellen, vazierenden Dienstboten und gescheiterten Gewerbetreibenden. Dieser in seiner Zusammensetzung ständig fluktuierende, immer aber ums nackte Überleben kämpfende Teil der Bevölkerung war erschreckend groß. Er machte etwa ein Drittel der Gesamtbevölkerung aus. Für jeden einzelnen lag der Übergang zu kriminellem Verhalten nahe, war oft unvermeidbar.

Diese stellungslosen Arbeiter, entlassenen Beamten und desertierten Soldaten trafen auf den Straßen des „flachen Landes", in den Wirtshäusern und Herbergen der Dörfer, in den Märkten und Plätzen der Städte auf die Angehörigen einer alten Zunft, die diese Lebensform bereits seit mehreren hundert Jahren erfogreich pflegte, und die in der Zeit des Biedermeier eine letzte große Blüte erlebte, auch wenn ihre Existenz mit den klischeehaften Vorstellungen von jener Epoche nicht vereinbar scheint: die Gauner oder Kochemer, wie sie sich selbst nannten.

„Überall", so ein Zeitgenosse, „begegne ich heute diesen arbeits- und heimatlosen Menschen, die das Land durchziehen und die öffentliche Sicherheit gefährden. Sie haben starke Arme zur Arbeit; aber alle Beschäftigungszweige sind überfüllt; sie flehen um Hilfe, aber Ekel, Unwissen und Furcht sind die einzigen Gefühle, die sie wachrufen. Ängstlicher sperren sich die Reichen ab, und wüster sind die Straßen, wenn es Abend wird. Wenn Hunger, Kälte oder Krankheiten diese Elenden nicht fortnehmen, verfallen sie den Kriminalgefängnissen, dem Zuchthause ..." (Beidtel, S. 153f)

DES KAISERS LIEBLINGSUHR

Der Fall Josef Gasselseder (1835)

Die Karriere des Josef Gasselseder, des ungekrönten Einbrecherkönigs seiner Zeit, begann wenig spektakulär. Zwischen 1830 und 1834 fiel eine Serie von Einbrüchen, meist in Wohnungen oder Dachböden, durch eigenartige, eher ungewöhnliche und skurrile Details auf: Meist waren nur wenige, nicht besonders wertvolle Gegenstände des täglichen Lebens entwendet worden, Wäschestücke, Kleidung oder kleine Einrichtungsgegenstände wie Spiegel. Nur hin und wieder fehlten auch Uhren, wogegen Pretiosen, Schmuck und Kassenscheine unberührt geblieben waren. Der Täter hatte nach erfolgtem Einbruch, der immer mit Hilfe eines Nachschlüssels ausgeführt worden war, die Türen wieder ordentlich versperrt, so daß die Tat vielfach erst Tage nachher bemerkt wurde. Waren die Vorhängschlösser von Dachböden alt und schwach, hatte der Täter sie durch modernere, widerstandsfähigere ersetzt.

Obwohl die Polizei die von den Besitzern genau beschriebenen Gebrauchsgegenstände bei sämtlichen Trödlern und Altwarenhändlern suchen ließ, konnte davon nie mehr eine Spur gefunden werden.

Bedenklicher aber wurde die Einbruchserie, als offensichtlich derselbe geheimnisvolle Täter in eine höhere soziale Schicht wechselte und die bürgerlichen Wohnungen und Dachböden gegen die Häuser von adeligen Standespersonen tauschte, die er vor allem während der Sommermonate, wenn sich die Besitzer auf ihren Sommersitzen erholten, heimsuchte und einige Gebrauchsgegenstände entfernte, wieder aber wertvolle Gegenstände unbeachtet ließ.

Zum Staatsfeind Nummer eins, zum Schrecken der ohnmächtigen, immer wieder gefoppten Polizei und gleichzeitig zur Legende im Volk wurde der unbekannte Einbrecher aber erst, als er seine Beutezüge in frevelhafter Anmaßung auch auf die durch zahllose Wachen gesicherten Wohnstätten Ihrer allerhöchsten Majestät ausdehnte.

Franz I., Römisch-Deutscher Kaiser, später Franz I. von Gottes Gnaden Kaiser von Österreich, König von Jerusalem, Ungarn, Böhmen, Dalmatien, Kroatien, Slavonien, Galizien und Lodomerien (1768-1835).

Nach Ostern 1834, knapp bevor die kaiserliche Familie zu ihrem Sommeraufenthalt eintraf, schlug der Unbekannte im Schloß Schönbrunn zu. Er requirierte nicht mehr nur das Eigentum subalterner Beamter und Hofbediensteter, sondern vergriff sich am Besitz der allerhöchsten Herrschaften selbst. Aus dem Kammerherrenzimmer seiner Kaiserlichen Hoheit des Erzherzogs Franz Karl verschwand ein Spiegel mit einem Rahmen aus Nußbaumholz, in den ehemaligen Appartements des Herzogs von Reichstatt eine Stockuhr und eine Bettdecke. Im Herbst desselben Jahres, als die Familie des Kaisers wieder in die Hofburg zurückgekehrt war, wurde in Schönbrunn alle paar Tage erneut eingebrochen. Begreiflich, daß die beschämte Polizei sich der Volksmeinung anzuschließen bereit war, dem Einbrecher stehe ein unfehlbares und bisher unbekanntes Mittel zu Gebot, das ihn unsichtbar machen könne. Der Höhepunkt sollte jedoch noch kommen.

Kaiser Franz besaß eine bronzene Tischuhr, die er höchstselbst in Paris während der Alliance-Zeit erworben hatte. Sie gehörte zu seinen Lieblingsgegenständen und stand daher immer auf seinem Schreibtisch. Die Bestürzung des Hofstaats und der Wache war unbeschreiblich, als sich im Oktober 1834 plötzlich herausstellte, daß auch diese Uhr verschwunden war. Die intensiven Nachforschungen der Polizei blieben, wie bei vorangegangenen Einbrüchen, ergebnislos. Niemand wagte es, dem Kaiser den Diebstahl zu gestehen, und der ganze Hofstaat bangte vor dem nächsten Frühjahr, in dem der Kaiser nach Schönbrunn zurückkehren würde und den Frevel entdecken mußte. Des Kaisers Tod am 1. März 1835 hat den Hofstaat von dieser Furcht befreit.

Nach dem Diebstahl der kaiserlichen Uhr hatte sich die unsichtbare Hand aus den kaiserlichen Zimmern wieder zurückgezogen und war wieder ins bürgerliche Fach übergewechselt. Auch in Schönbrunn hielt sie sich nur mehr an die Gesindetrakte.

Am Abend des 10. Mai 1835, einem Sonntag, traf eine Frau am Weg vom Schloß Schönbrunn nach Wien einen Mann, der erschöpft neben seinem schweren Korb Rast machte und sichtlich nicht mehr imstande war, weiterzugehen. Gegen Belohnung bat er sie, ihm zu helfen, was sie auch tat. Gemeinsam trugen beide den Korb, und bei der Linie angekommen, erhielt die Frau als Lohn, da der Mann kein Bargeld besaß, ein Bund Kerzen und eine Seife aus dem Korb als Bezahlung. Den Korb deponierte der Mann in der Wohnung des Milchmayerehepaares Seidleder, das zur Belohnung einige Wäschestücke daraus erhielt, die mit einem F und einer Krone gemerkt waren.

Von diesem Ehepaar bekam die Polizei den ersten „heißen" Hinweis. Die verschiedenen Käufer der Wäschestücke wurden ausgeforscht, alle gaben übereinstimmend die gleiche Person als Verkäufer an. Die Personenbeschreibung stimmte mit jener überein, die die Frau, die den Korb hatte tragen helfen, gegeben hatte:

Ein etwa vierzig Jahre alter Mann, mittelgroß, mit braunen Haaren und rundem Gesicht. Er sei immer wieder als Hausierer aufgetreten, und hätte allerdings in unregelmäßigen Abständen Gebrauchgegenstände aus, wie er vorgab, adeligem Besitz, zu recht günstigen Preisen angeboten. Die Abnehmer, meist angesehene Geschäftsleute, wurden von der Polizei verhalten, den Hausierer, dessen Namen niemand kannte, beim nächsten Auftreten auf jeden Fall der Polizei zu übergeben. Ansonst würden sie als Hehler bestraft werden.

Tatsächlich traf einer von ihnen, Johann Purmeder, den Gesuchten wenig später, als dieser, offenbar mit Frau und Tochter, sorglos in Fünfhaus ging. Er stellte ihn zur Rede und wollte ihn zwingen, zur Polizei zu gehen. Der Unbekannte aber erklärte ihm, er würde selbstverständlich gerne mit auf die Polizei gehen, aber die Diskretion gegenüber den hohen Personen, von denen er seine Ware bekommen hätte, hindere ihn daran. Um das beleidigende Mißtrauen zu zerstreuen, machte er Purmeder den Vorschlag, mit ihm zur Gräfin Schönborn zu gehen. Von der nämlich habe er die Wäschestücke mit dem F und der Krone erworben.

Zusammen gingen die beiden in die Hofburg, wo der Unbekannte seinen Begleiter durch Gänge und über Treppen führte, bis zu einer Tür, vor der er ihn bat zu warten, da er ihn bei der Gräfin anmelden müsse. Purmeder wartete an die drei viertel Stunden. Dann verlor er die Geduld. Auf sein

Klopfen hin erschien jedoch nicht die Gräfin, sondern die Burgwache, die meinte, endlich den gesuchten Dieb gefunden zu haben, und den schuldlosen Hausherrn von Schottenfeld auf die Polizeistation eskortierte, von wo er erst nach einigen Stunden wieder freikam.

Ein Versatzzettel, bei einem Einbruch in die ebenerdige Wohnung des Handlungskommis Josef Maschl erbeutet und an einen Mehlhändler in Mariahilf verkauft, führte zur Entlarvung und Dingfestmachung des unsichtbaren Diebes.

Gasselseder leugnete nicht, im Gegenteil, mit erkennbarer Freude an der Selbstdarstellung beschrieb er sich und seine Taten:

Über tausend Einbrüche habe er ganz allein in den letzten fünfeinhalb Jahren nach der letzten Haftentlassung begangen, er lebe gut davon, er sei nicht der Maler Josef Pleban, als welcher er sich bei der Hebamme in Altlerchenfeld einquartiert hatte, oder Kraft oder Bochedny, wie er sich auch öfters genannt hätte.

Immerhin 87 Diebstähle konnten ihm nachgewiesen werden, und sein Name war Josef Gasselseder, 1792 in Wien Neubau als Sohn eines Tafeldeckers im Kaiserlichen Hoflager geboren. Das Gehimnis der Einbrüche in der Hofburg brunn war damit geklärt: Schon als Kind hatte sich der Inquisit die hervorragende Ortskenntnis verschaffen können, die im später zunutze kam.

Sein Lebenslauf allerdings, von einer geordneten und behüteten Kindheit über eine abgebrochene militärische Karriere hin zum Meisterdieb ist nicht untypisch für jene kriegerische, unruhige Zeit: Zwei Jahre war er nach der Schule Fourier beim Militär-Fuhrwesencorps gewesen, hatte sich dann als Schauspieler versucht, war 1813 wieder in die Armee eingetreten, diesmal schon als Fähnrich in das Landwehrbataillon des Baron Kerpen, avancierte sogar zum Leutnant, quittierte aber 1819 infolge unbekannter Gründe den Dienst. 1820 wurde er Zivilbeamter, Kalkulant beim Katasteramt, wo man ihn wegen einer Unterschlagung von 20 fl. W. W. in Untersuchung zog, doch wurde er mangels Beweisen freigesprochen. Die Arbeit als Tagschreiber in der Hofkriegsbuchhaltung vertauschte er mit dem

Schauspielerdasein am Meidlinger Theater, wurde aber wieder straffällig und diesmal auch überführt: Holzanweisungen über 212 fl. W. W. hatte er gefälscht und in die eigene Kasse umgeleitet. Nach einer Haft von drei Monaten versuchte er es nochmals beim Theater, diesmal als Direktor des Meidlinger Etablissements, ein Intermezzo, das aber mit einem Aufstand des Ensembles und des Orchesters endete, die den Direktor vom Theater jagten.

Völlig mittellos, begann Gasselseder eine neue Laufbahn als kleiner Dieb, von der Hofburg und vierzehn anderen Gebäuden montierte er Lampen und Laternen ab, um sie wieder zu verkaufen. Der Gesamtschaden betrug, als er dabei erwischt wurde, 167 Gulden. Dafür mit sieben Monaten Kerker bestraft, versuchte er in Ungarn einen ehrlichen Broterwerb zu finden, vergebens, mußte sich nach Wien zurückbetteln, wobei er sich Josef Bochedy nannte und als Beruf Kunstmaler angab. Für weiteren Lampendiebstahl, diesmal von siebzehn Gebäuden, bekam er sechs Monate schweren Kerkers. Wieder reiste er nach seiner Entlassung nach Ungarn, fand keine Arbeit, kehrte zurück und wurde in Wien wegen Zechprellerei angehalten, trieb sich dann in Niederösterreich umher, wurde wegen Diebstahls verhaftet, vier Monate eingesperrt und quartierte sich am Leopolditag des Jahres 1825 beim Milchmayerehepaar Schreiblechner in Mariahilf ein, das er schon von früher her kannte, und wo er sich als „geheimer Konsistorialbote bei Seiner Eminenz dem Fürst Erzbischof" ausgab. Nach dem Tod seines Hauswirts übernahm er neben der Leitung des Milchmayerischen Haushalts auch die Finanzierung, die zahlreichen Geschenke von Gegenständen des täglichen Gebrauchs gab er als Spenden der erzbischöflichen Hofhaltung aus, seine häufige Abwesenheit wegen der Diebstouren motivierte er mit berufsbedingten Reisen. Niemand hatte auch nur den leisesten Verdacht, der geheimnisvolle Herr Konsistorialbote könnte gleichzeitig der gesuchte Einbrecher von der Hofburg sein.

In seiner Verteidigungsrede machte Gasselseder in erster Linie seine vergeblichen Versuche, eine auskömmliche Anstellung zu finden, für sein Abgleiten in die Kriminalität verantwortlich.

Da er trotz seiner vielfältigen Bemühungen keine Anstellung habe finden können, sei er gewissermaßen zum Stehlen gezwungen gewesen.

Außerdem habe er sich verpflichtet gefühlt, seinen nach dem Tod des Familienvaters dem Elend preisgegebenen Quartiergebern, der Frau Scheiblechner und ihren zwei Töchtern, Unterstützung zu geben.

Schließlich habe er bei all seinen Angriffen gegen fremdes Eigentum größtmögliche Rücksicht walten lassen. Er habe sich bloß mit dem Allernotwendigsten begnügt, und es wäre auch stets und überall seine Sorge gewesen, eröffnete Wohnungen wieder zuzusperren, um dadurch zu verhüten, daß die Parteien nicht noch weiter zu Schaden kämen.

Das Gericht schloß sich dieser städtischen Version des edlen Robin Hood nicht an und verurteilte Josef Gasselseder, fälschlich: Bochedy, Kraft, Pleban und Richter, wegen Diebstahls und falscher Meldung zu acht Jahren schweren Kerkers. Dieses Urteil wurde vom Obergericht auf sechs Jahre herabgesetzt. Der Urteilsspruch wurde ihm als einem „gemeinschädlichen Individuum" öffentlich, vom Balkon des Stadtgerichts herab, umgeben von einer schaulustigen Menge, verkündet. Der Schaden, den er durch seine Einbrüche angerichtet hatte, 2.528 Gulden und 49 Kreuzer, konnte zu zwei Drittel gut gemacht werden, da Gasselseder genau wußte, wem er die gestohlenen Sachen als Hausierer verkauft hatte. So kam auch die Lieblingsuhr des Kaisers Franz, die vorübergehend im Besitz des Landkutschers Rödinger am Schottenfelde gewesen war, wieder an den Hof zurück.

Gasselseder aber starb bald nach seiner Einlieferung in das Provinzial-Strafhaus.

Über die Gaunerzunft: Von Schotten-fellern, Chilfern und Schränkern

Nachrichten von einer „eigentumsfeindlichen Subkultur",
die spezifischen Gesetzen gehorcht und deren Mitglieder,
ohne straff organisiert zu sein, eigene Gebräuche, Erken-
nungszeichen und Verständigungsmittel haben, gibt es bereits aus dem frühen Mittelalter. Wesentliches, auffallendes Charakteristikum war ihr unstetes Leben, das sie von
jeder ständischen Ordnung ausschloß, für ihren Erwerb
aber die notwendige Voraussetzung bildete. Aussehen,
Auftreten und Namen der Vaganten, der Fahrenden oder
Vazierenden änderten sich zwar im Lauf der Geschichte,
paßten sich den jeweiligen Zeitläufen an, aber die Wesens-
merkmale, Unstetheit und Eigentumsfeindlichkeit, blieben
davon unberührt. Ihre „großen Zeiten" waren naturgemäß
die großen Umbruchsepochen der Geschichte. Soziale Notsi-
tuationen und nachlassende oder fehlende obrigkeitliche
Kontrolle begünstigten ihr Auftreten. Ende des fünfzehnten
Jahrhunderts entstand der „Liber vagantorum", ein Buch,
in dem zum ersten Mal Sprache, Benehmen und Verhal-
tensweisen der Fahrenden ausführlich beschrieben werden.
In Michael Moscheroschs „Geschichten des Philander von
Sittewald", zu Ende des Dreißigjährigen Krieges entstan-
den, ist ihnen ein ganzes Kapitel gewidmet. Die Revolu-
tionskriege brachten dem Gaunertum eine neue Blütezeit
Ende des achtzehnten Jahrhunderts. Es war die Zeit der
großen Räuberbanden, die vor allem in Deutschland ihr
Unwesen trieben – am Niederrhein, in Schwaben und in
Niederbayern. Die Namen der Anführer, des Fetzer, des
Damian Hessel, des Hölzerlips, des Bairischen Hiesel oder
des schwäbischen Sonnenwirtles sind heute noch bekannt.
Die fehlende Exekutive machte die Bildung der großen
Banden möglich, die auch mit entsprechendem Nachdruck
auftreten konnten, aber meist nicht so straff organisiert
waren, wie dies so manche Räuberlegende glauben macht.
Ziel und Zweck ihrer Tätigkeit war wohl auch nicht die
„Umverteilung" – den Reichen nehmen und den Armen

geben –, auch wenn dies selbst in wissenschaftlichen Arbeiten behauptet wird. Ihr Ende kam zwangsläufig mit dem sich reorganisierenden Polizei- und Justizwesen am Ende des 18. Jahrhunderts. Meist mit Militärgewalt und mit Hilfe aufwendiger Polizeiaktionen wurden die Banden zerschlagen, ihre Mitglieder verurteilt, viele davon zum Tode.

Nur wenige Jahre später brach jedoch, als Folge der Napoleonischen Kriege, die die regionalen Herrschaftsverhältnisse schwächten, eine neue Blütezeit dieser Zunft an. Zu den neuen Zentren des Gaunerwesens gehörten Schwaben und die Wetterau.

Österreich war von dieser Entwicklung nur am Rande betroffen; zumindest versuchte die Polizei des Vormärz zu vertuschen, daß es in Österreich so etwas wie organisiertes Gaunertum gebe. Ohne Erfolg allerdings. Wenn auch in den Prozeßakten der Zeit keine Hinweise auf die Zugehörigkeit eines Delinquenten zu dieser Zunft zu finden sind, lassen charakteristische Merkmale, wie einschlägige Vorstrafen, internationale Verbindungen, vor allem die Methoden, mit denen bei der Tat vorgegangen wurde, Zuordnungen vornehmen. So wurden Veteranen der berühmten deutschen Gaunerbanden in Wien verhaftet und verurteilt, wie beispielsweise jener geheimnisvolle Unbekannte, der fünf Jahre lang vom Magistrat verhört wurde, von dem aber nichts anderes herauszubringen war, als daß er angeblich Mayer heiße und dem Diakon in Hartberg silberne Löffel gestohlen hätte. Auf ihre internationalen Verbindungen und Zunfttricks konnten sich auch die Einbrecherkönige Wiens, Johann Bauer und Josef Gasselseder, verlassen. Auch Johann Georg Grasel ist keineswegs ein (nieder-) österreichisches Phänomen, sondern eher ein typisches Mitglied der internationalen Gaunerzunft, wenngleich er sich auch individueller Methoden bediente, die ihrerseits Schule machten.

Anders aber als die Polizei des Vormärz, für die das Gaunertum offiziell nicht vorhanden war, da es nicht vorhanden sein durfte, hat sich die zeitgenössische Publizistik des Themas angenommen. In mehreren Schriften wurde das Gaunertum in all seinen Verhaltensformen dargestellt – zur Warnung und Vorsehung des Bürgers. Damit aber wurden die Methoden und Tricks des Berufsverbrechertums nachvollziehbar, die traditionellen ebenso wie neuesten Entwicklungen auf dem Gebiet. War das Gaunertum bis dahin hauptsächlich eine Sache des „flachen Landes" gewesen, der Straße, so gewann im Laufe der ersten Hälfte des 19. Jahrhunderts, aufgrund der sozialen Lage, die Stadt als Arbeitsgebiet zunehmend an Bedeutung. Neben der Diebsbande am Land, der „Landdiebscomplicität", entstand der Großstadtverbrecher.

„Um Redliche vor Schaden zu warnen", lautet das Motto des ersten in Österreich erschienenen Buches über das Gaunerwesen, Franz Rittlers „Gaunerstreiche", 1820 in Graz veröffentlicht. In diesem Buch heißt es: Die Gauner sind eine selbständige, autonome Zunft, allein zu dem Zweck, ohne Arbeit auf Kosten fremden Eigentums das eigene Leben zu fristen, sie sind „ein förmlicher Staat im Staate, ein großer Verein, dessen Mitglieder den Grundsatz angenommen haben, auf Kosten ihrer Nebenmenschen so gut und bequem als möglich zu leben". (Rittler, Gaunerstreiche, S. 3)

Die spezifischen Merkmale, die sie verbinden und die sie allen Redlichen erkennbar machten, seien ihre gemeinsame Sprache, das Rotwelsch, die nur ihnen selbst bekannten Spitznamen und vor allem die Vorgangsweisen bei ihren Unternehmungen, ihre Professionalität, die sie vom Gelegenheitsverbrecher unterscheide.

Entweder werden die Gauner bereits in ihrem Stand geboren, oder sie werden durch äußere Umstände dazu gemacht. Zu dieser zweiten Gattung gehören:

„Wandernde Handwerksbursche, ungehorsame, vielleicht zu hart gehaltene Söhne, Lehrlinge und Dienstboten, die ihren Eltern, Meistern und Herrn entliefen, verschuldete Verschwender, die kein anderes Mittel vor sich sehen als zu entweichen, liederliche Dirnen, mißvergnügte Eheleute, die bei ihrem Gatten nicht mehr aushalten konnten, verführte Bauernjungen, denen es beim vollen Gefühle ihrer Jugendkraft und ihres Freiheitstriebes zu Hause nicht mehr gefreut − ganz vorzüglich aber desertierte und verabschiedete Soldaten." (Rittler, Gaunerstreiche, S. 6)

Innerhalb der Gemeinschaft hatte jeder Gauner sein

eigenes, seinen körperlichen und geistigen Voraussetzungen entsprechendes Fachgebiet, wenngleich die meisten Gauner mit mehreren, zueinander in Beziehung stehenden Arbeiten vertraut waren. Rittler unterschied zwei „prinzipielle Klassen". Die erste wird meist von „geborenen" Gaunern gebildet und besteht aus sechs Gattungen, für die er auch immer die rotwelschen Bezeichnungen angibt:

„1. Stubenräumer (Schrendefeger), welche ihr Wesen nur auf dem platten Lande, besonders in waldigen Gebirgsgegenden treiben, in den Bauernhäusern, Vorwerken, Mühlen etc. Nachtquartier suchen, wenn sie es erhalten, frühmorgens die Stube plündern und sich dann mit ihrer Beute davonmachen.

2. Von diesen unterscheiden sich die, welche bei Tage unbemerkt oder unter dem Vorwande des Bettelns in die Häuser schleichen und geschwind stehlen, was ihnen eben zur Hand liegt. Diese heißen Kuttenschieber oder Schrenzirer (auch Scheinspringer, Jokamener, auch Eskokker und Lohu), sind sehr zahlreich und treten überall, am liebsten in großen Städten, auf.

3. Marktdiebe (Gschockgänger), welche vorzüglich den Märkten und Messen nachziehen, und schon mit mehr List und Feinheit allerlei Waren stehlen. Gewöhnlich sind sie zugleich

4. Beutelschneider (Bimuther, Kißler), die den Leuten, besonders im Gedränge, Uhren, Dosen, Schnupftücher, Tabakspfeifen, Brieftaschen, was sie vorfinden, nicht nur aus ihren Taschen ziehen oder schneiden, sondern sogar mitten im Gewühle aus den Händen selbst reißen, in den Kirchen, während des Gottesdienstes den Andächtigen die Schnallen von den Schuhen, die silbernen Kreuze von den Rosenkränzen lösen.

5. Wirkliche Räuber (Kochmooren, Blatter, Achproschen, auch Schränker), die Einbrüche mit Straßenräubereien, mit Gewalttätigkeiten und Mißhandlungen, wohl auch mit Ermordung derer, die sie berauben, begehen. Derer sind gegenwärtig sehr wenige, weil sie immer bald der strafenden Gerechtigkeit in die Hände fallen; umso zahlreicher aber sind die

6. Betuchten oder stillen Kochnimer, die nächtliche Ein-

brüche oder Diebstähle so geräuschlos wie möglich vornehmen, und gegen niemand Gewalt brauchen, außer im Falle, sie würden ertappt und selbst angegriffen." (Rittler, Gaunerstreiche, S. 14 f.)

Die zweite Klasse, die sich zum größeren Teil aus gewordenen, nicht geborenen Verbrechern rekrutiert, beschaffte sich ihren Lebensunterhalt hauptsächlich mit Betrug. Sie setzte sich aus folgenden Untergruppen zusammen, den Falschspielern, den Falschmünzern, den Marktschreiern und Quacksalbern und den „ränkevollen Betrügern überhaupt". (Rittler, Gaunerstreiche, S. 20)

Eine dritte Klasse, schreibt Rittler abschließend, hätte er noch hinzufügen müssen; ihre Aufzählung aber würde zu weit gehen. Es sind dies alle Reichen und reich Gewordenen, in dieser Zeit, in der nur das Geld gilt und so vieles auf unrechtmäßigem Weg erworben wurde. Einer der wenigen aktenkundigen Fälle ist jener des Ritters von Bohr (S.148).

Im Evidenzblatt für 1852 und 1853 hatte die Wiener Polizeidirektion eine umfassende Liste der „Kategorien Wiener Verbrecher, in dem hiefür bestehenden Ausdrucke der Wiener Diebssprache" veröffentlicht.

Drei für die Zeit besonders typische „Diebs-Klassen" waren die „Schottenfeller", „Stipper" und „Chilfer".

Der Schottenfeller war auf Warendiebstahl in Geschäftsgewölben oder auf Marktständen spezialisiert. Dabei waren immer zwei beschäftigt:

„Sie kultivieren den Diebstahl auf Messen und Märkten oder auch sonst in Kaufmannsläden. Ihr Gewerbe besteht in Entwendung von Schnittwaren. Die nämlichen Individuen tragen lange, bis auf die Knöchel herabreichende, in der ganzen Länge des Schoßes gefütterte Überröcke. Inwendig an der linken Seite derselben ist das Futter oben an der Taille nicht angenäht und bildet so eine weite und tiefe Tasche. Weil indessen eine solche Tasche, welche an dem Rock unmittelbar befestigt ist, diesen unbequem für den Dieb und bemerkbar für den Bestohlenen, straff herunterzieht, ist in der neueren Zeit bei den Schottenfellern eine besondere Tasche beliebt worden, welche sich zwischen dem Vorderblatte des Sacks und dem, in diesem Falle unten nicht angenähten Futter befindet.

Diese Diebstaschen, von den Gaunern Fuhre oder Gole genannt, formieren die Weiber dadurch, daß sie entweder den Unter- und Oberrock oder auch nur die Unterröcke, unten zusammennähen und in den erstern von der Seite einen Schlitz machen. Die Tasche geht ihnen also um den ganzen Leib. Dadurch sind sie imstande, bei vielen mehr gestohlenes Gut fortzubringen als die Männer.(...)
Für gewöhnlich sind dabei mindestens zwei Personen tätig. Der eine (der Krikener) läßt sich von dem Kaufmann Waren zur Ansicht vorlegen. Daran mäkelt und tadelt er, um ihn zu befriedigen, langt der Kaufmann immer neue Stücke herunter, bis der Ladentisch voll wird. Sooft der Kaufmann den Rücken wendet, stiehlt der andere (der Schautenpicker) von den vorgelegten oder sonst zur Hand liegenden Warenstücken, indem er davon, soviel er fort-bringen oder erlangen kann, in seine Fuhre steckt. Zum Schein endlich sucht der Krikener alsdann einige Stücke Waren aus, läßt diese zurückstellen, um sie vielleicht in einigen Stunden abzuholen, zahlt eine Kleinigkeit darauf und entfernt sich. Beim Abgehen tritt er dem Schauten-picker zur linken Seite oder geht wohl auch hinter ihm, damit der Bestohlene (der Lamden) dessen angeschwolle-nen Rockschoß nicht wahrnehme." (Fröhlich, S. 109)
Bei Jahrmärkten, die einen besonders ertragreichen Jagd-grund für den Schottenfeller boten, waren die Hehler (Bren-ner, Passer oder Schärfenspieler) nicht weit:
„Wie der Gauner die Messen und Märkte besucht, um sie abzuhalten, d. h. um zu stehlen, ebenso bezieht sie der Schärfenspieler, um das gestohlene Gut anzukaufen. Mit einem Sacke unter dem Arme gehen sie die Straßen auf und ab, und wo sie einen Schottenfeller mit einer vollen Fuhre erblicken, da laufen sie ihm nach, oft gleich hinter der ersten besten Haustür den Kauf abzuschließen." (Fröhlich, S. 110)
Frauen boten die zahlreichen und weiten Röcke einen idea-len Arbeitsbehelf:
„Die Diebinnen von Schuhwerk auf dem Markte, haben eine eigene Methode. Sie haben einen Bindfaden auf bloßem Leibe fest um den Leib gebunden, von welchem mehrere kleine Bindfäden mit scharfen Haken, jedoch

nicht tiefer als bis an oder über die Knie herabhängen. Hiemit versehen, gehen sie nun am liebsten bei starkem Gedränge zu den Schuhmacherschragen und probieren mehrere Paar Schuhe an, während sie unbemerkt beim Bücken einzelne Paare heimlich an den Haken der Bindfäden befestigen und dann damit fortgehen, um die gestohlenen Schuhe an den Hehler abzuliefern." (Fröhlich, S. 123)

Direkt auf die Geldlade in Geschäften hatte es der Stipper oder Stöpsler abgesehen. Mit einem speziell gefertigten Instrument, der Stipprute, zog er Münzen aus der Kasse. Die Stipprute bestand aus dünnem Fischbein, war etwa 1,2 Fuß lang, 1 Zoll breit, stark zulaufend und mit Vogelleim beschmiert. In einem unbewachten Augenblick, oder wenn sein Kollege den Ladeninhaber ablenkte, führte er die Rute durch einen Spalt des Ladentisches in die Kasse, drückte sie krumm und zog sie wieder zurück, worauf die ganze Rute voller Geldstücke hing. (Vgl. Fröhlich, S. 116)

Eine einträgliche und angesehene Profession bildeten die Chalfen oder Chilfer, die ihre Arbeit auch allein ausführen konnten. Voraussetzung dafür war Geschicklichkeit und ein halbwegs gutes Auftreten. Der Chilfer ging zu einem Kaufmann oder in eine Wechselstube, gab sich als Fremder aus, der eine Goldmünze einwechseln wollte. Der Kaufmann brachte eine herbei, der Chilfer hatte etwas auszusetzen, und das so lange, bis der Wechsler seinen ganzen Vorrat herangebracht hatte. Nun begann die eigentliche Arbeit:

„Der Chilfer drängt sich nun an den zu Bestehlenden heran, tut so, als ob er plötzlich in der Geldschwinge, die jener in der Hand hält, ein solches Goldstück wahrnehme, wie es von ihm bezeichnet wurde, und fährt, scheinbar um den Kaufmann oder Wechsler darauf aufmerksam zu machen, mit dem ausgestreckten Zeigefinger der rechten Hand in die Kasse. Dabei hält er aber den Daumen und die anderen drei Finger der rechten Hand dergestalt zusammengekniffen, daß die letztere unter dem Zeigefinger eine Höhlung bildet. Indem er nun die Hand flach auf die Kasse legt, weiß er durch eine äußerst geschickte, schnelle, dem Unkundigen gar nicht bemerkbare Bewegung des Daumens wohl bis zu 10 Doppel-Louisd'ors in der hohlen Hand zu klemmen, die er dann wieder zurückzieht." (Fröhlich, S. 113f)

Der eigentliche Einbruch, das Schränken, war, da umfangreiche Vorbereitungen, Fachwissen und Mut dazugehörten, die angesehenste und auch die einträglichste der Gauner-Unternehmungen. Einbrüche wurden fast nie allein durchgeführt, so gut wie immer waren mehrere Personen daran beteiligt. Gewalt richtete sich gegen Sachen, nie gegen Menschen, außer es kam zu unvorhergesehenen Zwischenfällen, die aber vorher so weit wie möglich ausgeschaltet wurden.

Die Vorgangsweise, von der Ausspähung des Objekts bis zum Verkauf der Beute, ging nach festgelegten Regeln der Zunft vor sich. Sie waren das Ergebnis jahrhundertealter Berufserfahrung, erlernbar wie andere Handwerkstechniken auch, die Kenntnisse wurden an „Lehrlinge", meist innerhalb der eigenen Familie, weitergegeben. Immer wieder ist aus den Akten ersichtlich, daß junge Leute, meist noch im Kindesalter, auf Unternehmungen mitgenommen, dann mit einfachen Aufträgen betraut wurden, bis sie allseitig ausgebildet, als Mitglieder der Zunft aufgenommen werden konnten.

Am Anfang jeden Unternehmens stand das „Ausbaldowern", erstens das Auskundschaften der Beute, zweitens des geeigneten Wegs, um an sie heranzukommen. Je besser und genauer das Ausbaldowern erfolgte, umso sicherer war der Erfolg.

Meist wurde dafür ein älteres Mitglied der Zunft, das über entsprechende Erfahrung verfügte und Situationen richtig einschätzen konnte, herangezogen. Bettler und einige Gewerbeverbände, wie Kesselflicker, Hausierer, Scheren- und Sägeblattschleifer, die durch ihren Beruf zwangsläufig viel herumreisen mußten, ihr Gewerbe in fremden Häusern ausübten und so Gelegenheit zum Auskundschaften hatten, stellten ein Reservoir unverdächtiger Auskunftspersonen dar. Vielfach wurden diese Gewerbe auch nur zum Schein ausgeübt, mit der Absicht, mögliche Anschläge auf Besitz und Eigentum der Bürger zu planen. Begreiflich, daß die Polizei ein besonders wachsames Auge auf derartige Professionisten hatte.

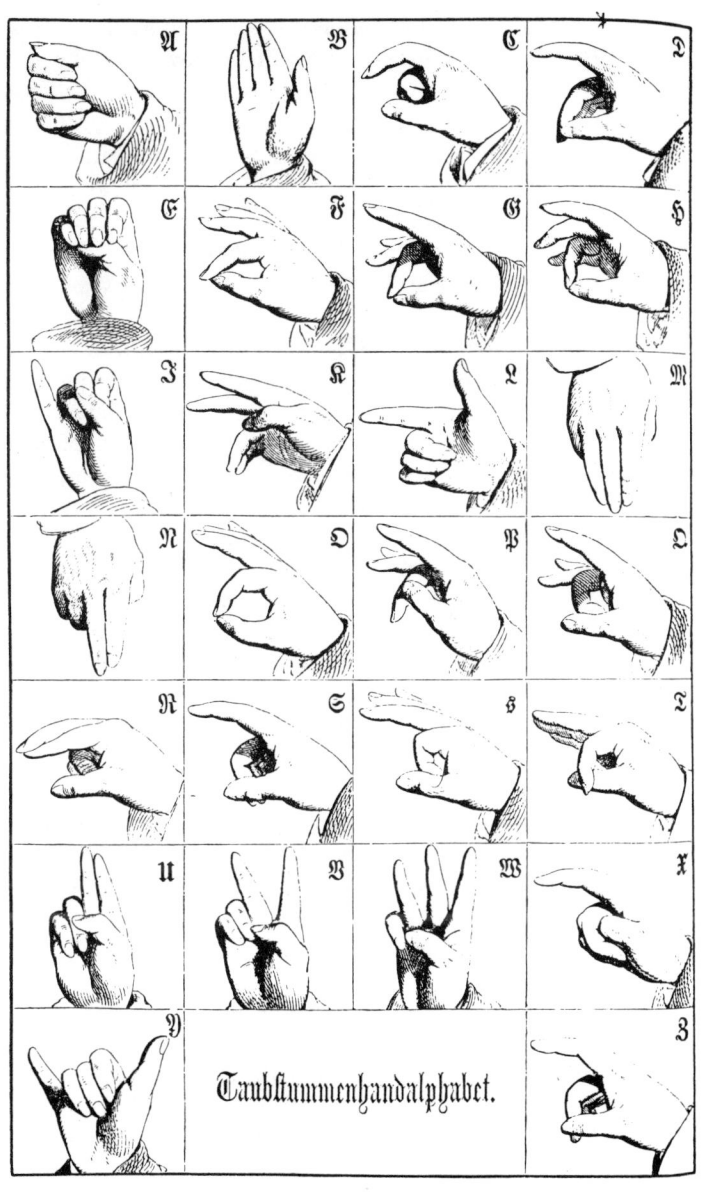

Taubstummenhandalphabet.

Zeichensprache der Gauner.

Wie im einzelnen Fall das Auskundschaften in Szene ging, war weitgehend der Fähigkeit des Ausbaldowerers überlassen. Es konnte seine ganze Phantasie, seinen kriminellen Erfindungsreichtum aufbieten. Nicht umsonst galt das Ausbaldowern als die hohe Schule der Gaunerzunft. Die Etymologie dieses Wortes zeigt die Wichtigkeit der Sache: Es wird von hebräisch „Baal", (Herr, Künstler) und „Dabar" (Wort, Sache) abgeleitet, bezeichnet also den Herrn der Sache, jemanden, der etwas genau beherrscht. (Avé-Lallemant, S.106)

Schien es möglich, an ein Objekt heranzukommen, so engagierte der Unternehmner ad hoc – Gaunerbanden gab es im Biedermeier kaum noch – die nötigen Spezialisten. Der Baldowerer selbst wurde nie mit in den Handel einbezogen, er mußte neutral und damit unverdächtig bleiben, um immer wieder eingesetzt werden zu können, selbst wenn die eine Sache auffliegen sollte. Meist kümmerte er sich zur Tatzeit um ein überprüfbares Alibi.

War die Partie, die Chawrusse (Kavrosche) einmal zusammengestellt, wurde arbeitsteilig vorgegangen. Das Oberhaupt, der Bohnherr oder Balmassematten, hatte die Oberleitung. Er hatte die Spezialisten angeheuert, entwarf aufgrund der erkundeten Lage den Plan, sorgte für Werkzeug und Fahrgelegenheit, stellte am Tatort die Wache, die Schmiere auf, trat aber erst handelnd in Erscheinung, wenn es direkt um das Ansichnehmen der Beute ging. Alle anderen Arbeiten hatten die Genossen zu machen. Er sorgte für die gerechte Verteilung der erbeuteten Gegenstände, verhandelte mit dem Hehler, dem „Passer", „Brenner" oder „Kümmler" oder organisierte das Verstecken, die Kavure, heißer Ware.

Bei lohnenden Objekten wurde vor dem eigentlichen Unternehmen oft noch eine Ortsbegehung gemacht, eine Art Scheineinbruch, ein Manöver, das alle Beteiligten mit dem Lokal und der Umgebung vertraut machen sollte. Art und Beschaffenheit der Fenster- und Türriegel wurden erkundet, Wachsabdrücke von Schlüsseln genommen, Zugangswege und die notwendige Zeit dafür errechnet und Hindernisse beizeiten aus dem Weg geräumt. Als Hindernisse bei Wohnungs- oder Hauseinbrüchen galten vor allem Wachhunde, die mit Gift ruhiggestellt, „gepeigert", oder durch Mitnahme einer Hündin abgelenkt wurden. Die Polizei empfahl daher, am Land weibliche Wachhunde zu halten und sie des Nachts mit einem dicht schließenden Beißkorb zu versehen. (Avé-Lallement, S. 136)

War alles vorbereitet, wurde die Zeit für das Unternehmen bestimmt. Für jede Tageszeit gab es Spezialisten, die in der Liste der Polizeidirektion namentlich erwähnt werden: der Jomakener arbeitete während des Tages, der Tchillesgänger in der Abenddämmerung, der eigentliche Schränker während der Nachtstunden. Im allgemeinen war die Dunkelheit eine notwendige Vorbedingung, schlechtes Wetter besser als klares, Herbst und Frühling, mit ihren langen, dunklen Nächten und ihrem meist feuchten, unfreundlichen Wetter die ideale Gaunerzeit.

Die Chawure machte sich, wenn beispielsweise der Einbruch auf ein alleinstehendes Haus in der Vorstadt oder am Land geplant war, in einem Wagen, der später zum Abtransport der Beute dienen sollte, auf den Weg. In unverdächtiger Nähe des Tatortes, am „Zinkplatz", wurde das Gefährt abgestellt.

Vom Zinkplatz aus begab sich die Chawure ans Ziel, in Städten einzeln und zeitversetzt, wie es die Gegebenheiten erforderten, meist in Filzschuhen oder in Strumpfsocken, um den Nachtwächter nicht aufmerksam zu machen. Der Bohnherr teilte die Schmiere ein, deren strategisch günstige Postierung und Geistesgegenwart von entscheidender Bedeutung für das Unternehmen sein konnte. Bei zufällig vorübergehenden Passanten, von denen nichts zu befürchten war, versteckte sich die Schmiere, nahte sich eine Polizeistreife, mußte sie auf vorher vereinbarte Weise, meist akustisch, die Kollegen warnen und gleichzeitig versuchen, die „Lampen zu meistern", die Wache abzulenken.

Die Vorgangsweise am Objekt richtete sich nach den Zugangsmöglichkeiten. Konnte die Tür mit einem Nachschlüssel, einem Dietrich oder einem Zweitschlüssel geöffnet werden, der aus einem vorher abgenommenen Wachsabdruck gegossen worden war, trat der entsprechende Spezialist in Aktion, öffnete die Tür, versteckte den Nachschlüssel sofort und ließ den Chef, den Bohnherrn, den eigentlichen

Diebstahl begehen, „handeln". Vorhängeschlösser wurden abgedreht, bei einfachen Türen die Füllung, der Spiegel, angebohrt und eingedrückt, worauf sich die innen vorgeschobenen Riegel oder der im Schloß steckende Schlüssel umdrehen ließen. Schwerere Tore hob man mit einem darunter geschobenen Geißfuß aus den Angeln, was aber nicht ohne Lärm abging.

Interessanter waren die Fenster als Zugangswege in die Räume des Hauses. Bei unvergitterten Fenstern wurde ein Terpentinpflaster auf die Scheibe geklebt, diese eingedrückt und so verhindert, daß Scherben zu Boden fallen konnten.

Ein dritter Zugangsweg, durch den Kamin, war weniger beliebt. Zu groß war die unangenehmen Überraschungen, denen sich der Hinabkletternde gegenübersehen konnte.

Mauern wurden, wenn möglich, untergraben, „Unterkabber gemacht", nur in Ausnahmefällen rückte man den Ziegelmauern mit dem Krummkopf zu Leibe. Lehmmauern, bei Bauernhäusern damals noch sehr häufig, brach man auf, indem die Staketen angebohrt und mit einer Brechstange die dazwischen gekitteten Lehmziegel herausgedrückt wurden, was nicht ohne Lärm abging und daher nur in Ausnahmefällen, bei ganz einsamen Gehöften, angewandt wurde.

Versperrte Türen innerhalb des Hauses wurden durch Herausschneiden der Füllungen oder Anbohren des Schlosses geöffnet, versperrte Kisten und Kästen öffnete der Jomakener bei Tag mit kleinen Nachschlüsseln ohne Geräusch, bei Nacht konnte das Brecheisen eingesetzt werden.

Jetzt erst trat der Bohnherr wieder in Aktion. Er nahm die Beute an sich, die in vorbereiteten Säcken durch das Einbruchsloch oder die Fenster in Sicherheit gebracht wurde. Die Chawure begab sich zum Zinkplatz zurück, die Schmiere wurde eingezogen.

Mit dem wartenden Kutscher war ein akustisches, unverfängliches Paßwort vereinbart worden. Die Beute wurde verladen und auf verdeckten Wegen in Sicherheit gebracht, in entsprechender Entfernung verteilt – soweit sie in Bargeld bestand – oder dem Brenner oder Passer übergeben, der bar bezahlen mußte. „Heiße", erkennbare Gegenstände

wurden solange verborgen, meist vergraben, bis sie unauf-
fällig verkauft werden konnten. Auch das Werkzeug wurde
sofort an einem sicheren Ort versteckt.

Bis zwei Uhr nachts hatte das Unternehmen beendet zu
sein, da wenig später die ersten „ehrlichen" Berufe, Fuhr-
werker und Bäcker, mit der Tagesarbeit begannen.

War genug Zeit, wurden am Tatort alle Spuren verwischt
oder falsche Fährten gelegt, um die Polizei in die Irre zu
führen. Die Solidarität der Gauner untereinander bestimmte aber, daß die ortsansässigen Mitglieder der Zunft, war die
„Massematten" von auswärtigen Kollegen gemacht worden, mit einer Abstandssumme, dem Branntweingeld, abge-
funden wurde; damit wurden sie gleichzeitig zu Mitwissern
gemacht. (Vgl. Fröhlich, S. 108)

Dem Baldower wurde nach erfolgreichem Unternehmen
sein Anteil ausbezahlt, der Hergang des Einbruchs aber
nicht erzählt. Der Brenner hingegen mußte genau alle
Umstände kennen, damit er sich nicht bei Anbieten der
gestohlenen Ware verdächtig machte und seine Lieferanten
in Gefahr bringen konnte.

Die Gauner hatten untereinander ein ganzes System von
Zeichen erfunden, das es ihnen ermöglichte, sich unbemerkt
von anderen zu verständigen. So gab sich beispielsweise auf
einer Landstraße ein Gauner dem anderen zu erkennen,
indem er das Auge auf der Seite, an welcher der Entgegen-
kommende geht, schloß und mit dem anderen über die
Nasenwurzel hinüberblickte. (Avé- Lallemant, S.57)

Der andere erwiderte die Geste, wenn er zur Zunft gehörte. In Wirtshäusern legte der Gauner seine Hand sichtbar
auf den Tisch, und formte die Finger zu dem Buchstaben C
der Taubstummensprache, das heißt er „ballt die Hand zur
Faust, so daß die Daumenseite nach oben kommt, streckt
den Daumen gerade aus gegen den gekrümmten Mittelfin-
ger und hält den Zeigefinger in leichter Krümmung über
dem Daumen, ohne jedoch diesen damit zu berühren."
(Ebd.)

Bekannter sind die graphischen Zeichen, die als Bilder-
schrift nur für den Eingeweihten lesbar, auf allen dazu
geeigneten Plätzen, oft auch am Objekt einer Gaunertat
selbst angebracht werden konnten.

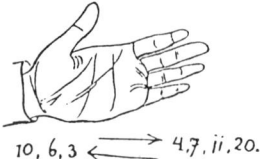

10, 6, 3 ⟵⟶ 4,7, ii, 20.

Zeichen wo gut betteln ist.

Bezeichnung der Häuser, wo man etwas
erhält und wo nicht.

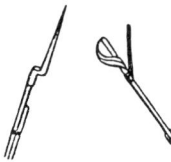

Zeichen für behördliche
Überwachung.

Gaunerzeichen mit Aufforderung zur
Ermordung eines Gendarmen.

Bezeichnung
für einen Gerichtsdiener.

Bezeichnung
für einen Handelsjuden
(Quersack).

Bezeichnung
für einen Töpfer.

Gaunerzinken. Gauner(-banden) hatten nicht nur ihre
eigene Umgangssprache, sondern auch eigene Methoden
schriftlicher Verständigung entwickelt.

a: „verhaftet";
b: „verhaftet und dreimal verhört";
c: „zwei Jahre Kerker bekommen";
d: „enthaftet" (Zeichen für Haft und das Gegenteil, dazwischen ein Herz als Zeichen der Freude)

Ein „Muri" i. e. jede Gewalttat
(Raub, gewaltsamer Diebstahl,
Notzucht etc.).

Ein „Muri, bei dem es
getropft hat"
d. h. Blut geflossen ist.

„Hilfe, Unterstützung".

α   b   c   d   e   f

„Der mit dem Zinken (d) Bezeichnete, ist wegen Mord (b) und einer anderen Gewalttat (c) in Haft (a)
und will sich auf einen Juden (f) ausreden, der ohnehin wegen Strassenraub (e) verhaftet ist".

Mittels Zinken, angebracht an Häusern, Scheunen, Kapellen oder Zäunen, übermittelten sie einander Nachrichten.

Aufgezeichnet wurden derartige Gaunerzinken zum ersten Mal 1540. Der Amtssyndikus von Freistadt in Oberösterreich, Kajetan Karmayer hat allein zwischen 1820 und 1840 mehr als 1.700 solcher Gaunerzinken gesammelt. (Vgl. Gross, Kriminalistische Aufsätze, S. 188)

EIN „GEBORENER" VERBRECHER

Der Fall Johann Georg Grasel (1815)

Das ursprünglich klassische Arbeitsgebiet der Gauner war der ländliche Raum. Die Gründe dafür liegen auf der Hand: Die Obrigkeit war bei den verworrenen und unübersichtlichen Herrschaftsverhältnissen weniger spürbar und leichter zu umgehen als in den von der Polizei besser überwachten Städten; einsam gelegene Wirtshäuser oder Gehöfte boten einerseits Schutz und eigneten sich auch eher für Überfälle als Häuser in verbautem Gebiet. Die großen Landstraßen, die Heimat der Vaganten, waren die Kommunikationslinien, auf ihnen bewegten sich nicht nur die Täter, sondern auch die Opfer.

Auch Österreichs klassischer Räuber Johann Georg Grasel, hatte sein Wirkungsgebiet ausschließlich auf dem Land. Die Stadt war für ihn, wie für seine Kollegen, nur die Stätte seiner Verurteilung und Hinrichtung.

Johann Georg Grasel ist auch in der Gegenwart noch ein Begriff. Heute noch zeigt man eine „Graselhöhle"[1], die der Schlupfwinkel seiner Bande gewesen sein soll, es aber nie war, und die Bücher, die über sein kurzes Leben geschrieben wurden, füllen bereits eine kleine Bibliothek. Sie alle vermitteln bewußt oder unbewußt ebenso wie die Sagen und Legenden, die es über ihn im Volke gibt, das Bild eines freien und mutigen Räubers, der kühn an der Spitze einer ihm treu und bedingungslos ergebenen Schar die Wälder unsicher machte, die verhaßte Obrigkeit an der Nase herumführte, die Reichen beraubte und die Armen beschützte, eine Darstellung, die in nichts mit der traurigen Wirklichkeit übereinstimmt. Das Klischee vom ungebundenen Räuberleben, das vor allem durch die Literatur der zweiten Hälfte des achtzehnten Jahrhunderts so populär geworden war, hat nie der Realität entsprochen. Die reichen Leute, bei denen es etwas zu holen gegeben hätte, lebten nicht am Land und wenn, war ihnen mit einer lose zusammengewürfelten Schar von Gaunern nicht beizukommen. Um die Armen zu schützen, dafür hätte es mehr als einer Räuberbande bedurft. Grasel, seine Kollegen und Mittäter stahlen und raubten meist Dinge des täglichen Bedarfs, weil sie anders nicht überleben konnten, weil sie aus einer sozialen Schicht stammten, die ihnen nur die Wahl ließ zwischen elendem Vegetieren und Verbrechen.

Grasels Fall war schon den Zeitgenossen Beweis für die „Zustände am Land", für die Unüberwindlichkeit der starren sozialen Schranken, für die Tatsache, daß bereits die Geburt den Lebenslauf unausweichlich bestimmte. Grasel selbst sagte im Verhör, es wäre wohl besser gewesen, seine Mutter hätte ihn gleich nach der Geburt an gleichgültig wen verschenkt.

Grasels Herkunft bestimmte sein Schicksal. Er entstammte einer alten Abdeckerfamilie, der niedrigsten sozialen Schicht, gleichsam einer Kaste der Unberührbaren, denn ebenso wie die Henker und Scharfrichter galten die Schinder – beide Tätigkeiten wurden oft in Personalunion betrieben – ihrer Tätigkeit wegen als ehrlos; an ihrem Außenseitertum hatte auch die „Aufklärung" nichts geändert. Die General-Handwerksordnung aus dem Jahr 1732 hatte jedem ehrlichen Handwerker und Handwerksgesellen noch verboten, mit Abdeckern irgendeinen Kontakt aufzunehmen, mit ihnen „zu fahren, zu gehen oder zu trinken oder gar ein Mitglied beim Begräbnis zu begleiten"[12].

Die Versuche Josephs II., eine Gewerbereform durchzusetzen, blieben zumindest diesbezüglich wirkungslos.

Aufgabe des Abdeckers – in Österreich hieß er offiziell „Wasenmeister" – war die Vertilgung der von Seuchen befallenen und die Beseitigung verendeter Tiere, wofür ihm als Lohn die Haut zugestanden wurde. Da ihm jede Art seines „ehrlichen" Nebenerwerbs verboten war[13], reichten, besonders wenn die Gemeinde, in der er lebte, klein war, seine Einkünfte, so notwendig seine Arbeit für die Gesellschaft auch war, für den Lebensunterhalt nicht aus.

Die Häuser der Abdecker lagen meist weitab der geschlossenen Ortschaften, auch um die Geruchsbelästigung zu vermeiden, zur Ortsbevölkerung hatten sie keinen Kontakt. Der Beruf vererbte sich gewöhnlich vom Vater auf den

Sohn, Kontakt hatten sie nur mit ihresgleichen und konnten auch nur unter einander heiraten. Die Wasenmeister Österreichs waren, wie Grasels Lebensgeschichte zeigt, fast alle untereinander verwandt. Ihre isoliert liegenden Wohnstätten und ihre geringen Einkünfte führten fast notgedrungen – aus Gründen der Selbsterhaltung – zu einer direkten Verbindung zum fahrenden Volk, zu den Gaunern. In allen zeitgenössischen Berichten werden die Abdecker als „gefährliche Klasse" eingestuft, ihre Behausungen boten ideale Schlupfwinkel und ihre verwandtschaftlichen Beziehungen ein ideales Informationsnetz.

Diese Verbindungen hatten Tradition. Der Salzburger Scharfrichter Franz Josef Wohlmuth, der selbst die Wasenmeisterei betrieb, exekutierte 1765 und 1766 acht Mitglieder einer innerösterreichischen Abdeckerbande inklusive ihres „Rädlführers", Mathias Elsenbaumer vulgo „Baule König Hiesel" vom „Leben zum Tod".[14] Am 12. März 1778 mußte er den wegen Viehdiebstahls verurteilten Johann Georg Härring, einen Wasenmeisterssohn aus Windsbach in Oberösterreich, hinrichten, der tragischerweise nicht nur mit ihm blutsverwandt, sondern, wie er selbst in seinem Tagebuch schreibt, sein „engster Freund gewest" ist, an dem er Vormundstelle vertreten hatte.[15]

Einer der berühmtesten Räuber Deutschlands, der 1803 hingerichtete Johannes Bückler, der Schinderhannes, stammte, wie schon sein Beiname sagt, aus einer Abdeckerfamilie im Hunsrück.[16] Mitglieder der Familie Grasel waren am Anfang des 19. Jahrhunderts Abdecker in einer Reihe von Ortschaften im nördlichen Niederösterreich und im südlichen Böhmen, in Hötzelsdorf, Dobersberg und Sachsendorf bei Eggenburg.

Grasels Großvater, Laurenz Grasel, wird zwar als Gerichtsdiener in den Akten genannt, war aber hauptberuflich Wasenknecht, ebenso wie sein 1763 in Grünbach am Schneeberg geborener Sohn Thomas, der Vater Johann Georgs. 27 Jahre alt, hatte Thomas im Haus seines Vetters (oder Bruders?), des Kleinhäuslers Georg Grasel in Neu-Serowitz bei Budwitz, die Tochter eines Schinderknechts und Bettlers aus Vöttau in Mähren kennengelernt. Ihr Name: Regina Fleischmann. Ihre Schwester Anna Maria war bereits mit Georg Grasel verheiratet. Die Vorfahren der Familie Fleischmann waren ebenfalls seit dem Anfang des achtzehnten Jahrhunderts als Abdecker und Schinder in Mähren nachweisbar.

Das Datum der Eheschließung von Grasels Eltern ist nicht überliefert, wohl aber die Geburtsurkunde[17] ihres ersten Sohnes vom 4. April 1790, der in der Taufe den Namen Johann Georg erhielt. Pate war ein Verwandter Grasels, von Beruf ebenfalls Abdecker. Andere Dorfbewohner hätten sich dazu wohl nicht hergegeben.

Grasels Vater hatte bereits den Schritt vom ehrenlosen, geächteten und isolierten Abdecker in das unstete Leben der vagabundierenden Gaunerzunft gemacht. Grasels Mutter, folgte ihrem Mann notgedrungen. „Die Wirtschaft des jungen Paares war aufs Betteln und aufs Stehlen gegründet."

Kaum ein Jahr nach Geburt ihres ersten Sohnes wurde Regina Grasel, zu diesem Zeitpunkt wieder schwanger, wegen Verdachts des Fischdiebstahls und liederlichen Umherstreifens verhaftet, mangels an Beweisen zwar freigelassen und in ihren angeblichen Geburtsort an der Donau abgeschoben. Knapp ein Jahr später wurde der Vater wegen zahlreicher Einbruchsdiebstähle in Znaim zu zehn Jahren schweren Kerkers verurteilt, die er auf dem Spielberg abbüßen sollte. Regina, inzwischen Mutter von zwei Kindern – das zweite war ein Mädchen namens Anna Maria – war auf sich allein gestellt. Im Sommer zog sie mit den Kindern bettelnd umher, im Winter suchte sie Unterschlupf bei der Familie ihrer Schwester, den Abdeckern in Neu-Serowitz.

Johann Georg Grasel erinnerte sich im Verhör wiederholter Anhaltungen und Verhaftungen während dieser Wander- und Betteltouren. Um 1799 war er einige Tage in Drosendorf im Arrest gesessen, in Frain wegen versuchten Mehldiebstahls mit seinem Vetter Franz zu einem „Schilling", zu Rutenstreichen, verurteilt worden. Am 8. Dezember 1801 wurden Regina Grasel und ihre beiden Kinder in Mautern an der Donau aufgegriffen und anschließend in ihre Geburtsorte abgeschoben – der Bub nach Neu-Serowitz, das Mädchen nach Echsenbach. Familien aufgrund der unterschiedlichen „Zuständigkeit" willkürlich auseinanderzureißen, war gang und gäbe.

Den Vorschriften der damaligen Armenpflege entsprechend, hätte Grasel von seiner Heimatgemeinde aufgenommen und erzogen werden sollen, um dem bösen Beispiel
seiner Herkunft zu entgehen. Nichts jedoch geschah, was
ein bezeichnendes Bild wirft auf die Fürsorgeanstalten auf
dem Land. Grasel selbst hat Jahre später diese Unterlas-
sung für seine weitere kriminelle Laufbahn verantwortlich
gemacht:

„Die Herrschaft tat nichts dergleichen, und obwohl ich
damals ganz ohne Kleidung war und mir die Füße gefrört
hatte, gab sie jedoch weder mir noch meiner Mahm (seiner
Tante Anna Maria) irgendeine Unterstützung. (...) Hätte
mich damals die Herrschaft zu einem rechtschaffenen
Mann in die Erziehung gegeben, der mir etwas hätte
lernen lassen, so wäre ich in mein gegenwärtiges Unglück
nicht gekommen, denn ich hätte das böse Beispiel meines
Vaters, meiner Anverwandten und Kameraden nicht
gesehen; so aber bin ich ganz in meiner Erziehung vernachlässigt worden, denn mein Vetter in Serowitz war
nicht imstande, mir irgendeinen Unterricht in der Religion, im Lesen, Schreiben oder dergleichen zu erteilen,
sondern ich mußte mit ihm und meiner Mahm betteln
gehen, wie ich dies mit meiner Mutter tat."[18]

Grasels erster Biograph, Robert Bartsch, zitiert auch den
Eindruck, den diese Erinnerung auf Grasel selber machte.
Im Verhörprotokoll des Militärgerichts vom 21. März 1817
heißt es: „Von Seite der Kommission wird bemerkt, daß bei
Verlesung der 139. Antwort sub pagina 142 und zwar beim
Punkte: Hätte mich damals ... vernachlässigt worden, dem
Inquisiten wirklich Tränen in die Augen traten und dersel-
be hier im stillen weinte."[19] Der Täter hat seine Situation als
Opfer sozialer Verhältnisse klar erkannt.

1799 war es dem Vater Thomas gelungen, bei Außenarbei-
ten dem Gefängnis zu entfliehen. Er nannte sich jetzt Josef
Haller und zog als vazierender Bilderhändler im Land
umher. Sein Quartier war beim Krämer Zierler in Thaures
bei Allentsteig, da er sich in Neu-Serowitz ohne Gefahr der
Entdeckung nicht lange hätte aufhalten können. Seinen
Lebensunterhalt aber bezog er aus kleinen Diebstählen,
gelegentlich auch einem größeren Einbruch oder Raub. Um

Frau und Familie dürfte er sich nicht gekümmert haben. Diese Einbrüche, bei denen er mehrmals nur knapp der Verhaftung entgangen war, hatten so viel eingebracht, daß er Roß und Wagen anschaffen, und nach der Freilassung seiner Frau am 1. Februar 1803 nach Ungarn fahren konnte, wo er die Wasenmeisterei in Veszprem kaufte.

Des seßhaften Lebens war er aber offensichtlich schon so entwöhnt, daß es ihn kaum ein paar Monate im eigenen Hause hielt.

Die Schilderungen über Grasels Jugend und das (meist getrennte) Leben seiner Eltern, die in den Verhörprotokollen genau aufgezeichnet sind, sind eines der wenigen unmittelbaren Zeugnisse für das Leben der Fahrenden, mit seinem ständigen Ortswechsel, den vielen kleineren und grösseren Straftaten und dem immer wiederkehrenden Wechsel zwischen Arrest und Freiheit. Daß die Kinder von den Eltern, nach Tauglichkeit, eingesetzt wurden, zuerst zum Betteln, später zu Straftaten, versteht sich von selbst. Die eben erst erworbene Wasenmeisterei in Veszprem übergab der alte Grasel seiner Frau und machte sich mit dem Sohn sofort wieder auf die gewohnte Wanderschaft, über Wiener Neustadt und Krems, bis Schaffa in Mähren, wo er bei einem Familienangehörigen, einem Vetter seiner Frau, Unterschlupf fand. Unter dem Vorwand, Pferde zu kaufen, entfernte er sich wieder und brachte tatsächlich nach wenigen Tagen einen Rappen, den der Sohn heimreiten sollte.

Der junge Grasel kam mit dem gestohlenen Pferd auch tatsächlich bis zur ungarischen Grenze bei Zillingsdorf, wo er wegen mangelnder Papiere angehalten wurde. Im Verhör gab er seinen Namen preis und setzte die Behörde auf die Spur seines Vaters, der tatsächlich in Wiener Neustadt verhaftet werden konnte, als er gerade mit zwei weiteren gestohlenen Pferden die Stadt passieren wollte. Freigelassen kehrte Johann Georg Grasel aber nicht zu seiner Mutter zurück, sondern diente bei dem Abdecker von Neusiedel als Knecht.

Nachdem dem alten Grasel die Flucht aus dem Arrest in Neustadt gelungen war, wurde die Wasenmeisterei verkauft, da sie die Frau allein nicht führen konnte. Die Familie kehrte nach Niederösterreich zurück. Regina blieb mit den Kindern im Winter 1804 in der Wasenmeisterei Neusiedel und kam erst im folgenden Frühjahr nach Schaffa zu ihrem Vetter, während ihr Mann sein gewohntes vazierendes Einbrecherleben wieder aufnahm. Im Sommer arbeitete der junge Grasel als Knecht bei seiner Tante in Neu-Serowitz. Sein Vater wurde nach mehreren Straftaten zum Jahreswechsel verhaftet und – als entsprungener Häftling – zur Verbüßung seiner Reststrafe von drei Jahren auf den Spielberg zurückgebracht.

Für die Familie bedeutete die Verhaftung des Vaters neuerlich die Notwendigkeit, das Leben mit Betteln verdienen zu müssen. Auf einem Feld bei Siegharts begegneten sie anderen Angehörigen ihrer Zunft – dem der Familie schon von früher bekannten Johann Georg Pieringer, seiner Lebensgefährtin und ihren sechs Kindern. Pieringer hieß eigentlich Berger, war von Beruf Leinwanddrucker, übte aber das vazierende Gewerbe der Pfannenflickerei aus und hatte einen falschen Namen angenommen, da er schon des öfteren wegen Diebstahls im Arrest gewesen war. Seine Begleiterin Anna Eigner war ebenfalls eine Wasenmeisterstochter, die Tochter des Schinders von Stalleck. Der älteste Sohn Sebastian, der auch das Gewerbe des Vaters betrieb und daher „der Klampfererwastl" genannt wurde, war mit dem Grasel gleich alt. Mit ihm sollte Johann seine erste selbständige Straftat begehen.

Der alte Pieringer plante in Raabs einen Einbruch zu dem auch sein Sohn mitkommen sollte. Auf Bitten der Mutter nahm er auch den „Hans Jörgel" mit zu dem Unternehmen.

Am Abend des 17. März 1806 begab sich Pieringer mit seinem Sohn, mit dem jungen Grasel und einem gewissen, nicht näher bekannten Ferdinand Fischer, zu einem Haus unweit des Pfarrhofs von Raabs. Der Einbruch wurde in der traditionellen Manier der Zunft ausgeführt. Die beiden sechzehnjährigen Lehrbuben waren als Schmiere eingeteilt, sie beobachteten die Umgebung, während Pieringer und Fischer das eiserne Fenstergitter aus der Verankerung brachen und ins Haus stiegen.

Mit zwei Bündeln kehrten sie zurück, die Beute wurde weit vom Tatort, bei einem Bauern in Dietmanns geteilt. Grasel erhielt zwei Leintücher und einen blauen Bettüberzug. Die Beute brachte er seiner Mutter. Sie soll aus dem Bettüberzug einen Rock und aus den Leintüchern Hemden für sich und die Kinder gemacht haben. Auf Grasel selbst hatte diese Premiere offenbar einen derart nachhaltigen Eindruck gemacht, daß er die Straftat, die nie zur Kenntnis der Behörde gekommen war, freiwillig beim Verhör gestand.

Als der alte Grasel am 8. Februar aus der Haft entlassen wurde und sich in Karlstein mit seiner Familie traf, hatte er in seinem Sohn bereits einen angelernten Gehilfen, den er fortan auf alle seine Beutezüge mitnahm.

Zusammen quartierten sie sich bei einem als Hehler und Diebshelfer bekannten Wirt namens Johannes Dörr in Lichtenberg bei Waidhofen an der Thaya ein. Ganz den Gewohnheiten der Zunft entsprach auch, daß der Klampfererwastl, der durch sein Gewerbe weit im Land herumkam, die Diebsgelegenheiten auskundschaftete. Von dieser Verbindung machten die beiden Grasel ausgiebig Gebrauch. Im Februar 1809 führte der Klampfererwastl sie nach Festenötting zum Haus eines Schneiders, der krank im Bett lag. Bei Nacht drückte der Vater die Scheibe ein, der Sohn kletterte ins Haus und nahm aus der Truhe, was er tragen konnte: Kleider, eine Goldhaube und über 300 fl. Bargeld. Und noch in derselben Nacht führte sie der Wastl zu einem anderen Haus, wo Hans Jörgl Passe stehen mußte, was für den Anfang seine Hauptbeschäftigung als Lehrling gewesen zu sein scheint.

Die Beute wurde fast ausschließlich an Dörr verkauft, weit unter ihrem Wert und ohne dafür Bargeld zu erhalten. Meist wurden Zechschulden abgerechnet oder Vorschüsse auf zukünftige Zechen gegeben.

Insgesamt 205 Einbrüche[20] in knapp neun Jahren, mehrere gelungene Ausbruchsversuche, unter anderem aus der Kaserne am Rennweg in Wien, eine kurze Militärdienstzeit unter falschem Namen in Prag, beendet durch Desertion, verschafften ihm einen fast legendären Ruf, nicht nur in der Landbevölkerung.

Daß Grasel so lange seinem räuberischen Handwerk nachgehen konnte, lag nicht nur an der Solidarität der Abdeckerfamilien, sondern mindestens ebenso in den Justiz-

und Polizeiverhältnissen der Zeit gegründet. Justiz und Polizei standen in der ersten Instanz in den landesfürstlichen Städten dem Magistrat (wie in Wien), auf dem Lande aber den Dominien oder Herrschaften, den Grundherren, zu. Ein Teil von ihnen hatte nicht nur die niedere, sondern auch die Landesgerichtsbarkeit zu besorgen, die Gerichtsbarkeit über schwere Verbrechen. Sie hatte kleine, oft übergreifende Sprengel, in Niederösterreich beispielsweise gab es über 11.000 derartiger Dominien – die genaue Zahl war unbekannt –, von denen 200 Landgerichte waren. Zweihundert Gerichte konnten über Leben und Tod urteilen, zweihundert Galgen standen in einem Land, das kaum eine Million Einwohner hatte. Zwar waren diese Gerichte seit Joseph II. unter staatlicher Aufsicht, sie mußten durch rechtskundige Justitiare verwaltet werden, doch läßt sich leicht ermessen, wie wenig effektiv ihre Arbeit sein konnte, wenn sie neben der Zivilgerichtsbarkeit auch das Strafgericht zu betreuen hatten, die Polizei in Gestalt von ein oder zwei unzulänglichen Gerichtsdienern – die oft genug direkt mit dem Grasel zusammenarbeiteten, wie der Frainer Gerichtsdiener Nissl – organisieren mußten und dazu noch die gesamte Verwaltung der herrschaftlichen Güter zu besorgen hatten. Als 1808 der Verwalter der Herrschaft Schönau wegen Unrechtmäßigkeit angeklagt war, wurde nicht er, sondern seine Herrschaft verurteilt.[21]

Zwischen den einzelnen Grundherrschaften und ihren Verwaltern und Justitiaren herrschten zudem zahlreiche, oft alte und überkommene Rivalitäten, auch wenn ihre Herrschaftsgebiete nur wenige Kilometer auseinander lagen und sie sich sozusagen in die Fenster schauen konnten.

Jeder Landrichter, jeder Kreishauptmann hatte seine eigene Methode, den Grasel zu fangen, keiner wollte dem anderen die Ehre des Erfolges gönnen, jeder versuchte, sein Gebiet von räuberischen Umtrieben frei zu halten. Eine Koordination der Maßnahmen war, auch wenn alle Unternehmungen an die übergeordneten Ämter gemeldet werden mußten, bei den damaligen Kommunikationsverhältnissen unmöglich. Erst im Oktober 1815 gelang es, durch einen Erlaß aller beteiligten Hofstellen dem Chaos ein Ende zu bereiten. Ausschließlich der Wiener Magistrat wurde mit allen künftigen mit Grasels Aktivitäten zusammenhängenden Fällen betraut und alle anderen Gerichte angewiesen, Verdächtige und Verhaftete nach Wien abzuliefern sowie alle Vorkommnisse dahin zu melden.

Die Methode, von der man sich am ehesten Erfolg versprach, war, Grasel von seinen Kommunikationslinien abzuschneiden – die Dominien wurden angehalten, jeden Fremden genau überprüfen zu lassen, jede Herberge zu observieren und besonders auf Bettler und andere Reisende achtzuhaben – und verdächtige Häuser, Ortschaften und Waldstücke, die Aufenthalte der Einbrecher sein könnten, immer wieder zu durchsuchen. Diese Streifungen brachten zwar immer wieder einige von Grasels zeitweiligen Mittätern zuwege, aber nie ihn selbst.

Die Polizeihofstelle ordnete mehrere große, nicht mehr nur auf ein Landesgericht beschränkte Streifungen an[22], die größte am 4. November 1815, als 600 Mann Infanterie und 200 Mann Kavallerie unter dem Kommando des Oberstwachtmeisters von Duschel ein Gebiet von 8 km Breite und 20 km Länge zwischen Göllersdorf, Großmugel, Ernstbrunn, Schöngrabern und Oberhollabrunn durchkämmten, allerdings ohne Erfolg. Ein in Grafenegg einsitzendes Landstreicherpaar und der Wasenmeisterssohn Brunhauser aus Hollabrunn, ein Bekannter Grasels, hatten eine falsche Fährte gelegt.

Am 6. November wurde die Meldung über die auf Anregung des Magistrats vom Kaiser genehmigte Kopfprämie für die Gefangennahme Grasels verlautbart, öffentlich angeschlagen und in alle – auch in wissenschaftliche – Zeitungen eingerückt: 4.000 fl. für die Einbringung des lebenden Räubers von Unbeteiligten, 2000 fl. und Strafnachlaß für einen Genossen – eine ungewöhnlich hohe Summe, die entsprechendes Aufsehen erregte und die schließlich auch zur Gefangennahme führte.

Die Gefangennahme durch den Drosendorfer Justitiar Schopf mit Hilfe eines Agenten und der bereits verhafteten letzten Geliebten Grasels ist wohl der einzige wirklich romantische Zug in seinem kuzen Räuberleben und daher auch in allen Büchern über ihn ausführlich nacherzählt.

Im Wiener Polizeigefangenenhaus wurde Grasel, vor dem

Das Graselhaus im Mörtersdorf, in dem Grasel 1815
verhaftet wurde.

Johann Georg Grasel (Mitte) mit seinen Komplizen
Fähding und Stangl. (Anonym, 1816)

man gehörigen Respekt zu haben schien, besondern sorgfältig untergebracht. Er kam zusammen mit fünf anderen Inquisiten, die natürlich nicht mit ihm bekannt waren, in eine Zelle im dritten Stock mit „Aussicht auf das Schultergässel". Eine eigene Kommission, ein Regierungsbaumeister und ein Schlosser, wurde abgestellt, um die Sicherheitsvorkehrungen zu untersuchen. Das Fenster war durch ein doppeltes Gitter gesichert, die Zellentür aus Eisen und auch den Abzugskamin hatte man verschlossen. Grasel selbst trug beständig an den Füßen ein neun Pfund (viereinhalb Kilo) schweres Springeisen, nach Einbruch der Dunkelheit wurden ihm zusätzlich die Hände mittels eines eisernen Leibrings und einer daran befindlichen „Handbretze" gefesselt und das Springeisen mit einer Kette an einen im Boden befindlichen Eisenring geschlossen. Vom 22. November an wurde er zum ersten Mal vom Untersuchungsrichter, dem Magistratsrat Franz Lowack verhört. Er war geständig, wenn auch viele Einzelheiten erst durch die Aussagen von Mittätern, besonders von Fähding, dem Klampfererwastl und dem Ignaz Stangl, und durch Konfrontationen vom Richter geklärt werden konnten.

Insgesamt 214 Personen hatten sich, nach den Erhebungen des Kriminalgerichts, in Zusammenhang mit Grasels Räubereien straffällig gemacht, 66 davon standen in Wien in Untersuchung.

41 wurden verurteilt, drei waren im Gefängnis gestorben, neun Personen wegen Schuldlosigkeit und fünf ab instantia, aus Mangel an Schuldbeweisen, entlassen.

Grasels Vater erhielt im Urteil vom 10. Juni 1817 wegen 121 Verbrechen, darunter über hundert Einbruchsdiebstähle mit mehr als fünfzig verschiedenen Kameraden, lebenslänglich schwersten Kerker mit vorheriger Ausstellung auf der Schandbühne. Ihm war kein Milderungsgrund zuerkannt worden, man sah in ihm die Hauptursache für die Laufbahn seines Sohnes, und der Referent der Obersten Justizstelle sah sich zu der Anmerkung veranlaßt, „es könne nicht leicht einen verworfeneren und der allgemeinen Sicherheit gefährlicheren Menschen geben".[23]

Nachdem er drei Tage in Wien am Pranger gestanden hatte, wurde er zur Verbüßung seiner Strafe auf den Spielberg in Brünn überstellt. Im Februar 1829 wurde seine Strafe vom schwersten Kerker (Einzelhaft in Eisen) in schweren Kerker umgewandelt, man nahm ihm die Eisen ab, beließ ihn aber in einer Einzelzelle. Zwei Jahre später wurde er infolge eines Schlaganfalles gelähmt, über sein weiteres Schicksal ist nichts bekannt. Er soll über siebzig Jahre alt geworden sein.

Grasels Mutter wurde am 28. November 1816 zu zwei Jahren Kerker verurteilt. Ihr wurde besonders zur Last gelegt, daß sie aus den Einbrüchen ihres Mannes und ihres Sohnes Gewinn gezogen hatte und ihren Sohn zum ersten Diebstahl verleitet und damit auf die schiefe Bahn gebracht hatte. Sie starb am 30. April 1817 im Wiener Arrestanten-spital.

Grasels Schwester Anna Maria wurde wegen Teilnahme am Diebstahl am 18. September 1816 zu vier Wochen Haft verurteilt.

Die Haupttäter aber, da sie alle einmal dem Militärstande angehört hatten – Grasel war 1814 kurz als Freiwilliger in Prag zu den Soldaten gekommen, um sich vor der Polizei zu verstecken, nach vierzehn Tagen aber wieder desertiert –, wurden vom Magistrat dem Militärgericht übergeben, das nach umständlicher Prozedur die Urteile sprach, die, vom Hofkriegsrat bestätigt, am 24. Januar 1818 verkündet wurden. Ein Kaiserliches Patent vom Februar 1802 hatte für alle gewaltsamen Raubüberfälle, die von Soldaten oder ehemaligen Soldaten begangen wurden, die Todesstrafe festgesetzt. Infolgedessen konnte über Grasel, Fähding und Stangl das Todesurteil gesprochen werden.

Am Samstag, dem 31. Jänner 1818, einem nebeligen Tag, fand die Hinrichtung vor dem Neutor auf dem Glacis statt. Polizeidirektor Siber erstattete den Bericht an den Polizei-minister:

„Die drei Delinquenten Grasel, Fähding und Stangl, sind heute früh um 8 Uhr zum Richtplatz auf die Glacis geführt worden, die beiden lezteren waren sehr schwach, und besonders Stangl, welcher einer Ohnmacht nahe schien, ward von dem ihn begleitenden Geistlichen und einem Mann geführt. Diese Schwäche hat selbe bis an ihr Lebensende nicht verlassen. Grasel ward sich ganz gegen-

wärtig, er sah mit voller Geistesgegenwart ganz genau zu,
wie die beiden anderen mit dem Strange hingerichtet
wurden, und dann trat er festen Fußes zum Galgen, ent-
kleidete selbst den Hals und die Brust, und da er vorher
das Kruzifix, den Geistlichen und den Scharfrichter geküßt hatte, gab er sich dem letzeren hin."
Grasels letzte Worte waren, als er mit der Schlinge um den
Hals am Fuß des Galgens stand: „Jesus, welche Menschenmenge."[24]

Notizen zur Lage des Gewerbes

Zwar gab es auch im Wien der Biedermeierzeit florierende Handwerksbetriebe – Gold- und Silberschmiede sowie Instrumentenbauer beispielsweise konnten sich keineswegs über eine schlechte Auftragslage beklagen. „Allein diese vereinzelten Lichtpunkte können nichts am düsteren Gesamtbild ändern, welches das Wiener Handwerk bot." (Zenker, S. 53) Mitte der dreißiger Jahre, als die Konkurrenz der Fabriken spürbar wurde, verstärkten sich die Schwierigkeiten. Mehr noch aber litt das Gewerbe unter der ständigen Teuerung, der allgemeinen Verarmung und dem völligen Fehlen von Kreditmöglichkeiten, was insofern ein Problem war, als gerade das kleine Gewerbe in Wien damals die weitestgehenden Kredite gewähren mußte:

„Es existiert in Wien kein bedeutenderes Geschäft, bei dem nicht Kavaliere durch lange Zeit Schulden hätten, welche erst nach vielfachem Angehen bezahlt werden." (Violand, S. 26f)

„Was die Großen von den ärmeren Zünften an nötigen Arbeiten beziehen, das nehmen sie nur zu häufig auf jahrelangen Kredit und bedenken nicht, daß der gemeine Mann das bare Geld so nötig hat wie das tägliche Brot. (...) Man verlange z. B. in Wien bei was immer für einem Gewerbsmann, der ein etwas ansehnliches Geschäft betreibt, seine Kontobücher einzusehen, und man wird staunen und schaudern, wie niederträchtig die arbeitende Klasse von dem Zehrstande und vornehmlich von der Adelswelt behandelt wird. Es gehört wahrlich zum hohen Tone, sich seine Equipage oder auch nur einen Frack anzuschaffen, ohne ihn zu bezahlen oder ohne sich über Jahr und Tag mehr als die Hälfte des Betrages gewaltsam abnötigen zu lassen." (Soziale und politische Zustände Österreichs, S. 151)

Die Folgen:

„Wie übel es damals dem sogenannten Mittelstande in Wien erging, zeigt der Umstand, daß bei Einbringung der landesfürstlichen und städtischen Erwerbssteuer das

Zwangsverfahren von Jahr zu Jahr mehr überhandnahm. Von den 30.000 Erwerbssteuerpflichtigen, welche im Jahre 1845 in Wien im höchsten Falle existierten, mußte zur Einbringung der ersten Rate bei 17.469 die einfache Militärexekution, bei 9.554 die doppelte oder verschärfte Exekution und bei 7.009 Rückständigen der letzte Grad, die Pfändung – zur Einbringung der zweiten Rate bei 18.378 die einfache, bei 10.566 die verschärfte Militärexekution, bei 8.011 Rückständigen die Pfändung angewendet werden, während vor dem Jahre 1820 kaum gegen 100 bis 200 Gewerbsleute auch nur der erste Grad der Exekution in Antrag kam." (Zenker, S. 54)

DAS STANDESGEMÄSSE LEBEN

Der Fall Severin von Jaroszynski (1827)

Auch im Biedermeier war der Adel noch – nicht nur ökonomisch, sondern auch durch die Gesetzgebung – vor allen anderen Bevölkerungsschichten privilegiert, war vom Militärdienst befreit, unterstand einem besonderen Gericht – in Kriminalfällen dem der Provinzhauptstadt – und besaß, als Eigentümer einer Herrschaft, eine ganze Reihe grundherrlicher, obrigheitlicher Rechte über seine Untertanen, angefangen von der niederen und oftmals auch hohen Gerichtsbarkeit über das „Laudemium", einer Gebühr, die Untertanen zu zahlen hatten, die in eine andere Herrschaft übersiedeln wollten, und dem „Mortuar", einer beim Todesfall eines Untertanen fällige Abgabe, bis hin zum – durch Joseph II. allerdings beschränkten – Robot, den Untertanen zu leisten hatten.

Der Adel war in Österreich-Ungarn die besitzende Klasse schlechthin. Auch wenn es einzelnen Bürgerlichen gelungen war, durch Handelsgeschäfte und Industrien große Vermögen zu bilden, so lag die Akkumulation des Kapitals größtenteils in adeligen Händen. Auch bei den Fabriken zu Beginn der Industrialisierung handelte es sich zum allergrößten Teil um Gründungen von Aristokraten. Die Rivalität des aufkommenden wohlhabenden Bürgertums aber zwang den Adel, seine Vorrechte und tradierten Lebensformen besonders zu betonen, ein Umstand, der ihn in der Bevölkerung nicht beliebter machte.

„Die hohen Kavaliere", charakterisiert Ernst Violand, einer der führenden radikalen Politiker und Theoretiker der Revolution von 1848, die Lebensformen des Hochadels, „führten ein gar lustiges Leben. Von Arbeiten war bei ihnen gar keine Rede, jede bürgerliche Beschäftigung wäre von ihnen als entehrend betrachtet worden. Die ältesten Söhne des hohen Adels waren Nachfolger in den Fideikommissen und in den Lehen mit bedeutendem Einkommen, und die jüngeren erhielten entweder Sinekuren

bei Hofe oder Militär- oder Zivilanstellungen mit übermä-
ßigem Gehalt, wo sie aber mit Bedacht nichts arbeiteten,
sondern andere für sich arbeiten ließen, oder sie bekamen
ein Erzbistum oder wurden Domherrn... Keiner dieser
hohen Herren lebte also von seiner Arbeit, sondern jeder
nur von seinem historischen Besitz, der in der Regel
keinen Rechtstitel nachweisen konnte, und von dem privilegierten Einkommen, nämlich dem der schweren Arbeit
der Bauern oder dem der Sinekuren.
Der österreichische Adel wurde demnach nicht nur dem
Bauernstande, der für ihn arbeiten mußte, sondern auch
den Gewerbe- und Handelsleuten verhaßt, ja er sank in
der gewöhnlichen Achtung jedes rechtlichen Menschen
der abhängigen Klasse. Gegen alles, was von seiner Arbeit
oder von durch Arbeit erworbenem Kapital lebte, nahm
der Adel ein wegwerfendes Benehmen an. Besonders
erbittert zeigte er sich über reiche Bankiers, denen es viele
Kavaliere an Aufwand nicht gleichtun konnten, und
überall bemühten sich die meisten, ihre hohe privilegierte Stellung durch Rohheiten zu beweisen.
Doch genug hievon, die Gemeinheit, die Sittenlosigkeit
und der Dünkel der österreichischen hohen Aristokratie
sind weltbekannt, und ich glaube, daß sie dem berüchtigten französischen Adel zur Zeit des Jahres 1789 nicht das
mindeste nachgibt."[25]
Der Fall Kaunitz (vgl. S.193) und das Benehmen des Fürsten vor Gericht sind dafür wohl ein bezeichnendes Beispiel.
Der niedere, nicht besitzende Adel hingegen war von dem
wirtschaftlichen Niedergang zwar nicht in gleichem
Ausmaß wie andere Stände, aber doch auch betroffen. Vielfach suchte er in bürgerlichen Berufen Zuflucht. Das Bemühen, trotz sich verschlechternden Vermögensverhältnissen
standesgemäß, das heißt einem wohlhabenden Bürgerlichen an Aufwand zumindest gleich zu leben, führte auffallend oft in die Kriminalität, in Delikte wie Betrug, Hochstapelei, Falschmünzerei und Falschspiel. Denn standesgemäß leben bedeutete unter diesen Umständen, über seine
Verhältnisse leben.
Das bekannteste Beispiel dafür, wie ein Adeliger auf
grund von Geldproblemen kriminell, vom Hochstapler und

Falschspieler schließlich zum Raubmörder wird, der Fall Jaroszynski, verdankt seine Berühmtheit aber weniger dem sozialen Hintergrund als den Beziehungen des Täters zu der gefeiertsten Schauspielerin ihrer Zeit, zu Theres Krones.

Severin von Jaroszynski wurde am 20. Dezember 1789 auf einem der Güter seiner Eltern in Podolien geboren − den Grafentitel hat er sich selbst verliehen − und war schon als junger Mann längere Zeit in Wien gewesen. Podolien, eine der reichsten russischen Provinzen, grenzte im Westen an Galizien und stand offenbar, trotz der Entfernung, unter dem kulturellen Einfluß der Monarchie. Nach standesgemäßem Privatunterricht in Warschau, der nicht sonderlich erfolgreich gewesen sein dürfte − sein Lehrer Nikolaus Kaiser sagte im Prozeß aus, Jaroszynski hätte wenig gelernt, nicht aus Mangel an Intelligenz, sondern aus Nachlässigkeit und Hochmut, aus dem Bewußtsein, daß er reiche Eltern habe − , brachte ihn seine Familie nach Wien, in das damals sehr renommierte Privatinstitut Pleban im Sinaschen Haus auf dem Hohen Markt, wo man ihn trotz anfänglichem Zweifel − Jaroszynski war mit seinen achtzehn Jahren eigentlich zu alt für die Schule − dann doch vier Jahre lang unterichtete. „Sein Kopf", charakterisierte Anna Pleban, die Witwe des Schulinhabers später ihren Schüler,

„schien mir mehr mittelmäßig als helle, er betrieb alles, mit Ausnahme der Mathematik, mit Gleichgültigkeit, und mehr, weil er mußte. Gegen die Lehrer betrug er sich bescheiden und schien ihnen gut zu sein. Was sein Herz betrifft, so war Liebe und Neigung zum weiblichen Geschlechte vorherrschend an ihm zu bemerken, doch mehr scherzweise als ausgelassen. Ferner war derselbe auch sehr eitel, denn eine Kleinigkeit von Putz, vorzüglich was einen französischen Namen hatte, konnte ihn auf ein paar Stunden beschäftigen und ihm Vergnügen machen. Ebenso war er sehr prahlsüchtig, und ungeachtet ich ihn dieserwegen oft zurechtwies und ihm vorstellte, daß ich an derlei läppischen Erzählungen von seinem Reichtum und seinen vielen Domestiken, die er bei seinen Eltern zu haben vorgab, kein Vergnügen finde, so bekam er doch oft wieder Rückfälle. Auch war er aufbrausend."

Lobend erwähnte sie, daß er sich nach seinen Wutanfällen jedesmal, oft mit Tränen in den Augen, entschuldigte, daß er verträglich, gutmütig und sehr großzügig gewesen sei. 1811 kehrte er nach Hause zurück, heiratete, wurde Vater dreier Kinder, trennte sich aber später wieder von seiner Frau. Im August 1814 wurde er in das Grenz-Appellationsgericht, im September 1817 als Richter in das Grenzgericht in Mohilew berufen und 1820 nach einstimmiger Wahl zum Kreismarschall gewählt. Nach dem Tod seines Vaters teilte er sich mit seinem Bruder die Güter, die angeblich ein Jahreseinkommen von 50.000 polnischen Gulden erwirtschafteten, seine Frau brachte als Mitgift eine Rente von jährlich 150.000 polnischen Gulden in die Ehe, und von mütterlicher Seite her hatte er eine Erbschaft von etwa zwei Millionen Gulden zu erwarten.[26] Diese Angaben stammen von Jaroszynski selbst und sind, zumindest die Höhe der Beträge betreffend, in Zweifel zu ziehen. Jedenfalls kam Jaroszynski in finanzielle Schwierigkeiten und griff die ihm anvertraute Kasse des Kreismarschallamtes an. Als die Unterschlagungen publik wurden, setzte er sich im Sommer 1826 in die ihm bereits bekannte Kaiserstadt ab, wo er bleiben wollte, bis sein Bruder die Affäre geordnet haben würde.

Nach einer Aufstellung des Vizegouverneurs von Podolien, seinem Vorgesetzten, betrug sein Schuldenstand mindestens 292. 381 Rubel und 67 Kopeken, aus der Amtskasse fehlten 1.826 Rubel Silber und 12.000 Rubel Papiergeld.

In Wien war Jaroszynski im Plebanschen Institut von dem besten Lehrern der Zeit unterrichtet worden, unter anderem von Johann Schindler in Zeichnen und Malerei, und von dem berühmten Mathematiker und Astronomen Abbé Johann Konrad Blank.Dieser wurde am Vormittag des 14. Februar 1827, um etwa halb neun Uhr, von zwei seiner Studenten, die ihn umsonst zur Vorlesung in der Architekturklasse der k.k. Akademie erwartet hatten, in seiner Wohnung im vierten Stock des Hauses tot aufgefunden. Der Siebzigjährige war auf brutale Weise ermordet worden. Sieben Stichwunden, hervorgerufen von einem zweischneidigen Instrument, davon zwei in der Brust, fünf im Unterleib und sieben Hiebwunden am Kopf, zählte das Sektionsprotokoll.

Severin von Jaroszynski. (Franz von Schober
zugeschriebene Bleistiftzeichnung)

Kaum eine halbe Stunde nach der Entdeckung der Tat war der mit der Untersuchung betraute Kriminalrat Jünemann am Tatort. Es war ihm bald klar, daß ein Raubmord vorliegen mußte, allein, was geraubt worden war, konnte infolge der zurückgezogenen Lebensweise des Abbés nicht unmittelbar festgestellt werden. Jünemann ließ daher nach einem Testament oder einer Vermögensaufstellung suchen, und tatsächlich gelang es, eine letztwillige Verfügung zu finden. In ihr waren fünf Stück fünfperzentige Metallique-Obligationen zu 1.000 fl. und zwei zu je 500 fl. angegeben, die fehlten. Das Testament enthielt auch die Nummern der Aktien, die sofort an alle Banken Wiens weitergegeben wurden. Diese Methode hatte Erfolg. Noch am selben Tag gab der Bankier August Wedl dem Kriminalgericht an, daß er am vorherigen Tag, am 13. Februar, nachmittag um etwa 15 Uhr von einem ihm unbekannten Mann Obligationen mit den angegebenen Nummern gekauft hätte und am selben Tag später von einem Galanteriewarenhändler Swoboda noch zwei weitere Exemplare, deren Nummern ebenfalls im Verzeichnis angegeben waren, zum Einwechseln bekommen hätte. Der unbekannte Verkäufer hatte sich mit Joha Hose unterschrieben und als Wohnort Weinhaus angegeben. Er sei ein untersetzter Mann mit Backenbart gewesen, in einen blauen Mantel mit mehreren Krägen, einen Kutschermantel, gekleidet.

Der Mord mußte daher am 13. Februar vor drei Uhr nachmittag begangen worden sein. Blanks Diener, Ludwig Raby, hatte ihn um halb ein Uhr verlassen, die Köchin der unter dem Professor wohnenden Hauspartei gab zu Protokoll, daß um etwa ein Uhr ein in einen blauen Mantel gekleideter Mann an ihrer Tür geläutet und ein seltsames Benehmen an den Tag gelegt habe. Erst nach mehrmaliger Aufforderung, was er denn wolle, hätte er sich nach der Wohnung des Professor Blank erkundigt. Nach einer Viertelstunde ungefähr habe sie den Mann wieder gehört und gesehen, wie er im Herabgehen Hut und Stock vom Boden aufhob und sich rasch entfernte. Ihre Herrschaft, Professor Riepl und seine Frau, hatten während des Mittagessens um Viertel nach zwei Lärm aus der ober ihnen liegenden Wohnung kommen hören, so wie wenn jemand mit einem hölzernen Schlägel ein- oder zweimal sehr stark, dann aber mehrere Male immer schwächer und schwächer auf den Fußboden geschlagen hätte.

Auch die Nachbarinnen Blanks hatten um die angegebene Zeit einen Mann im blauen Mantel auf der Treppe gesehen, der von dem Professor in seine Wohnung gelassen worden wäre und der wenig später mit großer Hast die Treppe hinuntergeeilt sei, so daß ihm Hut und Stock entglitten.

Damit war klar, daß der Mord um Viertel nach ein Uhr nachmittag begangen worden war und daß der untersetzte Mann im blauen Mantel der Täter sein mußte. Der Mantel aber genügte als Anhaltspunkt nicht, da diese Art Kleidungsstücke in Wien damals Mode waren und es unmöglich gewesen wäre, alle Besitzer eines derartigen Mantels vorladen zu lassen.

Erst der gleichaltrige einzige Freund des Abbés, der auch als Testamentsvollstrecker eingesetzt war, der ehemalige kaiserliche Kammerdiener Kaspar Kalb, konnte einen näheren Hinweis geben. Da die Wohnungstür nicht erbrochen war, mußte der Täter ein guter Bekannter des Professors gewesen sein, der niemals Fremde in seine Wohnung gelassen hätte. Bei ihrem letzten Treffen, einen Tag vor seiner Ermordung, habe ihm Blank erzählt, er würde von einem polnischen Grafen besucht, der ihn gebeten hätte, ihm österreichische Obligationen zu zeigen. Zu diesem Zweck ließ er sich von Kalb die Schatulle geben, die er ihm zur Aufbewahrung übergeben hatte und die, wie er glaubte, sein Testament enthielt.

Jünemann befahl daher, bei allen Fiakern und Kutschern nach einem Mann in einem blauen Mantel zu fragen, der am Mordtag mittag in oder von der Johannesgasse weggefahren sei.

Tatsächlich meldete ein Fiaker, er habe einen Mann, auf den die Beschreibung paßte, an zwei aufeinanderfolgenden Tagen gefahren: Am 13. Februar nachmittag und am 15. Februar früh zwischen acht und neun Uhr zum Sattlermeister Mayenberger und zum Trattnerhof. Er habe ihn für einen polnischen oder russischen Kavalier gehalten. Aber erst der Sattlermeister konnte den Namen des Gesuchten

123

angeben: Er heiße Severin Graf Jaroszynski und wohne im Trattnerhof. In kaum zwei Tagen war es dem Kriminalrat Jünemann gelungen, den Fall zu lösen.

Um drei Uhr nachmittag, am 16. Februar, begab sich eine behördliche Abordnung in die Wohnung des Verdächtigen, um die Verhaftung vorzunehmen. Mit den Kriminalbeamten unter persönlicher Leitung des Polizei-Oberdirektors Alois Ritter von Persa gingen Angestellte des Galanteriewarenhändlers Swoboda zur Agnoszierung.

Die Verhaftung selbst erfolgte unter dramatischen und daher oft beschriebenen Umständen. Jaroszynksi hatte seine Freundin Therese Krones, deren Kollegin vom Leopoldstädter Theater, die Schauspielerin Antonie Jäger, und einen pensionierten Major namens Lebreux zum Abschiedsdiner geladen, da er, wie er sagte, in den nächsten Tagen nach Polen zurückkehren müsse. Sein Bruder würde ihn abholen und genügend Geld zur Begleichung seiner Außenstände mitbringen. Das Diner wurde vom Traiteur Widmann, das Gedeck zu fünf Gulden, besorgt, Champagner und alten österreichischen Wein hatte man vom „Kamehl" in der Bognergasse holen lassen.

Therese Krones hat die Verhaftungsszene in ihrem ersten Verhör bei Gericht detailreich beschrieben:

„Hier muß ich jedoch eines besonderen Umstandes, der sich an diesem Freitag, bevor das Diner kam, zugetragen hat, erwähnen. Der Graf sprach mit dem Major Lebreux französisch, und dann ging das Gespräch in deutscher Sprache über Neuigkeiten, und ich selbst war es, die anfing, man müsse sich jetzt ordentlich fürchten...Der Major ging in dieses Gespräch ein und sagte, es sei wirklich wahr, daß ein Professor, den er auch mit dem Namen Blank nannte, ermordet worden sei, man sei jedoch bereits dem Täter auf der Spur... Hierauf sagte ich, Gott gebe es, daß man diesen Menschen findet, denn diesen möchte ich selbst hängen sehen."

Auffallend war dabei, sagte die Krones, daß der Graf sich nicht in diese Gespräch gemischt hatte und während des Diners verstimmt zu sein schien. Nach dem Essen begab sich die Gesellschaft ins zweite Zimmer, als plötzlich vor der Türe Lärm entstand.

„Auf einmal hörte ich die Türe gehen, der Graf begab sich, um zu sehen, was es gebe, in das erste Zimmer, aber auf einmal schien sich dieses erste Zimmer mit Menschen zu füllen, ich sah dann den Grafen nicht mehr, sondern der Major Lebreux trat zu mir und sagte, stellen sie sich vor, der Graf soll der Mörder des Professor Blank sein. Ich verlor nun fast alle Besinnung, weiß dann auch nichts mehr, was danach vorging."

Aus dieser Ohnmacht soll die Krones von der Polizei sehr rüde befreit worden sein: Man goß ein paar Eimer kalten Wassers über sie.[27] Jaroszynski war, nachdem ihn alle Beteiligten agnostiziert hatten, sofort gebunden in das Polizeigefangenenhaus gebracht worden. Eine Hausdurchsuchung förderte ein blutbeflecktes, schartiges großes Küchenmesser, die Tatwaffe, an den Tag, den bei Swoboda gegen Obligationen eingetauschten Ring und einen Gehstock mit Blutflecken am Beschlag. Der Diener hatte am Morgen von seinem Herrn eine Summe von 2.865 fl. C.M. zur Aufbewahrung erhalten, deren Herkunft Jaroszynski nicht erklären konnte.

Die Beweise waren eindeutig, trotzdem leugnete Jaroszynski und gab erst nach langem hin und her zu, Blank gekannt zu haben und in Geldschwierigkeiten gewesen zu sein. Der untersuchende Rat Jünemann bat um einen Beisitzer beim Verhör, das dann der ältere und erfahrene Rat Karhan weiterführte.

Das Gericht mußte zuerst in mühevoller Kleinarbeit die Vermögensumstände des vorgeblichen Grafen klären. Es stellte sich heraus, daß Jaroszynski, wie sein Diener Michael Sinion bezeugte, mit nur 1.000 Gulden Bargeld nach Wien gekommen, besser: geflohen war, um den Untersuchungen in seiner Heimat zu entgehen. Warum er sich nach Wien gewandt hatte, war klar: Er kannte die Stadt bereits. Daß er von allem Anfang an die Absicht gehabt hatte, durch Falschspiel das unterschlagene Geld wieder zurückzugewinnen, war zwar wahrscheinlich – eine von Adeligen oft versuchte Methode, wieder zu Geld zu kommen [28] – konnte aber nicht eindeutig nachgewiesen werden. Das Mißverhältnis zwischen Einnahmen und Ausgaben, das das Gericht feststellte, erklärte Jaroszynski allerdings mit Gewinnen beim Kartenspiel, und tatsächlich war er wiederholt in den Verdacht des Falschspielens geraten. Ein gewisser Reyer, dem er 2.800 Gulden abgewann, brach den Verkehr mit ihm ab, da er gemerkt hatte, wie der Pole ohne Grund einem mitspielenden Landsmann, einem Herrn Swieszewski, offenbar einem Komplizen, ein Viertel seines Gewinnes auszahlte.

Die Hochstapelei des angeblichen Grafen konnte das Gericht mühelos anhand der großen Ausgaben nachweisen. Für Kleidung beispielsweise hatte Jaroszynski enorme Summen ausgegeben: fünfzehn Westen aus Seide oder Piquet hatte er sich anfertigen lassen, zehn moderne Pantalons in verschiedenen Farben, einen blauen und einen grünen Frack sowie einen ganzen Anzug, einen blauen Kapott um 120 Gulden Wiener Währung, einen Schlafrock um 95 Gulden, einen Mantel um 160 Gulden, eine Pekesche mit posamentierten Borten um 200 Gulden, einen zweiten, stahlgrünen Kapott um 112 Gulden und 30 Kreuzer, und eine rote Bettdecke um 100 Gulden. Der Diener war mit einer neuen aufwendigen Livre um 100 Gulden ausstaffiert worden. Die Schneiderrechnung aber hatte Jaroszynski nur zum Teil beglichen, es war ihm im Gegenteil gelungen, den Schneidermeister Wisgrill noch um ein Darlehen von insgesamt 1.200 Gulden Wiener Währung zu erleichtern.

Die Bekanntschaft mit Therese Krones

Auch die Frauen, für die er schon als Zögling des Instituts Pleban besondere Neigung verspürt haben soll, kosteten ihm Geld.

Er besuchte häufig das Theater und rekrutierte dort, wie viele seiner Standesgenossen, seine galanten Abenteuer. So war er auch mit Therese Krones bekannt geworden, die als Zeugin der Anklage zum ersten Mal am 1. März 1827 vorgeladen wurde.

Zeugenverhör mit Therese Krones. Begonnen 1. März 1827, 9 Uhr vormittag.

„Wie heißen etc.?

Therese Krones. (Kreidelithographie von Josef Kriehuber, 1830)

Ich heiße Theresia Krones, bin 25 Jahre alt, zu Freuden-
thal in Schlesien gebürtig, katholisch, ledig, Schauspielerin in dem Leopoldstädter Theater und in der Jägerzeil
Nr. 503 wohnhaft.
Ist Ihnen die Ursache Ihrer heutigen gerichtlichen Vorladung bekannt?
Ich glaube, ich werde wahrscheinlich wegen des hier verhafteten Jaroszynski vorgeladen worden sein, weil ich bei
ihm am Freitag – morgen werden es 14 Tage sein, nämlich
am 16. vorigen Monats, speiste, gerade als er angehalten
worden ist.
Damals wußte ich nicht einmal recht seinen Namen, das
heißt, ich habe mir denselben nicht recht merken können,
denn ich nannte denselben stets Graf Jarofinski oder eigentlich, wenn ich mit ihm sprach, sagte ich immer Herr
Graf.
Wann und bei welcher Gelegenheit haben Sie denselben
kennengelernt?
Severin Jaroszynski lernte ich, und zwar, daß er das erste
Mal mit mir sprach, in den ersten Tagen des Monats Oktober vorigen Jahres kennen.
Vom Sehen aus kannte ich ihn aber schon einige Zeit
früher, die ich aber nicht mehr zu bestimmen imstande
bin. Ich sah ihn nämlich früher öfters in unserem Theater,
allwo er sich oft einfand, und teils einen eigenen gesperrten Sitz hatte, teils sich in der Loge einer sicheren Frau
Khevenhüller mit ihren zwei Töchtern, die auch in der
Jägerzeile wohnt, befand.
Einmal merkte ich mir seine Gestalt besonders, weil er,
während des Spiels gar zu außerordentlich lachte. Nun
geschah es, wie gesagt, in den ersten fünf Tagen des
Monats Oktober, daß ich auch mit ihm persönlich sprach.
Ich bin nämlich an einem Sonntage hieher in die Stadt in
die Michaelskirche gegangen, da kam er auf mich zu,
grüßte mich und fing an, mit mir zu sprechen.
An diesem Tage bat er mich um die Erlaubnis, mich besuchen zu dürfen, die ich ihm auch erteilte, und er ist dann
auch, nämlich am zweiten oder dritten Tag darauf, in
meine Wohnung gekommen.
An diesem Tage bat er mich um die Erlaubnis, mich

besuchen zu dürfen, die ich ihm auch erteilte, und er ist dann auch, nämlich am zweiten oder dritten Tag darauf, in meine Wohnung gekommen.

In der Folge hat er mich oft besucht, ist aber wieder manchmal vierzehn Tage ausgeblieben, dann aber durch einige Tage wieder fast jeden Tag gekommen, und da erzählte er mir schon bei dem ersten Besuche, er sei Graf, und dann beim Militär zu Warschau, und wenn ich mich nicht irre, so sagte er, er sei Feldmarschall Leutnant.

Haben auch Sie, außer dem letzten schon angegebenen Male den Jaroszynski besucht?

Allerdings, ich werde ihn vielleicht bei siebenmal in seiner alten Wohnung, die er am Graben hatte, und in der letzten – abgesehen vom letzten Diner – zweimal oder vielleicht auch dreimal besucht haben.

Haben Sie während Ihrer Bekanntschaft mit diesem Jaroszynski von demselben irgendein Geschenk an Geld oder Pretiosen erhalten, oder hatte er vielleicht nicht auch andere Auslagen in Ihrer Gesellschaft gemacht?

Gleich in der ersten Zeit meiner Bekanntschaft erhielt ich von Jaroszynski 100 fl. C.M. auf den Zins. Auch in der Folge habe ich öfters von demselben Geldgeschenke erhalten, worunter das größte 50 fl. C.M, das kleinste 50 fl. W.W. betragen hat.

Die Summe dieser gesamten kleineren Geschenke genauer zu bestimmen, ist mir durchaus unmöglich, doch kann ich mit Gewißheit sagen, daß ich außer den erwähnten 100 fl. auf den Zins, noch an den kleineren Geldgeschenken in Summe von 300 fl. C.M., daher in allem 400 fl. C.M. von ihm erhalten haben werde. Außerdem hat er mir auch eine schon gebrauchte silberne Tasse, die ich früher schon öfters in seiner Wohnung sah, und worauf er seine Wasserflasche stehen hatte, zum Geschenk gemacht.

Diese habe ich bereits verkauft. Sie wog 60 Lot, und ich erhielt 60 fl. C.M. dafür.

Außer dieser Tasse erhielt ich sonst an Effekten kein Präsent von ihm.

(...)

Sind nicht vielleicht die Ihnen gegenwärtig vorgezeigten sechs Brief von Ihrer Hand?

Ja, dieselben sind es.

In einem dieser Briefe ersuchen Sie denselben um 100 fl. C.M. Haben Sie dieselben auch wirklich erhalten?

Es ist schon ziemlich lange her und nicht lange nach der entsponnenen Bekanntschaft, daß ich ihm diesen Brief schrieb. Ich erhielt aber nichts darauf, ja Jaroszynski ließ sich einige Zeit nach diesem Briefe gar nicht sehen.

Wann haben Sie von Jaroszynski Geld erhalten, und wie groß war der Betrag desselben?

Zwölf oder vierzehn Tage vor seiner Anhaltung erhielt ich das letzte Geldgeschenk von demselben, welches 40 fl. C.M. betragen hatte.

Ich klagte ihm nämlich, daß ich für meinen Vater den Schneider zu bezahlen habe und deswegen ein Kreuz versetzen müsse, und er gab mir die erwähnten 40 fl. In der Folge habe ich nicht einen Kreuzer mehr von ihm erhalten."

Das Gericht versuchte vor allem herauszubringen, wie intensiv die Bekanntschaft des Grafen mit der Schauspielerin in pekuniärer Hinsicht gewesen war. Auffallend ist, wie sich Therese Krones im Verhör diesbezüglich zurückhielt. Nur allmählich und zögernd gab sie den ganzen Umfang der Zuwendungen und Geschenke an.

Am Nachmittag des ersten Verhörtages erweiterte sie freiwillig ihre Angaben und sagte, sie sei so bestürzt über Jaroszynskis Verhaftung und ihre Vorladung gewesen, daß sie einiges anzugeben vergessen habe:

„Ich habe nämlich im Dezember vorigen Jahres, vor Weihnachten war es gewiß, zwei goldene Ohrgehänge mit Tropfen, roten Steinen und zwei Perlen, dann eine goldene Halskette von Boullion mit einer Krone und einem Kreuze, Filigran-Arbeit mit roten Steinen und Perlen besetzt, von Jaroszynski zum Geschenk erhalten und zeige diese Pretiosen, weil ich dieselben mitgenommen habe, hier dem löblichen Gerichte vor.

Ich war übrigens selbst zugegen, als Jaroszynski diese Pretiosen für mich erkaufte.

Wir kauften dieselben nämlich am Graben in der Juwelenhandlung des Siever, ich weiß aber nicht mehr, ob um 150 fl. oder 180 fl. C.M."

Sie läßt sich noch einmal die Briefe vorlesen und gibt dann zu, die 100 fl., um die sie gebeten hatte, doch bekommen zu haben.

Auch diese Aussage enthielt noch nicht die volle Wahrheit. Am 29. März wurde Therese Krones noch einmal vor das Gericht geladen. Was die Höhe der Geldgeschenke betreffe, könne sie sich nicht mehr erinnern, sie gab aber zu, ein weiteres Geschenk von Jaroszynski erhalten zu haben.

Frage des Kriminalrats: „Es kommt vor, daß Sie auch einmal von Jaroszynski ein Männerhemd und einen Dukaten in Gold empfangen haben sollen. Inwieferne ist dies begründet, und wann geschah es?

Dies geschah wirklich, und zwar bei jener Gelegenheit, als Herr Raimund seine Einnahme hatte[29], in welcher ich die Jugend vorstellend, männlich gekleidet sein mußte, und zu diesem Anzuge schenkte er mir ein Männerhemd.

Bei dieser Gelegenheit sagte er auch, ich müßte ihm einen gesperrten Sitz bei Herrn Raimund besorgen, und als ich ihn darauf erinnerte, daß derlei Sitze besonders in der ersten Reihe teuer hingegeben werden, gab er mir einen Dukaten in Gold, um für ihn einen gesperrten Sitz zu bestellen, welches dann auch veranlaßt worden ist."

Therese Krones gab an, von der prekären finanziellen Lage ihres Verehrers nichts gewußt zu haben. Ende Jänner sei sie krank zu Hause gelegen, und Jaroszynski hätte sie deshalb besucht. Ihr Küchengeld, 50 Gulden, lag in einzelnen Noten am Kasten. Der Graf hätte dies gesehen und so getan, als habe er seine Brieftasche vergessen, und sie deshalb gebeten, ihm das Geld zu borgen. Nach drei Tagen brachte er dann 60 Gulden, mit 10 Gulden Zinsen, wie er erklärte. Sie habe daher annehmen müssen, daß seine Geldverlegenheit nur eine vorübergehende sei.

Auch im vierten Verhör am 6. April blieb Therese Krones bei ihrer Aussage: Sie hätte von ernsthaften Geldverlegenheiten des Jaroszynski nichts gewußt. Die Öffentlichkeit nahm ihr dies jedoch nicht ab, sondern reagierte mit Entrüstung. Sie habe den Grafen in den finanziellen Ruin getrieben und so zum Raubmörder werden lassen.

Parodien auf das „Aschenlied" der Jugend in Raimunds „Der Bauer als Millionär", ihrer bekanntesten und erfolgreichsten Rolle, in der sie, wie erwähnt, in einem vom Grafen geschenkten Herrenhemd aufgetreten war, nahmen direkt auf diesen Vorwurf Bezug:

„Ein Pole kam daher,
von Stolz und Schulden schwer.
Und wenn ers auch nicht wär,
die Krones macht ihn leer.
Bei soviel Saus und Braus,
gibt sich das Geld bald aus.
Da kommt er in die Not,
und schlagt zuletzt an tot.
An Aschn...“[30]

Bei ihrem ersten Auftritt nach diesem Vorfall wurde sie vom Publikum prompt ausgezischt. Daß Therese Krones danach lange nicht gewagt hätte, wieder die Bühne zu betreten, wie oft behauptet wurde, entspricht nicht der Realität.

Jaroszynski leugnete vor Gericht die Bekanntschaft mit Therese Krones lange Zeit hindurch – nicht aus Gründen der Diskretion, sondern weil er grundsätzlich nur zugab, was ihm unmittelbar nachgewiesen werden konnte.

Frage des Rats Karhan an Jaroszynski: „In einem dieser Briefe, den man ihnen gegenwärtig vorliest, werden Sie um ein Geschenk von 100 Gulden Konventionsmünze ersucht. Nun werden Sie wohl die Schreiberin dieses Briefes namhaft machen können?

Antwort Jaroszynskis:

„Ich weiß auch nach dem Verlesen dieses Briefes nicht, wer diese Therese ist. Ich habe vielleicht mehreren zu 100 fl. Geschenke gemacht, allein ich erinnere mich nicht, an welche.“

Ähnlich reagierte er auf die Frage des Gerichts nach anderen Frauenbekanntschaften:

„Ich bin zu mehreren Frauenzimmern gegangen, allein ich kann auf Ehre versichern, daß ich dieselben dem Namen nach nicht bezeichnen kann... Ich kann auch die Anzahl dieser Frauenzimmer nicht bestimmen, denn ich kann nicht sagen, waren es 20, waren es weniger.“

Unmittelbar nach seiner Verhaftung hatte man Jaroszynski in das Polizeigefangenenhaus gebracht und am nächsten Tag mit dem Verhör begonnen. Jaroszynski leugnete hartnäckig, auch dann noch, als alle Beweise gegen ihn sprachen. Das Gericht sah sich genötigt, zu drastischen Mitteln zu greifen: Ende April wurde der Angeklagte die Nacht über in Ketten gelegt.

Ob auch die Prügelstrafe, von der Jaroszynski als Adeliger an sich ausgenommen war, zur Anwendung kommen sollte, wurde in einer eigenen Sitzung des Kriminalsenats beraten.

Nachdem Jaroszynski bei der Behauptung blieb, die aufgetauchten Obligationen aus dem Besitz des Ermordeten habe er von einem ihm unbekannten Mann gekauft, beschloß man, ihm zwölf Stockschläge zu verabreichen. Als ihm das Gericht später androhte, die Strafe zu wiederholen, gestand er die Tat.

Drei Tage sind eine Ewigkeit

Am 11. Juli wurde das Urteil gefällt, der Untersuchte des Verbrechens des räuberischen Meuchelmordes für schuldig erkannt und zum Tode durch den Strang verurteilt.

Am 24. August bestätigte das Obergericht das Urteil, das am 27. August dem Delinquenten um Viertel zehn im Gerichtshaus verkündet wurde, öffentlich, und vor einer viele Tausende Menschen zählenden Menge. Die Hinrichtung wurde auf den 30. August festgesetzt. Nach Jaroszynskis eigenen Worten waren diese drei Tage eine Ewigkeit. Über diese letzten drei Tage existieren, wohl wegen der Prominenz des Verurteilten, zwei ausführliche Berichte. Sie können stellvertretend für andere stehen. Der untersuchende Richter Karhan hatte im Lauf der Verhöre ein Vertrauensverhältnis zu Jaroszynski erlangt. Er besuchte ihn kurz nach der Bekanntmachung des Todesurteils:

„Ich fand ihn gefaßt, doch schilderte er mir seine schrecklichen inneren Leiden mit Tränen im Auge und äußerte sich, daß er keine andere Gnade mehr zu erbitten hätte, als nur nicht auf dem Galgen zu sterben, und daß er sich jeder anderen noch so qualvollen Todesart gerne unterziehen würde. Als ich ihm dann das Unmögliche dieses seines Wunsches zu Gemüte führte und ihm zum Troste sagte,

daß nach den Behauptungen der Ärzte gerade diese Todesart die leichteste sein solle, erwiderte er, daß er keinen
Schmerz kenne und sich durch zwei Stunden martern lassen wolle, wenn er nur dieser ihm bevorstehenden, für
seine Familie so infamierenden Strafe entgehen könne.
Im weiteren Gespräche bemerkte ich, daß für ihn selbst
der gerichtliche Ausspruch nicht hart erscheinen könne,
weil, wenn ihm auch die Todesstrafe nachgesehen worden
wäre, er immerhin wenigstens auf eine zwanzigjährige
Einsperrung hätte rechnen müssen und daß diese Gefäng-
nishaft mit der bereits hier ausgestandenen, in der er, soviel es nur die Umstände zuließen, menschlich behandelt
worden sei, nicht verglichen werden könne, und er unter-
brach mich mit den Worten: Glauben sie, daß ein Mensch,
der das wie ich im Herzen trägt, noch länger leben könne?
Lassen Sie mir eine Viertelstunde Luft, und ich bin nicht
mehr. Kurz darauf verließ ich ihn, meldete diese Äußerung meinem Herrn Chef und die Vorsichten gegen einen
etwaigen Selbstmord wurden verdoppelt."
Auch Karhan war, das zeigen andere Stellen seines Berich-
tes, eine Kind seiner Zeit. Und diesem Zeitgeist zufolge
bedeutete ein Todesurteil nicht eine gewaltsame Beendi-
gung eines Menschenlebens, sondern wurde eher als Beför-
derung von einem Leben in ein anderes gesehen. Man
lieferte einen Menschen nicht nur dem Tode, sondern zugleich einem wahrhaft gerechten Richter aus. Guten Gewissens. Der Glaube machte es möglich.
Als geistlichen Beistand hatte man dem Grafen zwei Re-
demptoristenpatres beigegeben, die sich so wenig taktvoll
benahmen, daß Jaroszynski Rat Karhan dringend um ihre
Abberufung bat:
„Ich bitte Sie, schaffen Sie mir doch diese dummen Kerle
vom Leibe. Stellen Sie sich vor, dieser da fragte mich, ob
ich das Vaterunser beten könne. Haben Sie was Dümme-
res gehört, mich, als wäre ich ein Kind, so zu fragen!
Stellen sie sich weiters vor, diese Kerle haben zu Mittag
neben mir schrecklich gefressen, und ich konnte doch
nicht einen Bissen genießen; zeigt das ein Gefühl für
meine Lage?"
Statt der Redemptoristen – die als Liguorianer in der Revo-

lution von 1848 geradezu zum Symbol für Konservativismus, Opportunismus und Heuchelei werden sollten – wurde ein erfahrener Seelsorger, Konsistorialarat Phillipp Jakob Münich, zu Jaroszynski gerufen. Er blieb bis zur Hinrichtung und hat ebenfalls über die letzten Tage des Verurteilten ein ausführliches Diarium geführt.

„Dieser (Jaroszynski) nahm mich recht freundlich auf und sagte: Bleiben Sie bei mir, ich kann diese Bennoten (so hieß er immer die Liguorianer nach der ihnen zugewiesenen Kirche zum Hl. Benno) nicht leiden. Ich suchte sein Zutrauen immer mehr und mehr zu erlangen, sprach von gleichgültigen Gegenständen, und als er sah, daß ich gerade kein Ignorant sei, schloß er sich sehr an mich an und legte mir seine theologischen Zweifel vor, welche vorzüglich die Prädestination, die Unsterblichkeit der Seele, die Ewigkeit, die Auferstehung usw. betrafen. Ich glaube ihm Genüge getan zu haben, denn am Dienstag (28.8.) abends nach neun Uhr fing er an, von seinem Verbrechen zu sprechen und mir seinen Seelenzustand zu öffnen, welches bis ein Uhr nacht dauerte. Mittwoch morgen um fünf Uhr ließ er mich rufen, setzte sein Geständnis fort, erhielt hierüber die nötigen Belehrungen und sprach dann begeistert: Ich bitte Sie, mich Beichte zu hören."
Die Kommunion wollte Jaroszynski aber erst am nächsten Tage empfangen, für den Fall er etwas vergessen hätte. Um zwei Uhr, in der Nacht vor der Hinrichtung, ging Münich wieder zu dem Verurteilten.

„Er schlief nicht, sondern ging sehr tiefsinnig herum. Nachdem ich ihn gebeten hatte, sich zur Ruhe zu begeben, sagte er: Legen Sie sich nieder, Sie haben es notwendiger als ich, ich werde schon lange ruhen. Ich ergriff seine Hand, er zog sie zurück und sagte: Ich bin nicht wert, Ihre Hand zu ergreifen, wies dann auf seine Hand und sagte: Hier klebt Menschenblut. ...Um Viertel fünf Uhr ließ er mich rufen, ich kam, und er bat zu beichten; ich ging mit ihm in die Kirche, er beichtete und vergoß bittere Tränen, so wie er es auch das erste Mal und außerdem auch sehr oft tat."
Besuche waren laut Gesetz dem Verurteilten während der drei Tage bis zu seiner Hinrichtung nur in begründeten

Ausnahmefällen gestattet. Allzu streng wurde dieses Verbot jedoch nicht gehandhabt; tatsächlich waren die Todgeweihten, vor allem die Prominenten unter ihnen, Objekte allgemeiner Neugierde.

Der Wiener Dichter Ignaz Franz Castelli schreibt in seinen Erinnerungen, er habe mit Jaroszynski, dem Geistlichen und dem Gefängnisarzt Kölbinger in seiner Zelle – einem kleinen, viereckigen, düsteren Gemach mit weißen Wänden – zwei Partien Whist gespielt.[31] Immer wieder hätte man an einem Fenster oberhalb der Tür die Köpfe Neugieriger auftauchen sehen können, die den Gefangenenwärter bestochen hätten, um wenigstens einen Blick auf den zum Tod Verurteilten werfen zu können.

Alle Berichte stimmen überein, daß Jaroszynski während der drei Tage kaum aß und nur wenig trank, dafür aber übermäßig rauchte. Erstaunlich ist daher, daß die Rechnung des Gefangenenwärters über den Verpflegungsaufwand, die erhalten blieb, die erstaunlich hohe Summe von 117 Gulden und 40 Kreuzer Konventionsmünze aufweist.

Noch stand Jaroszynski der schwerste Gang bevor, die öffentliche Fahrt vom Gefangenenhaus zur Hinrichtungsstätte bei der Spinnerin am Kreuz. Das Aufsehen, das sein Verbrechen verursacht hatte, ließ die Polizei-Oberdirektion zu besonderen Maßnahmen greifen: Sie wandte sich an das Militärkommando mit der Bitte, Wachmannschaften und vor allem auch Kavallerie zur Verfügung zu stellen, um bei dem voraussichtlichen Menschenandrang für Ordnung zu sorgen. Zeitgenössischen Berichten zufolge sollen mehr als 300.000 Schaulustige auf den Beinen gewesen sein, nicht gerechnet diejenigen, die das traurige Schauspiel von den Fenstern der Häuser aus beobachteten.

Wien hatte, inklusive der Vororte damals, 338.694 Einwohner.

Am Hinrichtungstag um „Schlag sieben Uhr früh" meldete der Ratsprotokollist und substituierende Kriminalgerichtskommissär Heinrich Seywald dem Delinquenten in seiner Zelle, daß jetzt das kundgemachte Urteil in Vollzug gesetzt würde. Jaroszynski wurde zu dem vor dem Tor wartenden Wagen geführt und den Knechten des Scharfrichters übergeben, der Beichtvater nahm neben ihm Platz.

Wegen der riesigen Menschenmenge konnte sich der Zug aber erst um Viertel acht Uhr in Bewegung setzen und kam, ohne Zwischenfälle, um fünf Minuten vor halb neun am Richtplatz an. Münich beschreibt diese Fahrt:

„Als ich ihn zur Standhaftigkeit ermunterte, sagte er: Ich werde Ihnen beweisen, daß ich eine Mann bin. Kurz vor dem Aufbruch stand er auf, faßte den einen der Gerichtsdiener bei dem Halse, küßte ihn und ging in der Reihe bis auf den letzten Polizeisoldaten. Wir weinten alle. Als wir unser Zimmer verlassen hatten, nahm ich Jaroszynski unter den Arm, weil ich fürchtete, wenn die Flügel der Türe sich öffnen werden, wird es eine Änderung mit ihm geben; es geschah auch so. Als sich die Türe öffnete, er Kavallerie, den Wagen, die große Menge Menschen sah und das Lärmen hörte, sank er in die Knie und verlor alle Kraft. Es scheint ihn ein Schlag berührt zu haben, denn sein Mund öffnete sich und es floß immer der Speichel unwillkürlich aus demselben. In der Kärntnerstraße hatte ich mit meinem Sacktuch diese Flüssigkeit wegnehmen wollen, er griff in seinen Sack, konnte das Tuch nur mit Mühe und meiner Hilfe aus dem Sack nehmen; da er aber keine Kraft hatte, selbes zu halten, sowie er überhaupt ganz gelähmt, seinen Körper – Kopf und Arme vorzüglich – nicht halten konnte, so flog das Tuch auf die Erde. Nun fing ein Todesschweiß an, seine Stirne zu bedecken, seine Hände waren wie Eis. Er suchte Luft, fing an seinem Halstuch zu zerren an, öffnete es mit vieler Mühe und warf es von sich. Während dieser Zeit sagte er einmal: Ich sehe nicht.

Als wir zu den Paulanern kamen, sagte er plötzlich, er sehe eine Hofequipage, und ließ mich nach selber suchen; ich sah keine, sondern es war die Stadtlehenkutsche, welche den Kriminalkommissär führte. Von dieser Zeit an sprach er immer vom Begnadigen. Ich werde begnadigt, denn ich bin von großer Familie, mein Hof hat sich gewiß für mich verwendet. Seine Hoffnung stieg, als er zwei Hofstallklepper reiten sah. Den Militäroberarzt hielt er für einen Stabsoffizier, der ihm Pardon bringt. Während dieser Zeit begehrte er, seine Notdurft verrichten zu dürfen, ich stellte ihm die Unmöglichkeit vor, er gehorchte. Als wir bei dem Gerüste ankamen, sagte ich dem Freimann, er solle ihm an dem Wagen das Wasser abschlagen lassen; es geschah in großer Menge. Nachdem ich ihm dann die letzten Erinnerungen gemacht hatte und er mir noch zweimal in das Ohr sagte, er werde gewiß begnadigt, wurde er, da er während dieser Zeit schon gebunden wurde, in die Höhe gezogen. Als ihm zum vollen Bewußtsein kam, daß seine Hoffnung vergeblich gewesen war, stieß er eine unflätige Majestätsbeleidigung aus und wiederholte sie."

Aufgrund des Schlaganfalls, den Jaroszynski am Beginn seiner Fahrt zur Hinrichtung erlitten hatte, war bei den Zuschauern der Eindruck entstanden, der Delinquent sei in Ärgernis erregender Weise betrunken gewesen.

Die Vollstreckung des Todesurteils erfolgte durch den Nach- und Scharfrichter Martin Abel nach einer neuen, angeblich schnelleren und „humaneren" Methode. Heinrich Seywald berichtete an den Magistrat:

„Nachdem Jaroszynski auf die gewöhnliche Weise an Händen und Füßen gebunden war, wurde er drei Minuten nach halb neun Uhr, nicht auf die früher übliche Art über eine an das Holzgerüst angelehnte Leiter hinaufgehoben, sondern nachdem ihm um den Leib eine lederne Gurte umgelegt war, mittels einer Winde frei aufgezogen. In dem Augenblick, als er mit dem Kopf am Querbalken anlangte, wurde ihn vom Scharfrichter, der inzwischen über eine Leiter hinaufgestiegen war, der Strang an den Hals gelegt, mit dem anderen Ende an einen Nagel im Querbalken eingehängt, die Winde nachgelassen, von den Knechten des Scharfrichters mittels eines zweiten von den Füßen herablaufenden Strickes angezogen, und in nicht vollen zwei Minuten war Jaroszynski verschieden."

20.000 Menschen hatten am Richtplatz der Hinrichtung beigewohnt.

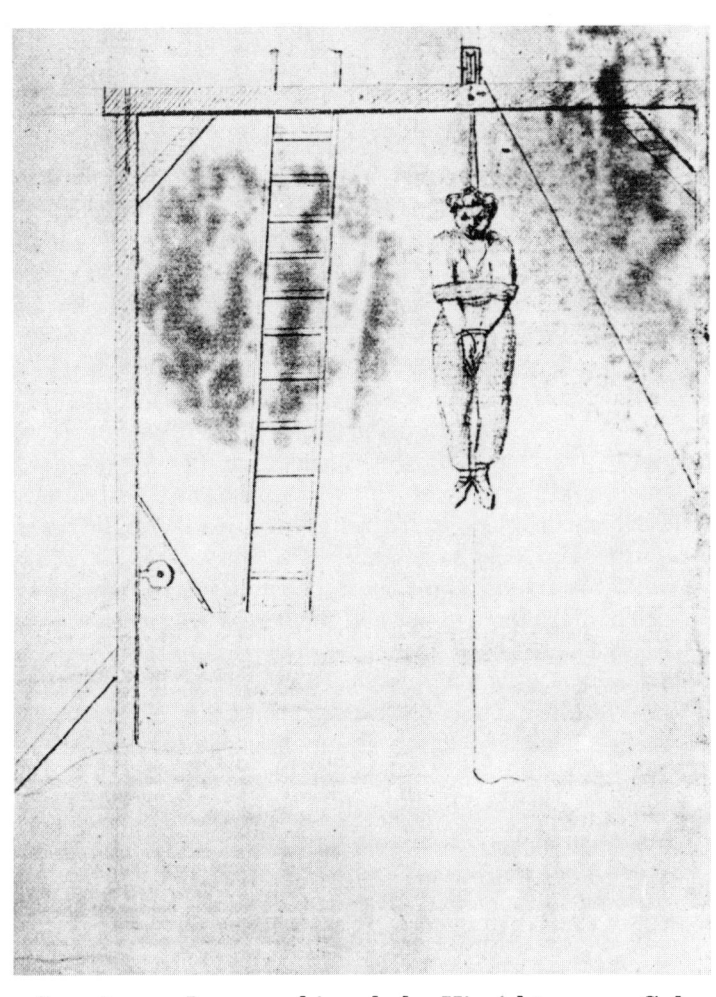

Severin von Jaroszynski nach der Hinrichtung am Galgen. (Anonyme Bleistiftzeichnung, 1827)

Modeverbrechen Banknotenfälschung

Das Papiergeld, 1762 in Österreich eingeführt und Banko-zettel genannt, da es von der 1705 gegründeten Wiener Stadtbanko ausgegeben wurde, war ursprünglich bei der Bevölkerung nicht unbeliebt wegen seiner leichteren Handhabung. Der Umtausch in „feste" Währung war, wie am Schein vermerkt, jederzeit möglich. Der Staat erkannte jedoch bald die Möglichkeit, die ihm eine inflationäre Banknotenausgabe gab. Die als Folgen der Revolutionskriege mit Frankreich entstandenen Schulden glich er mit einer neuen Notenausgabe aus, Staatsschulden, Gehälter und Pensionen wurden ab 1808 überhaupt nur mehr in Papiergeld ausbezahlt. Die Folge davon war, daß das Vertrauen der Bevölkerung in die „Zetteln" rasch sank, und begonnen wurde, Hartgeld zu horten.

Während der Napoleonischen Kriege versuchte Frankreich, die österreichische Währung zu erschüttern, in dem es in Druckereien in Oberitalien massenhaft Papiergeld fälschte. Die im Frieden von Schönbrunn 1809 eingegangene Verpflichtung, 85 Millionen Franc als Kriegsentschädigung zu zahlen, setzte erneut die Notenpresse in Gang. Insgesamt 11.061 Millionen Gulden waren im Umlauf, die nicht mehr eingelöst werden konnten. Nach drastischen Kursstürzen (die Bankozettel sanken fast auf ein Zehntel ihres Nennwerts) mußte die Regierung die Konsequenzen ziehen, und sie erklärte deshalb in dem berüchtigten Februarpatent von 1811, das am 15. März publiziert wurde, den Staatsbankrott. Bis 31. Jänner mußten alle alten Noten umgetauscht werden, für jeweils fünf Guldenscheine gab man einen neuen Einlösungsschein aus, der Verlust für den Besitzer von Bankozettel betrug damit 80 Prozent. Ein Teil der Kupfermünzen wurde zu demselben Prozentsatz abgewertet, ein anderer Teil überhaupt ersatzlos eingezogen. Zeitgenossen kritisierten vehement die Maßnahme der Regierung, die vor allem dem „kleinen Sparer" schadete und viele Existenzen vernichtete. Die Staatsfinanzen waren damit jedenfalls nur vorübergehend gerettet, die Schulden nicht weniger geworden und das Währungssystem nicht

übersichtlicher. Neben dem „alten" Gulden, der Konventionsmünze, bestand jetzt, im Verhältnis von 100 : 250 die neue „Wiener Währung"– einhundert alte Gulden entsprachen 250 neuen.

Erst die Gründung der Nationalbank 1816, die von da an für die Herstellung und Verteilung der Banknoten verantwortlich war, stabilisierte einigermaßen das Währungssystem, die Finanzlage des Staates aber blieb weit über die Mitte des Jahrhunderts hin kritisch. (Vgl. Bürgersinn, S. 47ff) Auf Anraten Metternichs wurde die Höhe der Banknotenemission nicht mehr bekanntgegeben. Das Vertrauen der Bevölkerung, vor allem der „kleinen Sparer", sollte wieder hergestellt werden. Die hohen Strafen, die im Strafgesetzbuch von 1803 aus diesen Gründen für die „Verfälschung öffentlicher Kreditpapiere" festgesetzt waren – Todesstrafe nicht nur für das geglückte Unternehmen, sondern auch für die Mittäterschaft – wurden erst 1852 in lebenslängliche Haft „gemildert".

Die Banknoten, einseitig einfarbig gedruckt, waren zunächst ziemlich einfach zu imitieren. 1816 versuchte die Staatsdruckerei zum ersten Mal, mit technischen Mitteln die Nachahmung der Noten zu erschweren: mit einem Wasserzeichen, einem separaten Trockenstempel im Notenbild, einer fortlaufenden handschriftlichen Numerierung und der Handparaphe von zwei Beamten der Bank auf jedem Schein. Häufigere Neuausgaben sollten Fälschungen zusätzlich erschweren. 1825 wurde zur Zeichnung des Notenbilds die von dem Erfinder, Ballonfahrer und Feinmechaniker Jakob Degen erfundene Guillochiermachine zur Zeichnung des Notenbildes eingesetzt. Sie stellt die mathematisch durchgerechneten, verschlungenen Liniensysteme her, die heute noch auf den Geldscheinen zu sehen sind. 1841 wurde für alle Noten der Stahlstich als Druckverfahren eingeführt, die Entwürfe stammten von dem bekannten Biedermeiermaler Peter Fendi. Der Bedarf an Bargeld und Krediten war, als Folge der Industrialisierung und der vielen aufwendigen Neugründungen großer Betriebe, enorm. Die Banknoten- und Kreditpapierfälschung im großen Stil mußte dadurch fast zwangsläufig zu einem der für die Zeit des beginnenden Kapitalismus kennzeichnenden und repräsentativen Verbrechen werden. Die Anfänge aber waren bescheiden und gingen von Personen aus, die aus Armut und Not mit meist untauglichen Mitteln versuchten, ein paar Scheine zum sofortigen Gebrauch nachzumachen; von denen also, die die unmittelbaren Opfer der Papiergeldmanipulationen des Staates waren.

Die Todesstrafe wurde für Banknotenfälschung in jedem Fall ausgesprochen, ohne Rücksicht auf etwaige Milderungsgründe, die Größe des dem Staat verursachten Schadens, die Perfektion oder Laienhaftigkeit der Fälschung. Nicht berücksichtigt wurde auch, ob die Tat aus persönlicher Notlage oder aus Gewinnsucht begangen worden war. Der Tatbestand war entscheidend, nicht das soziale Umfeld, in dem sie entstand.

WEGEN 27 GULDEN ZUM TOD VER-
URTEILT

Der Fall Julius Franz Kusterer (1816)

An einem kalten Dezemberabend des Jahres der „großen
Teuerung" 1816 saß im Wirtshaus zum grünen Kranz auf
der Windmühle ein junger, abgehärmter Mann in einem
zerschlissenen Sommeranzug, für die Jahreszeit viel zu
leicht bekleidet. Seine bescheidene Zeche aber versuchte er
mit einer Zwei-Gulden-Note Wiener Währung zu begleichen. Der Wirt, mißtrauisch geworden, hielt die Banknote
gegen die Lampe und erkannte sie als Fälschung.

Vor den Ober-Kommissarius der Polizei in Mariahilf gebracht, bekannte der junge Mann, die Banknote selbst
verfertigt zu haben, eine Durchsuchung seines Quartiers
bei der Postillionsfrau Katharina Schmid auf der Laimgrube Nr. 87 führte zur Entdeckung einiger Geräte zur Herstellung von Banknoten. Sie waren im Stroh des Bettes versteckt. Am 20. Dezember wurde der Delinquent dem Kriminalgericht übergeben, das am 17. Juni des nächsten Jahres
die Untersuchung abschloß.

Der Inquisit hieß Julius Franz Kusterer, war 21 Jahre alt
und aus Haunstetten in Bayern gebürtig. Früh Halbwaise
geworden, lernte er in Augsburg Figuren- , Landschafts-
und Landkartenzeichnen, mußte sich aber bald um einen
Broterwerb umsehen, den er zunächst als Tagschreiber
beim Landgericht Göckingen fand. 1814 wurde er Kommis
beim Universitätsbuchdrucker Herder in Freiburg, anschließend begleitete er den Fürstlich-Metternichschen Sekretär Herrn von Pilat während der Napoleonischen Feldzüge. Da er Versuchen der Russen, ihn als Spion und
Geheimen Armee - Agenten anzuwerben, widerstanden hatte, wurde er wegen treuer Pflichterfüllung öffentlich, vor
allen Beamten des Hoflagers, belohnt. Im Sommer 1814
kam er nach Wien, wo er für die berühmte Kunsthandlung
Tranquillo Mollo und für Hofrat von Gentz arbeitete. Im
Oktober 1816 plötzlich stellungslos geworden, geriet er in

Häftlingskost anno 1818

Aus dem Kontrakt zwischen dem Gefangenenhaus und der Ausspeiserin Anna Schwarz, geschlossen am 14. Juli 1818
Die Kost für die gesunden Sträflinge hat zu bestehen:
Sonntags
in einem großen Seitl Fleischsuppe mit eingekochtem Gries oder Gerste oder Mehlspeise, dann 4 Lot weichgesottenem Rindfleische ohne Knochen und Zuwage, ferner in einem großen Seitl geschmalzener Mehlspeise von Semmelmehl, welche aus Nudeln, Zweckerln, Fleckerl oder 3 Knödeln jeder zu 6 Lot zu oder 3 Strudeln jeder zu 6 Lot zu bestehen hat.
Montags
haben die gesunden Sträflinge ein großes Seitl Einbrennsuppe mit Graupe, dann ein großes Seitl Zugemüse von grünem oder Wurzelgemüse oder Erdäpfeln zu bekommen.
Dienstags
ein großes Seitl Fisolensuppe, dann ein großes Seitl gekochte Linsen oder Zugemüse.
Mittwochs
ein großes Seitl Einbrennsuppe, dann ein großes Seitl gekochte Fisolen.
Donnerstags
ein großes Seitl Linsensuppe, dann ein großes Seitl gekochte Erbsen.
Freitags
ein großes Seitl Einbrennsuppe mit Graupen, dann ein großes Seitl grünes oder Wurzelgemüse oder Erdäpfel als Zuspeise.
Samstags
ein großes Seitl Fisolensuppe, dann ein großes Seitl Linsen.

(Aus: Wiener Memorabilien des Kriminalgerichts. Bd. 2)

Not. Er mietete ein bescheidenes Zimmer in der Vorstadt, verkaufte alle seine Wertgegenstände, konnte aber keine neue Arbeit finden. Statt sich an seine bisherigen Gönner zu wenden, versuchte er aus eigener Kraft, sich aus der Notlage zu befreien: mit der unseligen Idee, sich zu einem Verbrechen zu entschließen, nämlich Einlösungsscheine nachzumachen.

Bei einem Zinngießer ließ er eine Zinnplatte anfertigen, unter dem Vorwand, sie zum Notenstechen zu verwenden, desgleichen verschaffte er sich eine Radiernadel und einen Grabstichel. Die Zeichnung der Banknote übertrug er mit der Hand, als Farbmittel verwendete er einfache Druckerschwärze und anstelle einer Druckerpresse oder Walze verband er zwei Nudelwalker mit einem Riemen, die er auf der Zinnplatte hin- und herlaufen ließ.

Die Unterschrift des Grafen Wrbna fügte er mit der Tuschfeder hinzu. Auf diese Weise stellte er 36 bis 37 Zwei-Gulden-Scheine her, von denen er bis zu seiner Verhaftung etwa zwei Drittel ausgegeben hatte.

Kusterer war voll geständig, der untersuchende Rat Gulielmo führte darüber hinaus noch die Geringfügigkeit des Schadens (die Scheine waren, vor allem wegen des einfachen Papiers, leicht als Fälschungen zu erkennen), dessen Unbeträchtlichkeit (fast alle Scheine wurden zurückgebracht, die Beschädigten verzichteten auf Ersatz), die Jugend und Aufrichtigkeit des Täters sowie seine Notlage (er besaß bei seiner Verhaftung keinen einzigen Heller) als Milderungsgründe an. Das Gericht aber verhängte die Todesstrafe.

„Da indessen dem strenge an das Gesetz gebundenen unteren Richter die Würdigung dieser Milderungsgründe nicht zusteht, so ist nach seiner Meinung der Inquisit mit dem Tode zu bestrafen und diese Strafe an ihm mit dem Strange zu vollziehen."

Das Urteil wurde dem Obergerichte vorgelegt, das ein halbes Jahr später die Strafe in zehnjährigen schweren Kerker umwandelte.

Im Provinzialstrafhaus in der Leopoldstadt war Kusterer einer der „belobtesten Sträflinge", härmte sich aber sichtbar und „verfiel dem Siechtume".

Kusterers Schwester Cleopha, die von der Krankheit ihres Bruders erfahren hatte, fuhr im Jänner 1822 nach Wien und suchte beim Kaiser um Audienz an, die sie nach wenigen Tagen auch bekam.

„Als Kaiser Franz im Saale unter den Supplikanten die Runde machte und die Reihe an Cleopha Kusterer kam, fiel sie dem Monarchen zu Füßen und bat mit rührenden Worten um die Freiheit des Bruders. ‚Stehen Sie auf‘, sagte gerührt der Kaiser ‚knien Sie vor Gott und nicht vor mir.‘ Dann hörte er, was ihm Cleopha Kusterer zu sagen hatte und wandte sich von ihr mit den Worten: ‚Gehen Sie mit Gott, ich werde sehen, was ich tun kann.‘ Der Kaiser hielt Wort. Am 22. Februar gelangte nachfolgende allerhöchste Entschließung an die Behörden: ‚Aus Gnade will Ich dem Kriminalsträflinge Kusterer die noch übrige Kriminalstrafe nachsehen. Es ist jedoch von dieser Meiner Begnadigung Meine Polizei -Hofstelle zu dem Ende zu verständigen, damit dieselbe darüber wachen könne, daß Kusterer sogleich nach seiner Entlassung die österreichischen Staaten verlasse.‘ Drei Tage darnach lagen sich Bruder und Schwester in den Armen und in den Tränen des Wiedersehens mischten sich jene des Dankes für den gütigen Kaiser Franz.“

Der Berichterstatter sah in der „gnadenhalber“ ausgesprochenen Verbannung und polizeilichen Überwachung des jungen Mannes nichts als einen neuerlichen Beweis der „Güte“ des Monarchen.

Vom Mondlicht zur Gasbeleuchtung

Die Beleuchtung der Straßen Wiens fiel auch schon in der Biedermeierzeit in die Zuständigkeit der Gemeinde. Die Stadtverwaltung kümmerte sich allerdings nicht selbst ums Anzünden der mit Öl gefüllten Lampen, sie übertrug diese Aufgabe auf dem Pachtwege an private Unternehmen. Nicht alle der Pächter aber erfüllten ihre Verpflichtungen. In einem Bericht der Polizei-Oberdirektion vom 19. Jänner 1845 heißt es:

„Am Schaumburggrund, in Nikolsdorf, Matzleinsdorf, Reinprechtsdorf, Altlerchenfeld brennt vom Mai bis August inklusive, zu Gumpendorf und zu Mariahilf vom Mai bis Juli, am Althan vom April bis September, in der Rossau, am Thury, am Himmelpfortgrunde und im Lichtental vom Mai bis September, zu Erdberg und unter den Weißgerbern von Georgi bis Michaeli keine Lampe in allen Gassen, deren Beleuchtung den Gemeinden obliegt. In allen diesen Vorstädten, dann auch zu Margareten und am Michaelbeirischen Grund besteht die sogenannte Mondfeier, nach welcher auch in den Wintermonaten von dem Eintritte des ersten Mondviertels durch 10 Tage keine Beleuchtung stattfindet, mag nun das Mondlicht wirklich aushelfen oder, wie es im Spätherbste und im Winter so häufig der Fall ist, nur im Kalender zu sehen sein. Der Laurenzer Grund (eine Gasse mit 17 Häusern) wird durch das ganze Jahr nicht beleuchtet." (Oberhummer S. 158)

Anfang der vierziger Jahre des vorigen Jahrhunderts wurde damit begonnen, die Straßenbeleuchtung sukzessive auf Gas umzustellen. 1842 erhielt die Burg samt Umgebung Gasbeleuchtung, 1843 das Schloß Schönbrunn, 1845 bewilligte die Hofkanzlei die Aufstellung von fünf Gaskandelabern auf dem Hof, der Freyung und unter den Tuchlauben.

EIN MEISTER SEINES FACHS

Der Fall Peter Ritter von Bohr (1845)

Im Jahre 1773 kam im Großherzogtum Luxemburg, in der Ortschaft Remich, ein Knabe zur Welt. Sein Name: Peter von Bohr. Aufgrund des frühen Todes seiner Eltern wohnte er ab seinem siebenten Lebensjahr bei seinem Onkel, einem vermögenden Mann, der auf einem Gut in Zollebern bei Luxemburg lebte.

Unweit von Zollebern lag das Städtchen Orwald, das eine eigene Zeichen-und Malschule besaß. Da der Onkel die zeichnerische Begabung seines Neffen bald erkannte, ließ er diesen im Alter von vierzehn Jahren in die Akademie von Orwald einschreiben. Peter von Bohr blieb dort drei Jahre. Danach ermöglichte ihm sein Onkel die Vervollkommnung seiner künstlerischen Ausbildung in Paris.

Bald schon begann sich in Frankreich die Revolution vorzubereiten. Die Armee organisierte sich, neue Regimenter wurden gebildet und die Studenten der Akademien bildeten ein eigenes Künstler-Corps. Der junge Bohr gehörte ihm allerdings nur kurze Zeit an.

Anfang des Jahres 1793 wurde er als Leutnant ins sechste Artillerieregiment versetzt und mit einigen Kompagnien nach Dietenhofen abgesandt, wo er während der Belagerung des Ortes durch Prinz von Waldeck zur dortigen Besatzung gehörte. Nach Abzug der Belagerer kam er in die Garnison nach Metz und machte in der Folge den Eroberungszug der französischen Armee in Holland und schließlich im Jahre 1795 die Überschreitung des Rheins bei Düsseldorf mit.

Kurz danach erfolgte die Weisung, die französische Armee sei von allen nicht republikanischen Elementen zu säubern. Der Oberst des Regiments, in dem Bohr diente, stellte es den Offizieren frei, die Armee zu verlassen.

Bohr benützte die Gelegenheit und quittierte den Dienst. Er hatte sich entschlossen, nach Wien zu gehen, wo er luxemburgische Landsleute, aber auch Verwandte zu finden hoffte. Tatsächlich wurde ihm in Frankfurt ein Paß ausgestellt, und er reise – noch in französischer Uniform, was aber damals aufgrund der großen Zahl von Emigranten nicht außergewöhnlich war – nach Österreich. Peter von Bohr kam jedoch nur bis Linz; dort wurde ihm die Weiterreise nach Wien verweigert. Daran änderte auch der Umstand nichts, daß Bohr einen gültigen Paß besaß. Der Andrang der Fremden, so hieß es, sei zu groß; äußerst strenge Einreisebestimmungen daher unumgänglich.

Bohr war gezwungen, in Linz zu bleiben. Er begann, sich erneut der Malerei zuzuwenden. In seinem Bemühen, sich als Künstler zu etablieren, kam ihm nicht nur sein Talent, sondern auch der Zufall zu Hilfe. Mitte des Jahres 1796 hatte der aus Italien zurückgekehrte Feldzeugmeister Baron Beaulieu, ein geborener Niederländer, Linz zu seinem Aufenthaltsort gemacht. Dem Baron Beaulieu war die Familie Bohr nicht unbekannt. Und da Beaulieu selbst großes Interesse an Malerei hatte, war er bereit, dem jungen Künstler im Rahmen seiner Möglichkeiten zu helfen. Als, noch im Laufe des Jahres 1796, von Wien aus das Aufgebot erfolgte, demzufolge auch Ausländer unter die Fahnen treten sollten, verstand es Beaulieu, den jungen Bohr zu schützen, indem er ihn in seinem eigenen Regiment als Kadett eintragen ließ und vorgab, ihn als persönlichen Adjutanten zu brauchen. Während das Regiment Feldzüge in Deutschland unternahm, widmete sich Peter von Bohr in Linz in aller Ruhe der Porträt- und Landschaftsmalerei.

Der Maler Peter von Bohr soll sich zu jener Zeit, so wird berichtet, mit der Aura des Geheimnisvollen umgeben und den Kontakt mit Adeligen jenem mit Bürgerlichen entschieden vorgezogen haben. Desungeachtet aber heiratete er im Jahr 1797 ein Linzer Bürgermädchen, die Tochter des ständischen Zeichenlehrers Josef Bastian.

Bohrs Frau Klara eröffnete schon bald ein kleines Putzwarengeschäft, er selbst blieb der Malerei treu und verstand es, den Kreis seiner Gönner und Auftraggeber stetig zu erweitern, was ihm aufgrund seiner Bekanntschaft mit den Fürsten von Lamberg und dem Fürsten von Öttingen-Wallerstein erleichtert worden sein dürfte. Zunehmend verlegte sich Bohr aufs Porträtieren von Angehörigen der obersten Gesellschaftsschicht. Nebenher kümmerte er sich aber auch um das Geschäft seiner Frau, unternahm in ihrem Interesse des öfteren Geschäftsreisen und entwarf Muster voll Geschmack und Eleganz. Innerhalb kurzer Zeit gelang es den Bohrs, zu einem gewissen Wohlstand zu kommen. Fünf Jahre nach ihrer Heirat waren sie imstande, sich in Linz ein eigenes Haus zu kaufen.

Seine künstlerische Tätigkeit mußte Peter von Bohr in den folgenden Jahren aufgrund eines beginnenden Augenleidens einschränken. Die französischen Invasionen in den Jahren 1805 und 1809 sollen ihm aber, so wird berichtet, die Gelegenheit geboten haben, sein Vermögen weiter zu vermehren. Französische Kommandanten pflegten damals die für sie vorbereiteten Magazine oft um einen Spottpreis zu verkaufen, aber auch fremde Handelsreisende waren unter Umständen bereit, sich für wenig Geld von ihren Vorräten und Warenlagern zu trennen. Auf solche Weise Geschäfte zu machen, war in jenen Tagen nicht ungewöhnlich.

Nach zwölf Jahren zählte Peter von Bohr, der unbemittelt nach Österreich gekommen und dort die Ehe mit einer Frau eingegangen war, die kein Heiratsgut zugebracht hatte, zu den reichsten Bürgern von Linz: Die Bohrs besaßen zwei große Häuser, die sie bar bezahlt hatten, sie hielten eine Equipage, und das Geschäft hatte sich im Laufe der Jahre zum renommiertesten Modesalon der Stadt entwickelt.

1814 verkauften die Bohrs ihren Grundbesitz, übergaben das Geschäft Klaras Schwester und übersiedelten mit ihren fünf Kindern – einer Tochter und vier Söhnen – nach Wien. In der Haupt- und Residenzstadt angekommen, erwarb Bohr einen kleinen Landsitz in Erlaa um den Preis von 6.000 fl. C.M. und widmete sich als Privatmann dem „Escompte- und Obligationsverwechslungsgeschäft". Offenbar war Peter von Bohr beim Handel mit Wertpapieren sehr erfolgreich, denn bereits nach einem Jahr verkaufte er das Haus in Erlaa wieder und erstand statt dessen eines in Mauer. Kaufpreis: 20.300 Gulden. In diesem Haus blieb Peter von Bohr drei Jahre. 1819, ein Jahr nach dem Tod seiner Frau Klara, entschloß er sich, um einen Betrag von 127. 000 fl. die Herrschaft Kottingbrunn bei Vöslau zu kaufen – und gleichzeitig auch eine Haus in der Leopoldstadt,

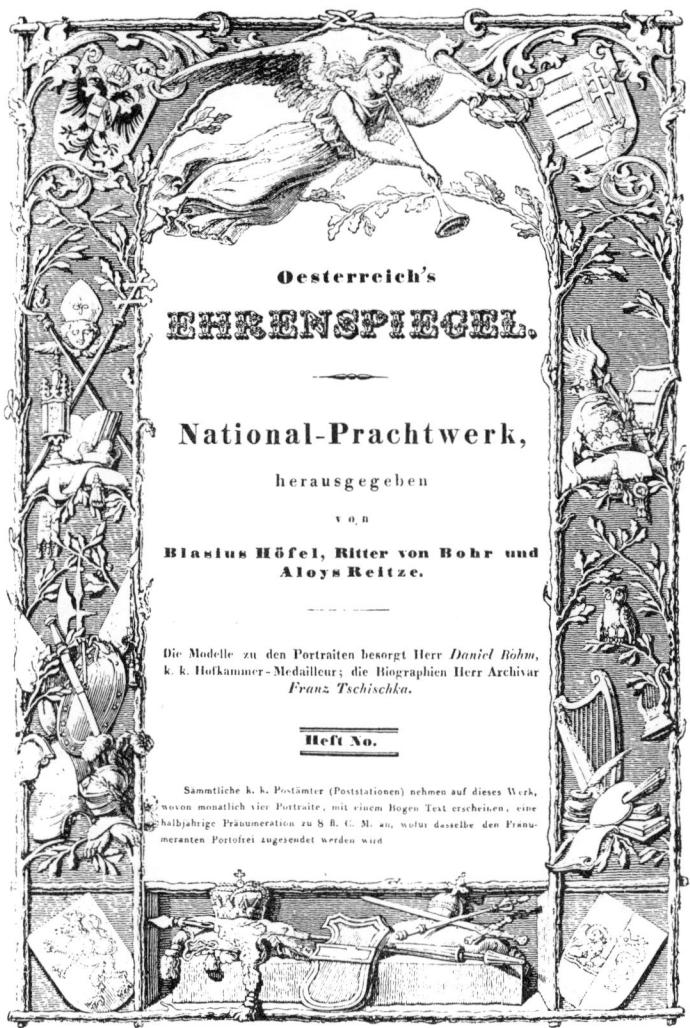

Titel des 1836 erschienenen Prachtwerks „Österreichs Ehrenspiegel", hergestellt mit Hilfe einer speziellen von Peter von Bohr erfundenen Guillochiermaschine.

für das er 95. 000 fl. C. M. zahlen mußte.Im selben Jahr
suchte Bohr – mit Erfolg – bei der kaiserlichen Hofkanzlei
um Anerkennung seiner ritterlichen Herkunft an. Bald
darauf wurde er auch in das Kollegium des österreichischen
Ritterstandes aufgenommen.

Am 5. August 1823 heiratete Ritter von Bohr ein zweites
Mal, diesmal allerdings keine Bürgerliche. Seine Braut war
die neunundzwanzigjährige Mathilde Gräfin von Christall-
nigg. Vertraglich sicherte er ihr ein jährliches Nadelgeld
von 600 fl. und ein auf die Herrschaft Kottingbrunn einge-
tragenes Witwengehalt in der Höhe von 2.000 fl. C. M. zu.

Die ersten Jahre der Ehe verbrachte das Paar in der
Provinzstadt Klagenfurt, der Heimat Mathildes. Peter von
Bohr übernahm die Verwaltung der Rosenbergschen Güter
in Kärnten. Franz Fürst von Rosenberg hatte in Bohrs Red-
lichkeit und Fähigkeiten offenbar sehr großes Vertrauen,
denn er stellte ihm im vorhinein ein Absolutorium über
seine Verwaltung aus. Peter von Bohr hatte somit in Hin-
blick auf die Gebahrung völlig freie Hand.

Bei der Verwaltung der Rosenbergschen Güter verließ
Peter von Bohr aber das gewohnte Glück. 1828 kamen die
Güter Rosegg, Teuttendorf und Rosenbach sowie das Allo-
dialpalais des fürstlichen Hauses in Klagenfurt zur Verstei-
gerung. Für einen Betrag von 200.000 fl. brachte Ritter von
Bohr diese Besitzungen an sich, in der Hoffnung, damit aus
dem Rosenbergschen Konkurs, an welchem er selbst mit
nicht weniger als 348.000 fl. und einigen von ihm ausgestell-
ten und gerichtlich vorgemerkten Leibrenten beteiligt war,
wenigstens einen Teil zu retten. Einige Jahre später verkaufte er diese Besitzungen um ungefähr den gleichen
Preis, zu dem er sie erstanden hatte, an den Fürsten Liech-
tenstein.

Mitbegründer der Ersten Österreichischen Sparcasse

1829, kurz nachdem Ritter von Bohr über eigenen Antrag in
die kärntnerische Landstandschaft aufgenommen worden

war, verließ er Klagenfurt und übersiedelte mit seiner Frau Mathilde nach Wien, wo die Bohrs einen auffallend luxuriösen Lebensstil zu entfalten und an Aufwand mit den ersten Häusern der Residenz zu konkurrieren begannen.

Die Wintermonate wurden im eigenen Haus in der Jägerzeile, heute Praterstraße, verbracht, die damals zu den vornehmsten Straßen jenseits des Donaukanals zählte. Die Beziehungen der Bohrs zur Hocharistokratie waren – nicht zuletzt infolge der Ehe von Peter Bohrs Tochter Marie Anna mit dem kaiserlichen Kämmerer Ludwig Graf von Wallis immer enger geworden. Bald schon waren die Bohrs auch gern gesehene Gäste im Haus des Fürsten Metternich. Und auf ihrem Schloß in Kottingbrunn, wo die Bohrs den Sommer verbrachten, erhielten sie wiederholt Besuche Seiner Majestät des Kaisers Franz. In den Augen des Kaisers war Bohr ein geistreicher Kavalier, ein erfahrener Weltmann und glühender Patriot, jederzeit bereit, seine Erfahrungen und sein Vermögen zum Nutzen Österreichs zu verwenden.

Tatsächlich hatte sich Ritter von Bohr – ähnlich manchen Angehörigen des Hochadels – des öfteren an der Förderung wissenschaftlicher, industrieller und gemeinnütziger Unternehmen beteiligt. Allerdings nur mit begrenztem Erfolg.

Schon 1822 hatte er zu den Gründern eines Unternehmens gehört, dessen Ziel es war, das in Wien benötigte Brennholz gleich auf den Holzplätzen – und nicht, wie damals üblich, in den Straßen der Stadt – zu zerkleinern. Der Käufer ersparte sich so, das Holz selber hacken zu müssen, eine Tätigkeit, bei der es gar nicht selten zu Unfällen kam; überdies wurde es auf diese Weise möglich, Holz in kleineren Mengen abzugeben, ein Vorteil vor allem für ärmere Familien. Die Idee fand Anklang, allein, die andern Teilhaber blieben mit ihren Einzahlungen im Rückstand, und die Holzhändler, die durch dieses Unternehmen eine Beeinträchtigung ihres Geschäfts befürchteten, begannen es zu boykottieren. 1825 entschloß sich Bohr, das Geschäft allein weiterzuführen. Der erhoffte Gewinn aber blieb aus.

Peter von Bohrs Initiative ist auch die Gründung der Ersten Österreichischen Sparcasse zu verdanken. Er hatte zusammen mit anderen nicht nur die Idee, ein solches Geldinstitut zu begründen, sondern setzte auch alles daran, diese Idee zu realisieren, schuf aus eigenen Mitteln den ersten Fond für dessen Errichtung, widmete sich der neugegründeten Anstalt zwei Jahre als Stifter und Förderer und stand ihr drei weitere Jahre als ehrenamtlicher Kurator vor.

Letztlich geht auf Peter von Bohr auch die Gründung der Donaudampfschiffahrtsgesellschaft zurück. Dank seines Weitblicks und Unternehmungsgeistes trat er der damals weitverbreiteten Ansicht entgegen, die Donau sei mit Dampfschiffen nicht zu befahren. Er bewog den Prinzen von Montfort, ein Dampfschiff bauen zu lassen, trat – unterstützt von seinen reichen mechanischen Kenntnissen – als technischer Direktor dieses ersten Dampfbootes auf und versuchte – mit einer Investition von vielen Tausend Gulden – eine Donaudampfschiffahrtsgesellschaft ins Leben zu rufen.

Trotz der Mängel, die das Schiff aufwies, gelang es, damit den Beweis der Befahrbarkeit der Donau mit Dampfschiffen zu erbringen. Nicht weniger als 27 Mal fuhr Bohr mit dem Schiff von Wien nach Pest. Und doch war Bohr damals nicht imstande, Teilnehmer für dieses Unternehmen zu finden, das wenige Jahrzehnte später zu den größten Schiffahrtskompagnien der Welt zählen und seinen Aktionären Unsummen einbringen sollte.

In den Jahren nach seiner Rückkehr aus Klagenfurt hatte sich Bohr wieder seinen ursprünglichen graphischen Interessen zugewandt, beschäftigte sich mit Versuchen auf dem Gebiet der Mechanik und Technik und ließ sich auf seinem Schloß in Kottingbrunn eine eigene Werkstätte und ein Laboratorium einrichten. Die zunehmende Schwäche seiner Augen verlangte zwar bald wieder eine Reduzierung dieser Tätigkeit, gleichzeitig versuchte Bohr aber, andere Künstler zur Fortsetzung seiner Experimente zu ermuntern. Mitten in diesen Arbeiten, gerade zu der Zeit, als er eine neue Art von Guillochiermaschine erfunden hatte, verschlechterte sich der Zustand seiner Augen drastisch. Peter von Bohr war in Gefahr, das Augenlicht zu verlieren. Die Diagnose lautete: grauer Star. 1834 entschloß er sich, eine Operation vornehmen zu lassen. Aus Angst, die Operation könne mißlingen, ließ er nur das rechte Auge operieren.

Dem Chirurgen, Professor Rosas, gelang es jedoch, die Sehkraft dieses Auges wieder weitgehend herzustellen, er verbot seinem Patienten aber, die Augen anzustrengen, um keine Verschlechterung zu riskieren. Ritter von Bohr hielt sich an diese ärztliche Empfehlung. Kamen Briefe, so ließ er sich erst von einem Bedienten sagen, wer die Absender seien, um dann entscheiden zu können, ob sich die Mühe des Selberlesens überhaupt lohne.

Doch nicht nur das Augenlicht Peter von Bohrs hatte sich in dieser Zeit verschlechtert, sondern auch seine finanziellen Verhältnisse. Infolge der eigenen Fehlspekulationen, des Aufwandes seiner Frau und der Verschwendung seiner jüngeren Söhne war das Vermögen zusammengeschmolzen. Dazu kam: Die Verhandlungen über den Konkurs des Rosenbergschen Vermögens zogen sich in die Länge. In der Zwischenzeit aber wurde Bohr zu Deckungen veranlaßt, die seine finanziellen Möglichkeiten weit überschritten. Mit Abschluß des Konkurses hatte Bohr 180. 000 fl. C.M. verloren.

Die Kinder waren zwar bereits aus dem Haus. Die Tochter war verheiratet, die älteren Söhne, Karl und Ludwig, hatten sich mit einer Bleiröhrenfabrik in Kottingbrunn eine eigene Existenz geschaffen, den beiden jüngeren Söhnen, Eduard und Rudolf, hatte der Vater nach wiederholten Auseinandersetzungen das Haus verboten.

Dennoch mußten auch in der Folge neue Schulden gemacht werden, um die alten zu decken. Ergebnis: Am 13. Dezember 1839 wurde über das gesamte Vermögen Peter von Bohrs der Konkurs eröffnet. An Bargeld besaß er – laut eigenen Angaben – an diesem Tag nur noch sieben Gulden.

Erstmals waren Peter und Mathilde Bohr gezwungen, sich einzuschränken. Sie taten es, allerdings in Grenzen.

Die große Wohnung im eigenen Haus wurde 1840 gegen eine kleinere in der Donaustraße vertauscht, und da der Aufenthalt in Kottingbrunn unmöglich geworden war, wurde als Sommerquartier eine kleine Villa in Meidling gemietet.

Jeder Bürger ein Agent

Am 24. August 1845 wurde von der österreichischen Nationalbank der Polizei-Oberdirektion in Wien die Anzeige gemacht, daß bei Revision der bei der Nationalbank einlaufenden Banknoten sowohl falsche Hundert-Gulden-Scheine als auch falsche Zehn-Gulden-Scheine entdeckt worden waren.

Das erste Falsifikat à 100 fl. war am 15. August eingelaufen, bis zum 23. August waren weitere achtzehn Noten als gefälscht beanstandet worden.

Die perfekte Ausführung der Fälschungen, aber auch die Anzahl der innerhalb so kurzer Zeit aufgetauchten Falsifikate ließen es der Bank als dringend erscheinen, alle Mittel aufzubieten, um den Fälschern möglichst rasch auf die Spur zu kommen.

Auf Ansuchen der Direktion der österreichischen Nationalbank wurde mit der Aufklärung des Falls Polizeikommissär Rudolph Edler von Felsenthal beauftragt. Felsenthal, seit 26 Jahren im Dienst der Polizei, galt auf diesem Gebiet als *der* Fachmann. Schon wiederholt war es ihm gelungen, einschlägige Verbrechen aufzudecken.

Jahre später hat Rudolph von Felsenthal selbst ein Buch über diesen Kriminalfall geschrieben, das auch für die folgende Schilderung als Grundlage benutzt wurde. Aus Felsenthals Aufzeichnungen, 1853 erschienen, wird in allen Einzelheiten ersichtlich, wie er diesen Kriminalfall gelöst hat, sie geben aber nicht nur Aufschluß über die Vorgangsweise der Polizei, sonder auch über das Selbstverständnis eines Polizeibeamten jener Tage.

Felsenthal, der in seinem Buch die Oktoberrevolution als eine „unselige" bezeichnet und die „Reformwut der jüngsten Zeit" beklagt, wehrt sich auch ganz entschieden dagegen, das Österreich des Vormärz „als einen streng absolut aristokratischen Polizeistaat" zu schmähen. Obgleich es damals noch keine Grundrechte und keine Verfassung in Österreich gegeben hätte, wäre doch die persönliche Freiheit des Individuums hochgehalten worden. Auch aus der Tatsache, daß der geltenden Strafprozeßordnung zufolge Anklage, Verteidigung und Urteilsfindung mehr oder weniger in einer Hand gelegen seien, dürfe nicht, so Felsenthal, geschlossen werden, daß Angeklagte der Willkür des Richters ausgeliefert gewesen seien. Felsenthals Überzeugung: „Hochachtbare und erleuchtete, die Ratsversammlung der Oberbehörden bildende Justizmänner, gewählt aus den Reihen der verdienstvollsten Untersuchungsrichter, haben gewiß nie verfehlt, nach dem humanen Geist des Gesetzes alle Milderungsumstände zur Geltung zu bringen." Nach Ansicht Felsenthals sei „das Prinzip der Humanität damals in Österreich in der Praxis vielleicht mehr und allgemeiner geübt worden als in manchem Staate, der sich rühmte, ein konstitutioneller zu sein". Dieser Ansicht pflichten im übrigen – soweit sie die Praxis der Kriminalgerichte betrifft – nicht nur Rechtshistoriker zu, sie wurde auch von sehr kritischen ausländischen Zeitgenossen[32] geteilt, was allerdings nichts daran ändert, daß die Urteile zweiter Instanz mitunter sowohl dem Rechtsempfinden der Bevölkerung widersprachen als auch jenem der Polizei (vgl. S.185) und der Kaiser sich bei seiner Entscheidung, wer und in welchem Ausmaß seiner Gnade würdig sei, dem Gleichheitsgrundsatz keineswegs verpflichtet fühlte.

Polizeikommissär Felsenthal hielt aber auch die Verunglimpfung der Polizeiagenten als „Denunzianten, Spitzel und Naderer" für höchst betrüblich. Seiner Meinung nach waren es „ehrenwerte Männer", die nur „das Beste des Staates" im Auge hatten: Das erfolgreiche Wirken der Sicherheitsbehörden setze voraus, daß jeder Bürger freiwillig im Namen des Gesetzes Agent der Polizei sei.

Felsenthals Traum: Eine Bevölkerung, die der Polizei Freund und Helfer ist. Zu Felsenthals Bedauern war das Agentenwesen in Österreich, wie er sagt, nie sehr ausgebildet. Zwar war sich auch der erfahrene Kommissär darüber im klaren, daß so mancher Bürger der Polizei seine Dienste nur aus Eigennutz anbot, gleichzeitig aber betont Felsenthal, daß man in diesem Bereich „wie überall, wo es sich darum handelt, einen Zweck auf geheime Weise zu verfolgen, mit Geld nicht sparen dürfe".

Felsenthal war nicht nur ein kundiger und gevifter Polizist und als Beamter ein treuer Diener seiner Herren, er war durchdrungen vom Glauben an eine „Weltordnung, die kein Verbrechen ungestraft begehen läßt", und sah sich selbst als verlängerten Arm jener „Nemesis, welche die Untat, wenn auch spät, so doch sicher zur Entdeckung bringt".

Dem Verbrecher auf der Spur

Als Polizeikommissär Felsenthal die eingelangten Falsifikate zu Gesicht bekam, war auch ihm klar, daß hier keine Dilettanten am Werke waren. Die Fälschungen waren vortrefflich gelungen, offenbar mit Hilfe neuester technischer Geräte angefertigt, und nur für Experten überhaupt als solche erkennbar.

Sehr schnell kam Felsenthal zur Überzeugung, daß das Falschgeld nicht aus dem Ausland nach Österreich gekommen sei, daß sich der Herstellungsort vielmehr im Inland befinden müsse. Die Banknoten waren nämlich auf gewöhnlichem Maschinenpapier gedruckt, das Wasserzeichen war nicht ins Papier geschöpft, sondern erst nachträglich angebracht worden. Diese Manipulation aber hätten ausländische Fälscher nicht nötig gehabt, ihnen wäre es möglich gewesen, sich das Originalpapier zu beschaffen.

Daß die Fälscher im Inland, höchstwahrscheinlich sogar in Wien, zu Hause waren, darauf deutete aber auch noch etwas anderes hin: Mit Ausnahme von zwei Falsifikaten, die die k.k. Finanzkasse in Prag beanstandet hatte, waren alle in Wien aufgetaucht.

Da die Hundert-Gulden-Noten und die Zehn-Gulden-Noten auf gleichem Papier gedruckt und gleich meisterhaft ausgeführt waren, lag überdies der Schluß nahe, daß sie beide aus derselben Quelle stammten.

Ob diese Quelle aber eine Einzelperson oder aber eine Fälscherbande war, diese Frage war offen. Für Felsenthal war es die nächste, die er klären wollte.

Aufgrund seiner Erfahrungen wußte Felsenthal, daß Falschgeld, an dessen Herstellung mehrere Personen beteiligt waren, so gut wie immer auch – um die Polizei irrezuführen – an mehreren Orten ausgegeben wurde. Weder von den ungarischen Viehmärkten noch von den Brünner Warenmärkten, wo die Gelegenheit bestanden hätte, größere Summen an Falschgeld auf einmal loszuwerden, waren jedoch falsche Banknoten eingelaufen. Dazu kam, daß Felsenthals Berechnungen zufolge das bisher entdeckte und das seinen Schätzungen nach noch in Umlauf befindliche Falschgeld zusammen nicht mehr als 10.000 Gulden ausmachte. Ein Betrag, mit dem nur sehr wenigen Personen gedient sein konnte, und der, wären viele Personen an dem Verbrechen beteiligt, auch in keinem Verhältnis zum Aufwand des Unternehmens und der damit verbundenen Gefahr gestanden wäre. Auf Geldfälschung stand in Österreich damals die Todesstrafe.

Um ganz sicher gehen zu können, daß das Geld nicht vielleicht doch aus dem Ausland stammte, ließ Felsenthal alle Kanäle überwachen, über die Banknoten nach Wien gelangten. Sowohl die Kassiere aller mit dem Ausland in Verbindung stehenden Komptoire und Wechselstuben als auch die ersten Hotels in Wien wurden – mit gebotener Vorsicht – ins Einvernehmen gezogen. Sie mußten alle aus dem Ausland in ihre Hände gelangenden Noten der österreichischen Bank einer genauen Revision unterwerfen und im Ernstfall nachweisen, wie sie in den Besitz dieser Noten gekommen waren.

Gleichzeitig ließ Felsenthal durch verläßliche Agenten auf „unauffällige Weise" Erhebungen über die Lebensumstände und Vermögensverhältnisse all jener Personen anstellen, von denen anzunehmen war, daß sie aufgrund ihrer beruflichen Tätigkeit die für die Banknotenherstellung erforderlichen Kenntnisse und Fähigkeiten besaßen.

Peter von Muth, der damalige Polizeichef von Wien, gab gleichzeitig an die Polizeikommissariate der einzelnen Bezirke die Weisung, sich der Mitarbeit der bedeutenderen Handlungsleute und Spezereiwarenhändler zu versichern, sie vom Vorhandensein der Falsifikate in Kenntnis zu setzen und sie auch zu informieren, wie diese zu erkennen seien. Im Ernstfall, so lautete die Instruktion, sollten sie die Kundschaft zwar nicht selbst anhalten, der Polizei aber eine genaue Personsbeschreibung geben und – wenn möglich – auch deren Namen und Wohnort nennen können.

Ganz bewußt hatte Felsenthal in der Öffentlichkeit nur

von den gefälschten Hundert-Gulden-Noten etwas verlauten lassen, nicht aber von den Zehn-Gulden-Scheinen. Sein Hintergedanke: Sollten die Fälscher von den polizeilichen Ermittlungen erfahren, so würden sie zwar bei der Ausgabe der Hundert-Gulden-Noten vorsichtig werden, sich unter Umständen aber nicht scheuen, die Zehn-Gulden-Noten weiterhin auszugeben.

Als in den ersten Septembertagen ein Wiener Juwelier eine Hundert-Gulden-Note zum Wechseln in die Bank schickte, stellte sich heraus, daß es sich dabei um eine Fälschung handle. Felsenthals Nachforschungen im Laden dieses Juweliers am Kohlmarkt brachten folgendes zutage: Die Banknote war dem Juwelier am Nachmittag des 30. August von einem alten Herrn, den er ziemlich genau beschreiben konnte, gegeben worden. Der Mann hatte eine goldene Uhrkette und einen Ring gekauft. Der Rechnungsbetrag belief sich auf 65 fl. C.M. Felsenthal ließ sich Uhrkette und Ring genau beschreiben, übermittelte die Beschreibung den Polizei-Bezirkskommissariaten und bat den Juwelier, ihm sowohl von der Kette als auch von dem Ring ein Duplikat anzufertigen und vorderhand keine ähnlichen Ketten und Ringe mehr zu verkaufen, damit die Polizei nicht gezwungen sei, zu viele Menschen einer Untersuchung zu unterziehen und dadurch womöglich von der richtigen Spur abgelenkt werde.

Zu den Personen, die im Einvernehmen mit der Nationalbank zur Entdeckung vorkommender Falsifikate herangezogen wurden, gehörte auch der Kassier eines großen Wiener Wechselhauses. Der hatte am 1. September bei der Revision der Kassa drei falsche Hundert- Gulden- Noten gefunden und sie sogleich der Nationalbank übergeben. Nähere Angaben über die Herkunft der Falsifikate konnte er jedoch keine machen. In der Wechselstube, in der er beschäftigt war, pflegten täglich mehrere hunderttausend Gulden umgesetzt zu werden.

Am 4. September entdeckte derselbe Kassier jedoch abermals gefälschte Banknoten. Von den fünf Hundert- Gulden- Scheinen, die der Diener eines Pfeifenhändlers gebracht hatte, um dafür im Auftrag seiner Herrschaft 160 Dukaten zu kaufen, waren zwei gefälscht gewesen. Wichtiger noch als dieses Faktum war aber, daß sich bei den Nachforschungen herausstellte, daß die beiden falschen Banknoten ursprünglich aus diesem Wechselhause gekommen waren. Sie waren am 28. August dem Pfeifenhändler gegeben worden, als dieser beim Ankauf einer Eisenbahnaktie eine Banknote à 1.000 fl. hatte wechseln lassen.

Tags darauf, am Vormittag des 11. September, erschien bei der Polizei ein Spezereiwarenhändler aus der inneren Stadt mit einer weiteren gefälschten Banknote. Er berichtete: Soeben sei Frau von Bohr, die seit drei Jahren seine Kundschaft sei, bei ihm gewesen, um Schulden in der Höhe von 36 Gulden zu begleichen. Sie habe ihm eine Hundert-Gulden-Note gegeben, die aber sei ihm wegen des stärker als gewöhnlich durchscheinenden Wasserzeichens aufgefallen. Diese seine Bedenken habe er auch gegenüber Frau von Bohr geäußert.

Anstatt aber – gemäß der an alle Kaufleute ergangenen Instruktion – die verdächtige Banknote ohne allen Anstand anzunehmen und danach sofort die Anzeige zu erstatten, hatte der Händler in übergroßem Eifer Frau von Bohr aufgefordert, mit ihm auf die Polizei zu gehen. Frau von Bohr, so gab er an, sei darüber in Verlegenheit geraten, habe erklärt, daß sie als eine Dame von Stand nicht bereit sei, zur Polizei zu gehen, und ein solches Ansinnen höchst befremdend empfinde, zumal sie doch seit Jahren seine Kundschaft sei. Frau von Bohr habe erklärt, daß sie die fragliche Banknote möglicherweise beim Wechseln eines Tausend-Gulden-Scheins erhalten habe. Sie habe sofort eine andere Hundert-Gulden-Note aus der Tasche gezogen, die der Kaufmann als echt erkannt und angenommen habe, und daraufhin sein Geschäft verlassen.

Ein blinder Meisterfälscher ?

Für Rudolph von Felsenthal war diese Anzeige von allergrößter Bedeutung. Peter von Bohr, der Gatte besagter Dame, hatte von allem Anfang an zu jener Personengruppe gehört, über die Felsenthal in „unauffälliger Weise" Erkundigungen einholen ließ. Der Grund: Peter von Bohr war als begabter Graphiker und Kupferstecher bekannt, und es hieß, er beschäftige sich auch mit Photographie. Dazu kam: Peter von Bohr war wegen Besitzes von Falschgeld bereits einmal mit der Polizei in Berührung gekommen. Am 21. Dezember 1841 hatte er in einer Wechselstube Staatspapiere angekauft. Von den 22 Zehn-Gulden-Noten, mit denen er hatte bezahlen wollen, waren drei als falsch beanstandet worden.

Bohr war damals völlig ruhig geblieben und hatte die falschen Banknoten durch echte ersetzt. Aufgrund der Anzeige, die erstattet worden war, hatte die Polizei – unter Felsenthals Leitung – eine Hausdurchsuchung in seiner Sommerwohnung in Meidling vorgenommen. Dabei aber war nichts Verdächtiges bemerkt worden. Bohr hatte überdies nachweisen können, daß ihm der Betrag von seiner Frau zum Ankauf von Obligationen gegeben worden war, da diese selbst infolge des Verkaufs des fundus instructus der Herrschaft Kottingbrunn eine größere Geldsumme erhalten hatte. Peter von Bohr und seine Frau Mathilde hatten sich bei der Hausdurchsuchung ganz unbefangen benommen; die Gesundheit des Hausherrn schien allerdings durch ein Gichtleiden sehr angegriffen und die Sehkraft seiner Augen sehr geschwächt zu sein. Was die finanzielle Situation der Bohrs betraf, so war Felsenthal damals zu dem Schluß gekommen, daß der geringe Aufwand, den sie betrieben, sich allem Anschein nach mit dem Witwengehalt Frau von Bohrs, den Zuschüssen von seiten ihres Vaters und seinen, wie man munkelte, vor dem Konkurs auf die Seite geschafften Ersparnissen bestreiten ließ.

Die Bohrs waren zwar noch einige Zeit hindurch polizeilich überwacht worden, da aber nichts Auffälliges vorfiel, war die Überwachung bald wieder aufgehoben worden.

Daß nun ausgerechnet in den Händen der Frau von Bohr Falschgeld gefunden wurde, mußte mehr als bedenklich erscheinen. Zwar schien es unwahrscheinlich, daß Frau von Bohr wissentlich Falschgeld ausgab. Dann hätte sie es wohl nicht in einem Laden getan, wo sie bekannt war. Andererseits: Als langjährige Kundschaft konnte sie damit rechnen, daß ihre Ehrlichkeit nicht so schnell bezweifelt würde.

Die Überlegungen, die Felsenthal zu diesem Zeitpunkt anstellte, waren folgende: Ritter von Bohr könne zwar aufgrund seines fortgeschrittenen Augenleidens nicht selbst der Verfertiger der Falsifikate sein, habe aber seine Kenntnisse möglicherweise anderen Künstlern zur Verfügung gestellt und sei so in eine verbrecherische Verbindung geraten. Da die gesellschaftliche Stellung der Bohrs es nicht verdächtig erscheinen ließ, wenn größere Summen durch ihre Hände gingen, wäre es nur naheliegend, sie auch als Mittelspersonen zur Ausgabe des Falschgeldes zu verwenden.

Von größtem Interesse schien Felsenthal im Moment, ob und wer aus dem Bohrschen Hause zum Empfange der von Mathilde von Bohr geleisteten Deckung bei dem Spezereiwarenhändler erscheinen würde. Würde sie einen ihrer Dienstleute senden, mußte dies als Beweis ihres guten Gewissens angesehen werden, als ein Zeichen, daß sie keine Ursache hatte, ihrem Dienstpersonal etwas zu verschweigen. Würde aber Frau von Bohr persönlich oder auch ihr Gemahl die Sache erledigen, so war anzunehmen, daß sie Grund hatte, ihre Dienstleute von dem Vorfall nicht in Kenntnis zu setzen.

Tatsächlich erschien am Abend des 11. September Frau von Bohr in Begleitung ihres Gatten in besagtem Geschäft, um sich über die weitere Verwendung des Falsifikats zu erkundigen. Von den vorsorglich im Geschäft postierten Polizeibeamten wurde das Ehepaar daraufhin ersucht, sich zur Einvernahme auf die Polizei zu begeben.

Im Polizeihaus versicherte Felsenthal den beiden, daß auf sie kein Verdacht fiele, sie aber möglicherweise zur Klärung des Falls beitragen könnten. Er wollte sie, wie er in seinem Buch schreibt, nicht scheu und ängstlich machen.

Übereinstimmend gaben beide an, sich über die Herkunft der falschen Banknote nicht ganz im klaren zu sein. Frau von Bohr habe vor kurzem bei einem Prozesse, den sie gegen die Konkursmasse ihres Gatten gewonnen, durch den Massevertreter einen größeren Geldbetrag in Noten zu 1.000 fl. erhalten; eine der Tausend-Gulden-Noten habe sie beim Ankauf eines Stückes Leinwand beim Herrnhuter, die anderen aber teils durch ihren Gatten teils durch die Bedienten in der Nationalbank wechseln lassen und meist Hundert-Gulden-Noten dafür erhalten. Polizeikommissär Felsenthal, der das Paar während der Einvernahme sehr genau beobachtete, fiel auf, daß die vom Juwelier gegebene Beschreibung jenes Mannes, der bei ihm Uhrkette und Ring gekauft hatte, ziemlich gut auf Peter von Bohr zu passen schien. Das aber behielt Felsenthal für sich.

Er drückte Peter und Mathilde Bohr sein Bedauern aus, daß er sie habe belästigen müssen und ersuchte Peter von Bohr lediglich, ihm zur Ergänzung seiner Erhebungen im Laufe der nächsten Tage einige Angaben und Unterlagen über den vom Masseverwalter ausbezahlten Betrag und dessen weitere Verwendung zukommen zu lassen. Peter von Bohr versprach, diesem Wunsch nachzukommen. Felsenthal begleitete das Ehepaar unter nochmaligen Entschuldigungen ins Vorzimmer, wo, wie Felsenthal in seinem Buch berichtet, das Ehepaar, ohne es zu wissen, von einigen Personen, die für diesen Kriminalfall als Agenten ausersehen waren, begutachtet werden konnte.

Das Gespräch hatte eine dreiviertel Stunde gedauert. Während der ganzen Zeit war die beanstandete Banknote auf dem Tisch gelegen. Weder Peter noch Mathilde von Bohr hatten sie noch einmal betrachten wollen, und sie hatten auch mit keinem Wort danach gefragt, wodurch sich die falsche Note von den echten denn nun tatsächlich unterscheide. Für einen Mann wie Bohr, der sich sein ganzes Leben intensiv mit graphischen Techniken befaßt hatte, war dies ein ungewöhnliches Verhalten.

Am nächsten Tag wurde Bohrs Villa in Meidling unter Beobachtung gestellt, alle Ausgänge und Ausfahrten der Bohrs von Agenten überwacht.

Kurz darauf entschloß sich Polizeikommissär Felsenthal, die Barschaft der Bohrs einer Visitation zu unterziehen. Um den Argwohn der Bohrs nicht allzu sehr zu erregen, begab er sich ganz ohne Begleitung am Nachmittag des 14. September nach Meidling. Dort bewohnten die Bohrs den Sommer über das Haus Nr. 35 am Grünen Berg. Es war ein Eckhaus, jedoch nicht sehr groß; der Garten war abschüssig, so daß das Haus auf der Gartenseite ein Stockwerk hoch, auf der Vorderseite jedoch ebenerdig war.

Als Felsenthal von einem Dienstmädchen ins Haus geführt wurde, saßen die Bohrs zusammen mit einer Freundin des Hauses beim Mittagstisch. Felsenthal wurde eingeladen, an dem Mahl teilzunehmen.

Das Tischgespräch drehte sich ums Wetter, um die neuesten Ereignisse in der Stadt und ums Wohnen auf dem Land, wo man seines Lebens – mangels ausreichenden Polizeischutzes – nicht sicher sei. Bohr erzählte, daß seit Tagen eine Person um sein Haus herumschleiche, die ihm höchst verdächtig vorkomme. Felsenthal, wissend, daß es sich nur um einen seiner Agenten handeln könne, gab Bohr den Rat, sofort die Anzeige zu erstatten, falls er sich bedroht fühle. Während dieses Essens fiel Felsenthal auf, daß Mathilde Bohr auffallend kleine Hände, aber ziemlich dicke, fleischige Finger hatte, und er erinnerte sich, daß der Juwelier vom Kohlmarkt angegeben hatte, der besagte Ring sei größer als Frauenringe üblicherweise seien. Der Käufer habe ihm nämlich gesagt, der Ring sei für eine Dame bestimmt, die eher dicke, fleischige Finger habe.

Nachdem das Diner beendet und die Freundin weggegangen war, war es für Felsenthal an der Zeit, den Grund seines Kommens zu nennen.

In der Hoffnung, die Bohrs damit zu beruhigen, erklärte er, persönlich gekommen zu sein, um die Visitierung der Barschaft, eine bloße Routinesache, auf dem kürzesten Wege zu erledigen. Er wolle ihnen auf diese Weise jede weitere Unannehmlichkeit und jedwede fernere Vorladung ersparen. Stutzig machte Felsenthal Frau von Bohrs hastig vorgebrachte Bitte, in Anwesenheit der Bediensteten die Angelegenheit möglichst nicht zu erwähnen.

Wie erwartet, ergab die Durchsicht von Mathilde Bohrs Bargeld, daß sie ausschließlich im Besitze echter Banknoten war. Auch in Peter von Bohrs Brieftasche fanden sich nur echte Geldscheine. Die Brieftasche selbst aber war genauso wie der Juwelier jene des Käufers der Uhrkette und des Ringes beschrieben hatte: alt, abgegriffen und braunledern.

Felsenthal blickte sich, soweit ihm das möglich war, in den Räumen des Hauses um. Doch eine Uhr mit der fraglichen Kette konnte er nirgendwo erspähen. Erst als er sich bereits anschickte wegzugehen, fragte er den Hausherrn beiläufig, wie spät es sei. Peter von Bohr schlug seinen Hausrock auseinander, griff nach seiner Uhr und hielt sie Felsenthal hin. Diese Uhr aber hing an einer Kette, die jener, die der Uhrmacher verkauft hatte zum Verwechseln ähnlich sah.

Für Felsenthal gab es keinen Zweifel mehr. Der Mann, der beim Kauf der Kette mit einer falschen Hundert-Gulden-Note hatte zahlen wollen, war Peter von Bohr.

Felsenthal ließ sich nichts anmerken und verabschiedete sich überaus freundlich von Mathilde von Bohr und ihrem Gatten.

Felsenthal war nun hundertprozentig sicher, daß Bohr mit den Herstellern des Falschgeldes in Verbindung stand. Oder war er doch selbst der Fälscher?

Von seinen Agenten hatte Felsenthal folgendes zugetragen bekommen: Seit Frühjahr dieses Jahres habe Bohr im Bekanntenkreis des öfteren davon gesprochen, daß für ihn nun bald Gelder aus Belgien einlangen und damit wieder bessere Zeiten anbrechen würden. Aufgefallen war Bekannten und Dienstleuten aber auch, daß er sich oft tagelang in seinem Zimmer einschloß, was bereits zu Mutmaßungen über seinen geistigen Zustand Anlaß gegeben hatte.

Peter von Bohr war ein alter Mann, und er war nahezu blind. War so ein Mensch in der Lage, Geld zu fälschen?

Felsenthal war überzeugt davon, daß er dazu nicht mehr imstande sei, daß er aber aufs engste mit den Urhebern der Falsifikate zusammenarbeite, daß diese möglicherweise sogar in seinem Haus in Meidling hergestellt wurden. Was ihm fehlte, das waren eindeutige Beweise.

Im Gegensatz zu späteren Zeiten war es in jenen Jahren nicht möglich, jemanden auf bloßen Verdacht hin in eine Untersuchung zu verwickeln. Die Polizei hatte — sei es durch möglichst unwiderlegbare Schuldbeweise oder aber durch ein Geständnis — den Nachweis eines begangenen Verbrechens zu erbringen, bevor sie den Betreffenden dem Gericht übergab.

Felsenthals Aufgabe war es, diese Beweise zusammenzutragen, weitere Anhaltspunkte für die Schuld Peter von Bohrs zu finden. Zu diesem Zweck begann er, wie er sich selbst ausdrückt, die Bohrs „mit einem Netz von Agenten zu umspinnen". Diese Agenten hatten den Auftrag, das Haus Tag und Nacht nicht aus dem Auge zu lassen und auch jeden Schritt der ein- und ausgehenden Personen zu beobachten, und zwar so, daß die Überwachten davon nichts merkten. Zweimal pro Tag wurde Polizeikommissär Felsenthal Rapport erstattet.

Um sich – ohne das Hauspersonal ins Vertrauen ziehen zu müssen – auch ein Bild davon machen zu können, was im Inneren des Hauses vorging, siedelte Felsenthal im gegenüberliegenden Haus eine Agentin an. Sie hatte die Weisung, die Wohnung auf ein Jahr zu mieten, um keinen Verdacht zu erregen, und sich als Witwe eines Wirtes auszugeben, die sich nach dem Tode ihres Mannes aus dem Geschäft zurückgezogen habe und der billigeren Lebenshaltung wegen aufs Land gezogen sei, wo sie sich durch Handarbeiten Geld verdienen wolle. Als Frau, so die Überlegung Felsenthals, würde es für sie nicht schwierig sein, mit dem weiblichen Dienstpersonal der Bohrs Bekanntschaft zu schließen, und es würde auch nicht auffallen, wenn sie den ganzen Tag handarbeitend am Fenster sitze. Für den Fall, daß sie etwas Verdächtiges erspähte, hatte sie den Auftrag, sofort einen der anderen Agenten zu verständigen.

Mit Hilfe dieser totalen Überwachung sollte – unter anderem – auch ein eventueller Fluchtversuch der Bohrs verhindert werden.

Da Ritter von Bohr die Belege, die Felsenthal von ihm erbeten hatte, diesem noch nicht hatte zukommen lassen, schrieb Felsenthal, um in der Sache weiterzukommen, am 16. September früh einen Brief an Bohr, in dem er ihn bat, die Dokumente entweder zu schicken oder aber zu übergeben, damit die Angelegenheit endlich zu einem Abschluß gebracht werden könne. Diesen Brief ließ Felsenthal per Boten zustellen. Polizeikommissär Felsenthal erhielt umgehend die Antwort, Peter von Bohr werde noch am selben Tag, um sechs Uhr am Abend, die gewünschten Unterlagen persönlich überbringen.

Peter von Bohr erschien tatsächlich am Abend im Polizeihaus und konnte auch nachweisen, daß seine Frau im Laufe des Jahres vom Vertreter der Konkursmasse ihres Gatten einen Betrag von 14. 000 fl. erhalten hatte, von dem ihr nach Rückzahlung mehrer Schulden noch etwas mehr als 6.000 fl. zur Disposition geblieben waren. Wo sie dieses Geld gewechselt bzw. was sie dafür bisher gekauft hatte, war – mit Quittungen belegt – detailliert festgehalten.

Felsenthal versprach, die Rechnungen, sobald er sie habe kopieren lassen, wieder zurückzustellen, und versuchte, Peter von Bohr in ein Gespräch zu ziehen. Bohr erzählte ihm, daß sein Konkurs kurz vor dem Abschluß stünde und kam auch noch einmal darauf zu sprechen, wie unangenehm es sei, daß die einzige falsche Hundert-Gulden-Note ausgerechnet in den Händen seiner Frau gefunden worden sei. Felsenthal versicherte Bohr, er und seine Frau seien über jeden Verdacht erhaben, stellte aber klar, daß nicht nur eine falsche Note in Wien aufgetaucht sei, sondern mehrere. Er vermute, daß sie aus dem Ausland kämen. Gleizeitig sprach sich Felsenthal absichtlich mißbilligend über die Qualität der österreichischen Banknoten aus, die so leicht zu imitieren seien. Um das zu belegen, zeigte er Peter von Bohr eine falsche Fünf-Gulden-Note, die vor Jahren von einem Nürnberger Fälscher produziert worden war.

Obwohl Peter von Bohr schon vor Jahren behauptet hatte, ohne Lupe kein Journal lesen und nur mit höchster Anstrengung schreiben zu können, betrachtete derselbe Bohr – er trug eine einfache Starbrille – nun beim spärlichen Licht zweier Kerzen die Fünf-Gulden-Note, lobte die Ausführung, vor allem aber das mit freier Hand gemachte Wappen, und machte, als Felsenthal ihm eine Lupe anbot, diesen sogar auf einige Fehler der Zeichnung und des Stichs aufmerksam. Mit den Worten „Nicht übel gemacht!" gab er sie dem Polizeikommissär zurück.

Die ebenfalls auf dem Tisch liegenden neuen Falsifikate hingegen würdigte er nicht einmal eines Blicks.

Für Felsenthal war nach diesem Gespräch klar: Um Bohrs Sehkraft konnte es keineswegs so schlecht bestellt sein, wie dieser seit Jahren selbst vorgab. Hatte Bohr sein Augenleiden womöglich nur vorgetäuscht?

Von der Polizei „überfallen"

Seine Aufmerksamkeit richtete Felsenthal in diesen Tagen

vor allem auf das Erscheinen der Falsifikate. Die Überlegung, von der er ausging: Erschienen die Falsifikate gleichmäßig weiter, so war anzunehmen, daß die Fälscher nichts wußten von den Nachforschungen der Behörden. Tauchte aber auf einmal kein Falschgeld mehr auf, so konnte dies für Felsenthal als Beweis gelten, daß seine Spur die richtige war, denn Peter von Bohr würde es jetzt tunlichst vermeiden, neues Falschgeld in Umlauf zu setzen, er würde um jeden Preis verhindern wollen, daß die Polizei sich erneut mit ihm beschäftige.

Tatsächlich waren seit dem 11. September, als Frau von Bohr mit einer falschen Note zu bezahlen versucht hatte, nur noch sieben falsche Hundert-Gulden-Noten bei der Nationalbank eingelangt. Die aber waren abgegriffen und schienen bereits längere Zeit in Umlauf zu sein. Je weniger falsche Hundert-Gulden-Noten aber auftauchten, desto mehr falsche Zehn-Gulden-Noten wurden entdeckt. Von den falschen Zehn-Gulden-Noten aber hatte Felsenthal nie etwas verlauten lassen, auch nicht gegenüber Peter und Mathilde Bohr.

Felsenthals nächster Schritt war, sich über die Herkunft der Zehn-Gulden-Noten Klarheit zu verschaffen.

Am 26. September hatte ein Dienstmann ein Bündel Banknoten im Gesamtwert von 1.000 fl. zur Nationalbank gebracht, um sie dort gegen eine Tausend-Gulden-Note einzutauschen. In diesem Bündel hatten sich drei falsche Zehn-Gulden-Scheine befunden, und zwar ganz neue. Sie waren bis dahin offenbar noch nicht in Umlauf gewesen. Bei dem Mann, der das Geld zur Bank gebracht hatte, handelte es sich um einen Diener der Kottingbrunner Bleiröhrenfabrik. Besitzer dieser Fabrik war Bohrs ältester Sohn Karl. Die Vermutung, daß die falschen Banknoten aus den Händen Peter von Bohrs in die seines Sohnes gekommen waren, war naheliegend. Möglicherweise versuchte Peter von Bohr, das Falschgeld auch über den Betrieb seines Sohnes zu verbreiten. Diese Annahme war nicht aus der Luft gegriffen. Am 15. September waren in einer Wiener Wechselstube vier falsche Banknoten eingezogen worden, die, wie sich herausstellte, aus der Steuerkasse von Wiener Neustadt herrührten. Kottingbrunn aber, wo der junge Bohr seine Fabrik hatte, war von Wiener Neustadt nicht weit entfernt. Wahrscheinlich hatte Karl von Bohr dieses Falschgeld – möglicherweise ohne zu ahnen, daß es eines war – selbst dort einbezahlt.

Bei der Befragung Karl von Bohrs stellte sich heraus, daß dieser bereits seit mehr als drei Jahren eines Familienzwistes wegen mit seinem Vater und dessen Frau nicht mehr zusammengekommen war und auch sonst in keiner Verbindung mit ihnen stand. Die falschen Banknoten könnten, so gab Karl von Bohr an, ihm von seinem in Kottingbrunn lebenden Bruder Ludwig, dem Direktor der Bleiröhrenfabrik, zugesandt worden sein.

Felsenthal begab sich nach Kottingbrunn ins Haus des Ludwig von Bohr. Bei der Überprüfung des im Hause vorhandenen Bargelds stellte sich heraus, daß Ludwig Bohrs Frau Katharina im Besitze einer falschen Zehn-Gulden-Note war. Sie wußte aber, woher sie diese hatte: Von ihrem Schwiegervater Peter von Bohr. Diesem hatte sie im August 3.000 Gulden geborgt, die er ihr nach wenigen Tagen zurückgegeben hatte, und zwar in lauter Zehn-Gulden-Scheinen. Von diesem Geld habe sie einen Teil an ihren Schwager Karl überwiesen, damit aber auch Zahlungen in Wiener Neustadt getätigt. Die beanstandete Zehn-Gulden-Note sei die letzte, die ihr von diesem Betrag geblieben sei.

Für Rudolph von Felsenthal stand damit so gut wie fest, daß Peter von Bohr der Fälscher war und daß er allem Anschein nach auch keine Mitwisser hatte – außer seiner Ehefrau. Den letzten Beweis konnte nur ein Geständnis oder aber die Aushebung der Fälscherwerkstatt erbringen. Felsenthal wollte beides.

Am 28. September verfaßte er einen Bericht an den Polizei-Oberdirektor von Wien, Peter von Muth, in dem er darlegte, daß nun, da bereits so viele unumstößliche Beweise vorlägen, eine genaue Untersuchung des Bohrschen Hauses vorgenommen werden müsse, eine solche Untersuchung aber nur dann gewissenhaft vorgenommen werden könne, wenn das Ehepaar Bohr gleichzeitig verhaftet werde.

Felsenthals Vorhaben war gewagt. Ohne Zweifel würde die Verhaftung des Ehepaares Bohr in Wien großes Aufsehen erregen.

Peter von Muth gab den Bericht Felsenthals weiter an den Präsidenten der Polizeihofstelle. Graf Sedlnitzky erklärte sich zwar einverstanden mit der Vornahme einer strengen und sorgfältigen Hausdurchsuchung, nicht aber mit der gleichzeitigen Verhaftung von Peter und Mathilde Bohr; die, so verfügte er, dürfe erst vorgenommen werden, wenn sich unwiderlegbare Beweise ihrer Schuld gefunden hätten.

Felsenthal begann mit den Vorbereitungen der Hausdurchsuchung. Sollte sie erfolgreich sein, so mußte seiner Meinung nach jegliches Aufsehen vermieden und der Überfall, wie er die Aktion selbst nennt, überraschend ausgeführt werden.

Der Anschaulichkeit wegen und um die von ihm getroffenen Vorkehrungen verständlich zu machen, gibt Rudolph von Felsenthal in seinem Buch eine ausführliche Schilderung des Bohrschen Hauses, die im folgenden wörtlich wiedergegeben wird:

„Der sogenannte Haupteingang befindet sich auf der Anhöhe neben dem nach Untermeidling führenden Wege. Das Haus steht hier ganz frei, da sich auf der anderen Seite des Fahrweges kein Gebäude, sondern der Vorgarten zu dem auf dem Berge stehenden Palais des Grafen Kolowrat befindet.

Dieser Haupteingang war von innen immer wohl verwahrt, und konnte von außen nicht aufgeschlossen werden. Um durch diesen Eingang ins Haus zu gelangen, hätte man erst an der neben dem Tore befindlichen Glocke läuten müssen, worauf erst von innen aufgesperrt worden wäre.

Der zweite Eingang in das Haus befindet sich schon um die Ecke, in der Grünberggasse, und ist nur eine einfache hölzerne Türe, welche damals aber ebenfalls immer von innen verschlossen war. Durch diese Seitentüre gelangt man über einige Stufen hinab in einen sehr kleinen Hof, und aus diesem wieder in zwei Schritten in die Hausküche. — Da diese Türe, die zur Zeit, als Bohr in jenem Hause wohnte, nur manchmal zum Ein- und Ausgehen der Dienstleute von innen geöffnet wurde, überhaupt nicht als eine gewöhnliche Eingangstüre galt, so war auch an der äußeren Seite kein Glockenzug angebracht.

Noch weiter abwärts in der Grünberggasse, in dem Stake-
tenzaune des Gartens, befand sich endlich die dritte Türe,
und diese war der eigentliche Haupteingang des Hauses.
Durch diese Türe mußte jeder, der in das Haus kommen
wollte, gehen. Neben der Türe war ein Glockenzug, und die
Glocke hatte einen so hellen und lauten Klang, daß man
selbst bei verschlossenen Fenstern sie in allen Zimmern
deutlich hören konnte. Um nun die Sicherheit gegen einen
möglichen Überfall noch zu vergrößern, befand sich ein
Wolfshund im Garten, welcher bei der geringsten Bewegung der Glocke zu bellen anfing und jeden, der sich nahte,
durch ein anhaltendes Gebell ankündigte. Bedenkt man
ferner, daß zudem die Hundehütte, worin sich dieser vier-
füßige Wächter befand, so gestellt war, daß der an derselben
an einer Kette angehängte Hund bis auf den vor dieser
Hütte vorbeiführenden Weg und bis zur Ecke des Hauses
streichen konnte, daß also kein Fremder, aus Furcht gebissen zu werden, zu dem Fenster des Bohrschen ebenerdigen
Arbeitszimmers gelangen konnte, so wird man zugeben
müssen, daß solche kombinierte Vorsichtsmaßregeln wohl
geeignet waren, einen bereits regen Verdacht nur zu bestär-
ken.
Durch den Vorgarten gelangte man endlich in das Haus, das
in der Gartenfront ein Stock hoch ist. Den unteren Teil des
Hauses bildete in der Mitte ein Speisesalon mit einer großen
Glastüre und zwei Fenstern in den Garten; die Türe rechts
im Salon führte in das Zimmer des Kammerdieners, woran
noch eine kleine Kammer stieß; die Türe links vom Salon
führte in das Zimmer der weiblichen Dienstboten.
Links von dem Speisesalon führte ein kleiner Gang in eine
schmale Küche (die sogenannte Kaffeeküche) und von dieser Küche wieder links eine Türe in das ebenerdige Arbeitszimmer des Bohr, im Hause gewöhnlich die Rumpelkammer genannt. Dieses Zimmer hat ein Fenster mit der Aussicht in den Garten und eine mit der Eingangstüre parallel
laufende zweite Türe, ebenfalls mit dem Ausgange in den
Garten, die aber immer versperrt war.
Von dem Gange aus, der die kleine Kaffeeküche von der
eigentlichen Kochküche trennt, gelangte man über eine
Treppe in das erste Stockwerk, wo sich die Wohnzimmer

Bohrs und seiner Gemahlin befanden, von denen ersterer die Zimmer links, letztere die Zimmer rechts an der Treppe bewohnte.

Die ganze obere Wohnung enthielt nur fünf Zimmer und ein Vorzimmer, von denen Frau von Bohr ein Schlafzimmer und ein Ankleidezimmer hatte; das mittlere große Zimmer diente als Salon, daran stieß das Gastzimmer, und rückwärts gegen den Weg nach Untermeidling lag das Schlafzimmer des Herrn von Bohr, das nur durch ein Vorzimmer vom Vorhause getrennt war."

Anberaumt hatte Felsenthal die Hausdurchsuchung für den 8. Oktober. Um sieben Uhr früh begab er sich in den Schönbrunner Schloßpark. Dort hatten sich auch alle Beamten, Agenten und Diener, die er für die Aktion benötigte, einzufinden. Im Tivoli warteten Fabrikationskommissäre der Nationalbank, um gleich bei der Hand zu sein, falls verdächtige Werkzeuge oder Proben gefunden wurden. Selbst ein Arzt war zur Stelle – für den Fall einer Ohnmacht oder einer Verzweiflungstat.

Felsenthal hatte an alles gedacht. Auch daran, daß Peter von Bohr gleich bei Erscheinen der Polizei Hand an sich legen könnte. Um das zu verhindern, schickte er den Boten, den Bohr schon kannte, wieder mit einem Brief zu ihm, einem ausführlichen Brief, in dem Bohr um Auskunft über jemanden bat, der sich vorgeblich auf ihn berufen hatte. Bohr, so rechnete Felsenthal, würde mit dem Lesen und dem Schreiben der Antwort, die dem Boten gleich wieder mitzugeben er gebeten hatte, eine Weile beschäftigt sein.

Um 7.45 Uhr machte sich dieser Bote auf den Weg. Felsenthal selbst stand, die Uhr in der Hand, im Garten zu Schönbrunn, und ließ alle fünf Minuten einen seiner Leute an die vorher vereinbarten Plätze abgehen.

Kurz danach sah die Agentin den ihr bezeichneten Mann in der Gasse. Auf dieses Zeichen hin verließ sie die Wohnung, klopfte an die Seitentür des Bohrschen Hauses und bat das Dienstmädchen, ihr ein Küchengeschirr zu borgen. Anschließend verwickelte sie diese in ein Gespräch und blieb – wie vereinbart – in der Tür stehen.

Inzwischen hatte sich auch Felsenthal mit seiner Mannschaft in Bewegung gesetzt. Um jegliches Aufsehen zu vermeiden, ging einer immer dreißig Schritte hinter dem anderen, und ohne im mindesten aufzufallen, kamen sie zum Bohrschen Haus und durch die offengehaltene Tür in dieses hinein.

Ins Haus eingedrungen, befahl Felsenthal den Bewohnern, sich nicht von der Stelle zu rühren. Die Stubenmagd hatte im Vorzimmer, die Köchin in der Küche und die Frau von Bohr im ebenerdigen Salon zu bleiben.

Felsenthal begab sich in den ersten Stock, ins Schlaf- und Arbeitszimmer Bohrs, wo dieser tatsächlich noch mit dem Beantworten des Briefes beschäftigt war.

Gleich nach seinem Eintritt sah Felsenthal an der Wand neben Bohrs Tisch jene Uhrkette hängen, von der er sich ein Duplikat hatte anfertigen lassen. Felsenthal hatte sich bei seinem letzten Besuch nicht getäuscht. Es war tatsächlich die beim Juwelier am Kohlmarkt mit einer falschen Hundert-Gulden-Note erstandene Kette.

Dieser Beweis war für Felsenthal ausreichend. Peter von Bohr wurde auf der Stelle wegen Staatsbetruges verhaftet.

Auf die Frage, woher er diese Uhrkette habe, gab Peter von Bohr wahrheitsgemäß an, sie vor etwa zwei Monaten bei einem Juwelier am Kohlmarkt gekauft zu haben. Die Frage, ob er damals noch ein anderes Schmuckstück erstanden habe, verneinte er. Ruhig und scheinbar gelassen hörte er zu, als Felsenthal ihm den eigentlichen Grund seines Hierseins nannte: die Hausdurchsuchung.

Im Zuge der Hausdurchsuchung hoffte Felsenthal auch den Ring zu finden, den Peter von Bohr gekauft hatte und der sich aller Wahrscheinlichkeit nach im Besitze Mathilde von Bohrs befand. Felsenthal ging ins Erdgeschoß, ersuchte Mathilde von Bohr, ihm all ihr Bargeld , alle Staatspapiere und auch allen Schmuck zu zeigen. Allein der Ring, von dem Felsenthal ebenfalls ein Duplikat besaß, war nicht dabei. Auf die Frage, ob sie noch an einem anderen Ort Schmuckstücke verwahrt habe, antwortete Mathilde Bohr, daß dies alles sei, was sie habe. Felsenthal zeigte ihr das Duplikat des Ringes, fragte sie, ob sie einen ähnlichen besäße. Daraufhin erklärte Frau von Bohr, ein solches Modell noch nie gesehen zu haben. Frau von Bohrs Dienstmädchen aber gaben, als ihnen das Duplikat des Rings gezeigt wurde, unabhängig voneinander an, daß Frau von Bohr diesen Ring kürzlich erst getragen habe.

Tatsächlich wurde nach längerem Suchen der Ring auch gefunden. In Papier gewickelt lag er in der Lade eines Tisches. Ein Stein war herausgefallen, weshalb er zur Reparatur gebracht werden sollte.

Daß Frau von Bohr den Besitz des Ringes geleugnet hatte, war zwar verdächtig, denn wäre er auf redliche Art erworben worden, hätte sie keinen Grund gehabt zu leugnen. Für Felsenthal war dies aber noch kein ausreichender Beweis für ihre Teilnahme am Verbrechen.

Nachdem Bargeld, Wertpapiere und Pretiosen der Bohrs überprüft worden waren, ließ Felsenthal auch noch das Geld aller im Haus befindlichen Dienstleute überprüfen. Da diese häufig zur Erledigung von Einkäufen herangezogen wurden, war es nicht unwahrscheinlich, daß sich ihrer zur Verbreitung des Falschgeldes bedient wurde.

Bei keinem der Dienstmägde aber fand sich auch nur eine einzige falsche Note. Da, wie sich Felsenthal erinnerte, auch die Sparkasse Anzeige wegen des Vorkommens falscher Banknoten gemacht hatte, fragte er die Dienstmägde, ob sie Sparbücher hätten.

Sie hatten und zeigten diese auch bereitwillig vor. Damit aber war Frau von Bohr des Verbrechens überführt. Im Sparbuch der Stubenmagd lagen zwei Zehn-Gulden-Noten. Und die erwiesen sich als falsch. Befragt, woher sie die Banknoten habe, sagte sie nichtsahnend, sie hätte sie zur Bezahlung der Wäscherin von Frau von Bohr persönlich bekommen, da sie aber noch Kleingeld gehabt hatte, habe sie die Wäscherin mit diesem bezahlt und die Scheine aufgehoben, um sie zur Sparkasse zu tragen.

Felsenthal ersetzte ihr das Falschgeld, nicht ohne sie vorher auf die falschen Noten ihren Namen schreiben zu lassen.

Ausständig war nur noch der Nachweis, daß dieses Haus selbst, Herstellungsort des Falschgeldes war.

Diesen Nachweis zu erbringen, gelang der Polizei in kürzester Zeit. Im Geheimfach von Bohrs Sekretär wurden 31 Stück gefälschter Banknoten gefunden, und in den Laden seines Arbeitstisches fanden sich: Grabstichel, Radiernadel, 22 Lupen, Brillen mit verschiedenen Gläsern, Zirkel, Winkelmaße, Meißel, Feilen und ein Stück Blei, in das Buchstaben eingeschnitten waren – Buchstaben in derselben Größe und in demselben Schnitt wie die Serienbuchstaben auf den Banknoten.

Wie überlegt Peter von Bohr vorgegangen war, zeigte sein Arbeitstisch. Dieser Tisch hatte unter der eigentlichen Arbeitsplatte noch eine zweite, die herausgezogen werden konnte. Sobald sich jemand der Tür näherte, brauchte Bohr sich nur vorzubeugen und schob durch diese Bewegung des Oberkörpers die zweite Arbeitsplatte samt allem, was darauf lag, zurück. Niemand merkte, womit er sich beschäftigt hatte.

Ebenso fündig wurde die Polizei in jenem Zimmer, das im Haus die Rumpelkammer genannt wurde und zu dem Peter von Bohr nur widerstrebend den Schlüssel herausgegeben hatte. Dort waren unzählige Maschinenbestandteile aufbewahrt, aber auch Zinn- und Kupferplatten, Stampiglien, Polierstahl und Fläschchen mit Ätzkali und Farbpulver. Auf dem Boden standen aber auch Kisten voll mit Büchern über Kupferstechkunst, Papierherstellung, Daguerreotypie, Galvanoplastik und Farbendruck. Kein Zweifel: Bohr war über den neuesten Stand der Forschung bestens informiert. Das in den Garten gehende Fenster sowie die ebenfalls in den Garten führende Tür dieses Raums waren offenbar seit Jahren nicht mehr geöffnet worden. Sie war mit Spinnweben überzogen, die Flügel mit – ehemals – hellem Mousselin verhängt, um niemandem Einblick zu gewähren. Nach Aussagen des Hauspersonals durfte diese Rumpelkammer niemand betreten. Nur zweimal im Jahr wurde ein Bedienter beauftragt, dort auszukehren.

Trotz aller Beweise: Ritter von Bohr verlegte sich aufs Leugnen. Er erklärte, bei dem, was gefunden worden sei, handle es sich um Überreste seiner einstigen künstlerischen Tätigkeit. Jetzt, wo er auf dem linken Auge ganz erblindet und die Sehkraft des rechten durch die Staroperation eingeschränkt sei, könne von derlei Arbeiten keine Rede mehr sein.

Das „Falschmünzerhaus" Peter und Mathilde von Bohrs.
Sommerquartier in den Jahren 1839 bis 1845. Es befand
sich in Wien Meidling, Tivoligasse 70. (Photographiert
von A.C. Schuster um 1900)

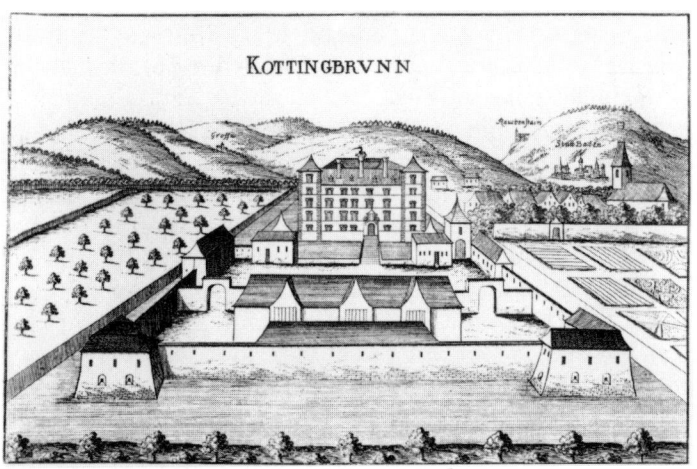

KOTTINGBRVNN

Die Herrschaft Kottingbrunn. Peter von Bohrs Sommer-
sitz in den Jahren 1819 bis 1839. (Stich von Georg
Michael Fischer, 17. Jahrhundert)

Jeden Nachmittag zum Kaffee in den Prater

Für Felsenthal aber waren die Beweise ausreichend. Um ein Uhr mittag wurde Ritter von Bohr unter strenger Bewachung ins Polizeihaus nach Wien abgeführt. Erlaubt wurde ihm, „alle jene kleinen Bequemlichkeiten des häuslichen Komforts, an welche er seit Jahren gewohnt sein mochte", mitzunehmen. Polizeikommissär Felsenthal war zwar überzeugt, daß „damals in Österreich Rang, Stand und Geburt dem Gesetze gegenüber keinen Vorzug hatten", hielt sich als Polizeibeamter aber gleichzeitig immer an den Grundsatz, „in dem Verbrecher nie den Menschen, und bei dem Menschen nie seine Erziehung, seine Kulturstufe, seine früheren Verhältnisse zu vergessen".

Felsenthal sorgte jedenfalls persönlich dafür, daß Ritter von Bohr „das hübscheste Zimmer des Polizeihauses" zugewiesen wurde – jenes „Hofmarschallzimmer", in dem 23 Jahre davor Alois Fürst von Kaunitz-Rietberg, laut Felsenthal „einer der ersten Kavaliere der Monarchie", untergebracht gewesen war.

Als Felsenthal gegen Abend nach Meidling zurückkam, wo er wohlinstruierte Beamte zur Bewachung Mathilde von Bohrs zurückgelassen hatte, teilte ihm der Arzt mit, an eine Vernehmung Frau von Bohrs sei nicht zu denken. Sie sei immer unruhiger und nervöser geworden, habe verlangt, zu ihrem Mann gelassen zu werden, den sie noch im Hause wähnte. Als ihr diese Bitte abgeschlagen worden war, habe sie Fieber bekommen. Derzeit liege sie zu Bett, werde von Krämpfen befallen und spreche zunehmend verwirrt.

Zwei Tage blieb Mathilde von Bohr aus gesundheitlichen Gründen unansprechbar. Felsenthal wollte die Zeit nützen und versuchte, Peter von Bohr zu einem Geständnis zu bewegen. Vergeblich. Peter von Bohr erkundigte sich jedesmal eingehend nach dem Befinden seiner Frau. Daß sie noch in Meidling war, schien ihn zu beruhigen.

Daraus schloß er: Sie hatte noch nicht gestanden. Bohrs Hoffnung war die Verschwiegenheit seiner Frau. Er selbst stellte sich auf den Standpunkt: „Ich habe nichts zu gestehen, die Untersuchung wird alles aufklären."

Am 10. Oktober begab sich Polizeikommissär Felsenthal wieder nach Meidling. Der Auskunft des Arztes nach war Mathilde Bohr vernehmungsfähig; aber sie war nicht bereit zu reden – bis ihr der Kommissär die falschen, von der Stubenmagd signierten Banknoten zeigte.

Als Mathilde von Bohr sah, daß alles entdeckt war, war sie auch zu einem umfassenden Geständnis bereit: Ihr Mann habe, so gestand sie Felsenthal, bereits 1839, um sich vor dem drohenden Konkurs zu retten, um einen Betrag von etwa 20.000 Gulden Banknoten à 500 fl. angefertigt, davon aber nur etwa 16 Stück ausgegeben. Wie gelungen diese Fälschungen gewesen sein müssen, zeigt die Tatsache, daß nur eine dieser 500-Gulden-Noten, und zwar von der Bankkasse in Lemberg, für bedenklich erklärt worden war. Mathilde von Bohr machte auch kein Hehl daraus, daß Felsenthal bereits im Jahre 1841 die richtige Spur verfolgt habe. Damals habe ihr Mann auch das Banknotenpapier selbst bereitet, weshalb die Polizei vermutet hatte, das Geld käme aus dem Ausland. Die Summe der falschen Banknoten, die sie und ihr Mann ausgegeben hätten, betrage, so Mathilde Bohr, insgesamt 24.000 Gulden. Die gravierten Platten, aber auch alle anderen zur Herstellung des Geldes verwendeten Maschinen und Geräte habe ihr Mann nach Herstellung einer neuen Geldserie sofort zerstört. Die Kupferplatten der letzten Falsifikation habe er in Stücke geschnitten und bei einer Spazierfahrt in den Prater in die Donau geworfen. Er habe auch jedesmal selbst eine neue Presse angefertigt.

Befragt, ob Peter von Bohr schon vor dem Jahr 1839 falsche Banknoten gemacht habe, erklärte sie, davon nichts zu wissen. Ihr Mann habe aber früher immer davon gesprochen, daß er große Summen Geldes aus Belgien beziehe, sie habe nie erfahren, woher und auch nicht, wer in Belgien oder in Wien seine Bankiers gewesen seien. Diese Reisen habe er immer alleine unternommen. Er sei einige Wochen ausgeblieben und nach seiner Rückkehr seien meist größere Summen eingetroffen. Ihrer Vermutung nach sei sie erst in das Geheimnis eingeweiht worden, als ihm ein Gichtleiden das Reisen unmöglich gemacht habe. Das Geheimnis für sich zu behalten, habe sie als Gattin für ihre Pflicht gehalten.

Mathilde von Bohr versicherte, die einzige Mitwisserin und Teilnehmerin an dem Verbrechen ihres Gatten zu sein. Sie war auch bereit, diese ihre Aussagen anderntags zu Protokoll zu geben. „Um Aufsehen zu vermeiden", wurde sie erst in den Nachtstunden ins Polizeihaus gebracht. Felsenthal wörtlich:

„Sie hatte alle Bequemlichkeiten, wie man sie nur in einem Gefängnisse haben kann – der Gastwirt im Hause hatte ohnehin von mir den Auftrag erhalten, ihr sowohl als ihrem Gatten alle Gerichte, die sie verlangten, ohne Widerrede vorzusetzen; ich gab ihr eine ältliche Person zur Bedienung, ja als der Arzt mich aufmerksam machte, daß ihr Gesundheitszustand täglich Bewegung in freier Luft erfordere, macht ich ihr den Vorschlag, jeden Nachmittag mit ihr auszufahren, was sie auch dankend annahm. Und jeden Tag, solange sie unter meiner Aufsicht war, fuhr ich mit ihr in den Prater, wo wir eine Zeitlang promenierten, dann Kaffee nahmen und nach einigen Stunden wieder nach Hause fuhren. Ich wollte ihr die Pein ersparen, in dem Hofe oder Garten des Gefangenhauses, wo sie gesehen werden konnte, spazierengehen zu müssen."

Felsenthal hatte seinen Auftrag erfüllt. Der Fälscher war ausgeforscht. Felsenthals Ehrgeiz aber war es, Bohr zu einem Geständnis zu bringen, bevor er ihn dem Kriminalgericht übergab. Abend für Abend begab Felsenthal sich ins Hofmarschallzimmer zu Bohr. Der aber schwieg beharrlich. Das einzige, was der Polizeikommissär aus ihm herausbrachte, war der Satz: „Es soll mir einer beweisen, daß ein Blinder wie ich imstande ist, solche Falsifikationen zu machen." In dem – erst einige Tage später erstellten – ärztlichen Gutachten ist allerdings von Blindheit keine Rede:

„Aus der genauesten Untersuchung der Augen des benannten Kranken in ihrem jetzigen Zustande ergab sich folgendes:

Die Bildung derselben ist, was Form und Größe anbelangt, vollkommen normal.

Am rechten Auge ist außer der Narbe im oberen Segmente der Hornhaut, welche von der Operation herrührt, durchaus nichts Krankhaftes zu entdecken und die Kraft des Sehnervs nicht nur allein ungetrübt, sondern auch in jeder Beziehung außerordentlich, da der Kranke, sobald er den Mangel der durch die Operation entfernten Linse mittels Starbrille ersetzt hat, mit der größten Genauigkeit die feinsten Nuancen in Kupferstichen und dergleichen zu bestimmen imstande ist.

Im linken Auge zeigt sich dem Beobachter die starkranke Linse von grünlich-grauer Farbe, die, nicht vollkommen die Pupille ausfüllend, in ihrer Peripherie dichter, gegen das Zentrum zu jedoch weicher, ja fast ganz aufgelöst zu sein scheint, welche Bemerkung noch mehr durch die Äußerung des Kranken bestätigt wird, daß es ihm vorkomme, als erhalte er auf diesem Auge sein Gesicht wieder.

Es wäre daher bei der selbst im hohen Alter offenbar höchst energischen Lebenskraft dieses Kranken nicht unmöglich, daß sich die Natur dieses krankhaften Produkts mittels Aufsaugung entledigt, und auf diese Art das Sehvermögen von selbst wieder hergestellt würde."

Am Abend des 15. Oktober war Felsenthal entschlossen, ans Ziel zu kommen. Er gab Bohr zu verstehen, daß es höchstens dann sinnvoll sein könne, sich aufs Leugnen zu verlegen, wenn niemand außer ihm von dem Verbrechen wüßte. So aber sollte er sich fragen, ob denn auch jene Person, die um das Verbrechen wisse, die Standfestigkeit habe, unter allen Umständen zu schweigen.

Für Bohr, der offenbar damit gerechnet hatte, daß seine Frau nicht gegen ihn aussagen würde, brach eine Welt zusammen. Er verlor die Fassung, begann zu schreien, dann zu schluchzen.

Als Felsenthal ihm ein Schnupftuch geben wollte, das am Fensterbrett lag, fiel ein eigroßes Gebilde heraus – Brotkrumen mit Speichel zusammengekittet. Peter von Bohr hatte sich damit ersticken wollen. Die Lage war nun für ihn tatsächlich ausweglos.

Am nächsten Tag gab Bohr sein Geständnis zu Protokoll. Er bekannte sich dazu, der Fälscher der in den letzten beiden Monaten aufgetauchten Hundert-Gulden-Noten zu

sein, nicht aber dazu, auch die Zehn-Gulden-Scheine gefälscht zu haben. Daß er auch der 1841 gesuchte, damals
aber nicht entdeckte Falschmünzer sei, gestand er Felsenthal nur „unter dem Siegel der Verschwiegenheit". Felsenthal ließ es darauf beruhen. Begründung: „Bei dem Alter
und der Gebrechlichkeit Bohrs war jede mehrjährige Strafe
ohnehin als eine lebenslängliche anzusehen."

Schon 1808 polizeilich belangt

Nach Abschluß der Einvernahme richtete Felsenthal an
Bohr die Frage, ob er bereit sei, seine außergewöhnlichen
Kenntnisse, die er bisher so gesetzwidrig eingesetzt habe,
wenigstens insoweit zum Nutzen des Staates und zur Süh-
nung seines Verbrechens zu verwenden, daß er seine Erfahrungen und auch seine Ansichten über die Möglichkeit der
Herstellung unnachahmlichen Papiergeldes einer sachver-
ständigen Person mitteilen wolle.

Peter von Bohr war dazu bereit. Felsenthal arrangierte
mehrere Treffen mit dem Generalsekretär der Nationalbank, Herrn von Salzmann. Salzmann, selbst ein Fachmann auf dem Gebiet der Banknotenherstellung, gestand,
aus diesen Gesprächen sehr viel gelernt zu haben. Einzig
was die Herstellung des Papiers betraf, ließ Bohr sich auf
kein Gespräch ein. Aus gutem Grund. Daß er bereits 1841
Banknoten gefälscht habe, hatte er Felsenthal nur vertrau-
lich mitgeteilt und auch vor Gericht nicht zugegeben. Aus
den Untersuchungsvorakten ging überdies hervor, daß
Peter von Bohr bereits im Jahre 1808, als er noch in Linz
gewohnt hatte, einmal wegen der Ausgabe von 60 Stück
falscher Bankozettel à 10 Gulden polizeilich beanstandet
worden war. Sowohl für das Falschgeld aus dem Jahr 1808
als auch für jenes aus dem Jahr 1841 war geschöpftes
Papier verwendet worden. Hätte Bohr seine Kenntnisse
über Papierfabrikation dargelegt, so hätten ihm, so vermutet Felsenthal, auch diese Fälschungen eindeutig nachgewiesen werden können.

Polizeikommissär Felsenthal, bester Kenner des Falles

Bohr und Experte auf dem Gebiet der Kreditpapierfälschung, war jedenfalls überzeugt: Wenn die polizeiliche Erhebung, die im Jahr 1808 in Linz gegen ihn eingeleitet wurde, mit größerer Energie geführt worden wäre, hätten sich bereits damals evidente Spuren einer verbrecherischen Tätigkeit herausgestellt. Aus diesen Vorakten aus dem Jahr 1808 geht folgendes hervor: Als der Wiener Posamentier, bei dem die falschen Guldenzettel zuerst beanstandet worden waren, erklärt hatte, daß er diese vom Putzwarenhändler Peter Bohr aus Linz erhalten habe, hätte sich der Hausknecht des Posamentiers, der den Geldbetrag von Bohr im Zimmer eines Gasthofes in Empfang genommen hatte, erinnert, daß der Boden des Bohrschen Reisekoffers zur Gänze mit Bankozetteln bedeckt gewesen sei. Dies sei ihm umso mehr aufgefallen, als dies bei einem Kaufmann einer kleinen Provinz-Hauptstadt ungewöhnlich war.

Daß Bohr auch ausländische Kreditpapiere gefälscht hat, schien Felsenthal zumindest sehr wahrscheinlich. Bohrs Auslandsreisen und die regelmäßigen Geldeingänge im Anschluß daran, ließen es vermuten.

Was die Menge des von Bohr erzeugten Falschgeldes anlangt, so kam Felsenthal im Jahr 1853 zu folgendem Schluß:

„Man wird nicht von der Wahrheit abirren, wenn man die Summe der gefälschten Papiere, welche er verbreitete, auf weit über eine Million Gulden anschlägt und Bohr demnach sowohl hinsichtlich der Größe des verübten Betruges, als der Vollendung der Ausführung, als der fortgesetzten langen Zeitdauer derselben, für den vielleicht größten Fälscher erklärt, der je existiert hat."

Der Hauptgrund dafür, daß es Bohr möglich war, so lange Zeit hindurch seine verbrecherische Tätigkeit auszuüben, war der Glaube seiner Umwelt an sein stark eingeschränktes Sehvermögen.

Felsenthal aber war der Ansicht, Bohr habe dieses Augenleiden sehr gezielt vorgetäuscht. Und zwar bereits in Linz, als er einer angeblichen Augenschwäche wegen das Malen aufgab.

Im Zuge des Prozesses stellte sich überdies heraus, daß Bohr imstande war, die Sehkraft seiner Augen durch optische Kunstgriffe außerordentlich zu erhöhen. Er selbst hatte sich durch die Kombination mehrerer Lupen ein Augenglas geschaffen, das alles auf diesem Gebiete bis dahin Erhältliche an Schärfe und Klarheit bei weitem übertraf.

Am 21. Oktober 1845 wurden Peter und Mathilde von Bohr dem Kriminalgericht übergeben. Am 23. März 1846 fällte der Kriminalsenat der Haupt- und Residenzstadt Wien das Urteil:

Peter von Bohr wurde „des Verbrechens der Nachahmung als Münze geltender öffentlicher Kreditpapiere für schuldig" erklärt, seine Frau Mathilde der Teilnahme an diesem Verbrechen.

Beide wurden zum Tod durch den Strang verurteilt und überdies mit dem Verlust des Adels und aller damit verbundenen Rechte bestraft. Der Österreichischen Nationalbank, die bei diesem Prozeß zum ersten Mal in der Geschichte – aufgrund der Höhe des Schadens – als geschädigte Partei auftrat, hatten die Beschuldigten überdies Schadenersatz in der Höhe von 33.687 Gulden zu leisten.

Die Prozeßakten wurden, dem Gesetz entsprechend, dem Appellationsgericht und von diesem der obersten Justizstelle vorgelegt.

Im August 1846 wurden von Kaiser Ferdinand die Todesurteile in eine Kerkerstrafe umgewandelt. Peter Bohr sollte acht Jahre Kerkerhaft verbüßen, Mathilde Bohr zwei Jahre.

Peter von Bohr überlebte das Urteil nicht lange. Er starb am 15. Oktober 1847 an Erschöpfung der Kräfte. Sein letzter Wunsch, den der Kaiser bewilligte, war es gewesen, in der Gruft seiner ehemaligen Herrschaft in Kottingbrunn beigesetzt zu werden.

Mathilde Bohr wurde kurz darauf freigelassen. Am 2. November 1847 wurde ihr durch einen zweiten kaiserlichen Gnadenakt der Rest der Strafe erlassen. Die Österreichische Nationalbank verzichtete auf Schadenersatz. Mathilde von Bohrs Witwengehalt blieb ungeschmälert.

Wiener Polizeibericht für den Monat Mai 1838

Administrations- und Stimmungsbericht der k.k. Polizei-Oberdirektion

Volksstimmung

Die Gefühle der innigsten Treue und Anhänglichkeit, die die getreuen Untertanen für den gnädigsten Landesvater von jeher bei allen im Verlaufe der Zeit sich ergebenden Anlässen an den Tag zu legen pflegten, waren laut der diesfalls eingeholten Berichte auch im Monat Mai auf eine erfreuliche Weise rege.
(...)
Großes Aufsehen im Publikum machte die ganz unerwartete Freilassung und das öffentliche Erscheinen des in der Leopoldstadt wohnhaft gewesenen bürgerlichen Greißlers Johann Ofner, welcher am 1. Dezember 1835 des Meuchelmordes rechtlich bezichtigt, über Ansuchen des Kriminalgerichtes an selbes eingeliefert worden war und dessen Untersuchung einer der gediegensten Kriminalräte führte, der ihn denn auch dieses Verbrechens durch Zusammentreffen der Umstände als schuldig erkannte. In der Plenarsitzung des Kriminalsenats von mehr als 20 mitunter ausgezeichneten Räten wurde fast einstimmig das Urteil auf 20 Jahre schweren Kerkers gefällt, solches jedoch von der Appellation bei Gelegenheit der Vorlegung der Untersuchungsakten kassiert und Ofner ab instantia freigelassen. Da man allgemein nach der Lage der Sache überzeugt sein zu können glaubt, daß Ofner das Verbrechen, dessen er beschuldigt wird, wirklich begangen habe, sein Benehmen und seine Äußerungen sowohl während der Untersuchung als nach der Publikation des für ihn so günstigen Urteils, welches er nicht erwartete, auch diese Ansicht bestätigten, man ferner nicht denkbar glaubte, daß ein so zahlreiches Gremium mitunter vorzüglicher, im Kriminaldienste er-

grauter und erfahrener Männer hier einer falschen Ansicht so einstimmig beigepflichtet haben sollte, eine Lücke im Gesetze endlich auch nicht angenommen werden könne, da dieses sich schon durch so viele Jahre als genügend erwies, so wurde obige Entscheidung des Appellationsgerichtes allgemein mißbilligend aufgenommen, und man glaubte, die Ursache dieser sowohl als mancher anderen in der letzten Zeit von dorther erflossenen auffallenden Entscheidungen darin finden zu müssen, daß sich bei diesem Obergerichte besonders seit Hubers und Karhans Tod sehr wenige mit dem Kriminale vertraute Räte befinden, was sohin derlei die Behörden kompromittierenden Mißgriffe zur Folge haben müsse. Die im Publikum näher bekannt gewordenen Details über das bei der Appellation bezüglich des vorliegenden Falles abgehaltenen Referates und die Besetzung des Senats mit bloß vier Räten, durchaus Zivilisten, mußte der ohnehin schon vorgefaßten Meinung gegen dieses Obergericht zu tadelnden Bemerkungen Anlaß geben, und allgemein wurde der Wunsch hörbar, die höchsten Behörden möchten sich veranlaßt finden, gegenwärtigen Fall einer Revision zu unterziehen, zu gleicher Zeit aber die entsprechenden Verfügungen zu treffen, um diesen Mängeln bei einer so hoch gestellten Oberbehörde abzuhelfen, welche durch ihre irrigen Entscheidungen die fleißigsten und bewährtesten Kriminalräte entmutigt, überdies die Verübung der Verbrechen begünstigt.

Der Vorfall, daß der Sträfling Franz Kurz, welcher auf dem Punkte, das nö. Provinzialstrafhaus zu verlassen, wegen der ihm aus Anlaß eines Brotdiebstahls zugedachten Strafe von 40 Stockstreichen sich gewaltsam das Leben nahm, wurde gleichfalls häufig im Publikum mit Bemerkungen über die unzweckmäßige Strenge des Strafhausverwalters erwähnt.

Öffentliche Ordnung, Reinlichkeit und Sittlichkeit

Die bezüglich dieser drei so wichtigen behördlichen Interessen bestehenden Vorschriften wurden aufs genaueste gehandhabt. Patrouillen und Streifungen bei Tag und Nacht, in allen Teilen der Stadt, in Vorstädten, im Prater, in den Donauauen und der Umgebung Wiens wurden abgehalten, Revisionen in den Gasthöfen, Dienstboten- und Gesellenherbergen, Häusern bedenklicher Art, Stallungen, Branntweinschenken und allen sonstigen verdächtigen Lokalitäten vorgenommen, Inspektionen in Theatern, bei Bällen und allen öffentlichen Orten gepflogen, wo ein größerer Zusammenfluß von Menschen zu erwarten war.

(...)

Bei der Revision der Feuerlösch-, Bade-, Schul- und Erziehungsanstalten fand man keine Gebrechen.

Rücksichtlich der Aufgreifung liederlicher Dirnen, Bettler und bedenklicher Individuen gaben die voran bemerkten Schritte folgenden Erfolg:

Wegen liederlichen Wandels und körperlicher Gewerbtreibung wurden	118
wegen Mangel an Ausweis, Erwerb oder Unterstand	469
wegen Bettelns	318

Personen verhaftet und nach den bestehenden Vorschriften behandelt, worauf man insbesondere darauf bedacht war, die nicht hierher gehörigen aus der Residenz zu entfernen. Auffallend ist die stets zunehmende Menge der Erwerbs- und Unterstandslosen, besonders in dieser Jahreszeit, sowie die mit diesem Umstande im Mißverhältnisse stets geringere Zahl der ins Zwangsarbeitshaus von Seite der nö. Regierung Aufgenommenen; während früher im Durchschnitte der tägliche Stand zwischen 320 und 360 war, befinden sich gegenwärtig selten über 20 in dieser Anstalt.

Öffentliche Ruhe und Sicherheit

Der Schutz der öffentlichen Ruhe und Sicherheit ist fortwährend das erste Ziel der polizeilichen Tätigkeiten. Im Zusammenwirken der Polizei-Oberdirektion und sämtlicher Bezirksdirektionen sowie der entsprechenden Verwendung der untergeordneten Organe als der Militärpolizeiwache, der Polizeidiener, der Zivil- und Grundwache und anderer zu diesem Zwecke ins Vertrauen gezogenen Individuen ist es gelungen, abermal eine bedeutende Zahl teils wirklicher Angriffe auf die Sicherheit der Person und des Eigentums bezichtigter, teils sonst gefährlicher oder doch bedenklicher Individuen zustandezubringen. Es wurden in diesem Monat laut Beilage

wegen Verbrechen	72
wegen schwerer Polizeiübertretungen	232
wegen Polizeivergehen	1.462
zusammen	1.766

Personen in Untersuchung gezogen.
Diese Inquisiten sind nach Umständen bloß polizeilich behandelt oder nach beendigter Untersuchung den kompetenten Strafbehörden zur Amtshandlung zugeführt worden.
Unter den verhandelten Verbrechen kommt dem Fall eines versuchten Mordes von Karoline Kura, von Arhau, Brünner Kreis, gebürtig, 26 Jahre alt, kath., ledig, Stubenmagd bei dem in der Stadt Nr. 143 wohnhaften Herrn k.k. Hofrat von Salzgeber, besondere Bedeutung zu. Karoline Kura hat am 9. Mai morgens den Sohn des Herrn k.k. Hofrat Stefan Geizy von Garanszig, Peter, mit dem sie während der Zeit, als sie in Diensten des letztgenannten Herrn Hofrates stand, in ein Liebesverhältnis eingetreten war, in seiner Wohnung überfallen und mit einem früher von ihm erhaltenen Stilett, in der eingestandenen Absicht, sich und ihn zu töten, schwer verwundet, sowie sie auch den Versuch gemacht, sich selbst zu töten, woran sie aber gehindert worden, nachdem sie sich mehrere leichte Verletzungen beigebracht. Gebrochene Liebestreue war die Veranlassung dieser Tat, die übrigens in einer so ungestümen Geistesexaltation begangen worden, daß die Täterin vom Kriminalgerichte wegen Unzurechnungsfähigkeit losgesprochen wurde.
Wenn auch wieder die Diebstähle die am häufigsten vorkommenden Verbrechen waren, so ergab sich wenigstens der angenehme Umstand, daß kein Individuum unter 14 Jahren wegen Diebstahls überhaupt in Untersuchung kam.

KAISER, KÖNIG, EDELMANN...

Der so sehnliche Wunsch läßt sich nicht mehr unterdrücken

Ansuchen des Kriminalsenats an den „löbl. polit.ökonom. Senat" des Magistrats Wien

Referat vom 11. September 1826

Die Beschaffung des Bildnisses Seiner Majestät Kaisers Franz I. für das Plenum des Kriminalsenats

Jede Abteilung dieses Magistrats war schon so glücklich, ein Bildnis unseres allergnädigsten Landesfürsten und Herrn Kaiser Franz I. zu erhalten, nur der einzige Kriminalsenat, der doch zu jeder Zeit mit den übrigen Geschäftsabteilungen dieser Magistratur die Gefühle des reinsten Patriotismus, der tiefsten Verehrung und Anhänglichkeit an Ihren erhabenen Regenten und dessen allerdurchlauchtigste Familie teilte, und sich in seinem Dienstbetriebe der allerhöchsten Zufriedenheit vollkommen zu erfreuen hat, war bisher aus unbekannnter Ursache von diesem hohen Glücke ausgeschlossen; allein in gerechter Rücksicht auf die Würde und das Ansehen des Kriminalgerichts dieser Haupt- und Residenzstadt läßt sich der so sehnliche Wunsch: ein wohlgetroffenes Porträt unseres allergnädigsten Landesfürsten Kaiser Franz I. in vergoldetem Rahmen zu besitzen, nicht länger mehr unterdrücken; nachdem jedoch die Realisierung dessen nur in dem Wirkungskreise des löbl. polit. ökonom. Senates gelegen ist, so wäre derselbe in Dienstfreundschaft zu ersuchen, hiewegen das Nötige veranlassen zu wollen ...

Referat vom 29. September 1826

Die Anschaffung grüntüchener Decken für die Tische im Ratssaale des Kriminalgerichts betreffend

190

Seit mehr als 40 Jahren ist der Ratstisch sowohl als die zwei Sekretärs- und Ratsprotokollistenseitentische im Pleno des Kriminalgerichtshauses mit einer schwarzledernen, nun schon ziemlich abgenützten Decke und mit rottüchernen mit gelbseidenen Börteln besetzten Vorhangel versehen; da aber das schwarze Leder die Kleider beschmutzet, die bizarren roten Vorhangel den Augen wehtun und für die itzigen Zeiten und Ansichten wahrlich nicht mehr passen, hingegen die grüne Farbe der Tischdecken nicht nur auf die Augen wohltätig einwirkt und die Kleider reinlich erhält, sondern auch solche ganztücherne Bedeckungen der Tische in dem Ratssaale eines Justizkollegiums ganz schicklich und zweckmäßig erscheinen, selbe auch bei allen anderen Senaten üblich sind, so wäre der löbl. polit. ökonom. Senat, dem allein jede Anschaffung zusteht, in Dienstfreundschaft zu ersuchen, diesfalls das Nötige zu veranlassen ...

Referat vom 10. November 1826

Die Renovierung und Ergänzung der Sessel für das Plenum dieses Kriminalgerichtes betreffend

Nachdem durch die freundschaftliche Vermittlung des löbl. polit. ökonom. Senates das Plenum dieses Kriminalgerichtes bereits nach Wunsch schon größtenteils eingerichtet ist, die höchste Zierde aber in dem durch Meisterhand des Malers v. Lampi den Jüngeren herzustellenden neuen Bildnisse Seiner Majestät unseres hochverehrten Monarchen Kaiser Franz sowie in dem zu renovierenden des höchst seligen Kaiser Joseph II. noch zu erwarten hat, so würde es einen gewaltigen Mißstand machen, die seit 1783 bestehenden, also veralteten, und zum Teil auch zerrissenen rotledernen Sesselüberzüge bei den grünen Tischen beizubehalten. Um also das seinerzeit in seiner Vollendung sich darstellende schöne Ganze dieses Ratssaales nicht zu verunstalten, ist es sehr wünschenswert, daß die für selben bestehenden noch guten drei Armsessel und 22 gewöhnlichen Sesselgestelle mit neuen grünledernen Überzügen versehen und zu selben – um doch das ganze Ratspersonale von 23 Herren Räten, einem Sekretär und einem Ratsprotokollisten auf einerlei Sesseln sitzen zu machen – noch drei Stück gleiche neue Sesseln angeschafft werden, da jedoch die diesfällige Anschaffung nur in dem Bereiche des löbl. polit. ökonom. Senates gelegen ist, so wäre derselbe in Dienstfreundschaft zu ersuchen ...

(Aus: Wiener Memorabilien des Kriminalgerichts. Bd.2, Nr. 437, Nr. 444 und Nr. 446)

IN BESTER GESELLSCHAFT

Der Fall Alois Fürst von Kaunitz-Rietberg (1822)

Berggeist, Oberon und Aschenbrödel

Von 1815 bis 1821 existierte in Wien, was es bis dahin noch an keinem einzigen Theater des deutschsprachigen Raumes gegeben hatte – ein eigenes Kinderballett. Begründet wurde es von Ferdinand Graf Palffy von Erdöd, dem Besitzer des Theaters an der Wien. Die Inszenierung der Theaterarrangements oblag dem 1793 in Köln geborenen Friedrich Horschelt, einem Mitglied des Hofopernballetts, der nicht nur als begabter Ballettmeister, sondern auch als Wiens bester Billardspieler galt.

Die Kinderballette, verschwenderisch ausgestattet, erwiesen sich als durchschlagender Erfolg – und für den Theaterdirektor als überaus einträglich. Etliche der Inszenierungen – darunter die Pantomimen „Das Waldmädchen" und „Der Berggeist" – erlebten weit über 50 Aufführungen. Die Inszenierung von „Aschenbrödel", an der 176 Kinder mitwirkten, war nach dem bekannten Dichter und Kritiker Adolf Bäuerle ein Ereignis, das in ganz Europa noch nicht zu sehen gewesen war.[33] Das Wiener Theaterpublikum, aber auch ausländische Kritiker, waren begeistert. So schrieb der schwedische Dichter Peter Daniel Atterbom:

> „Man glaubt sich wirklich bisweilen beim Anschauen des Gewimmels von kleinen, hübschen, luftigen, schimmernden Wesen in das Reich der Sylphen und Elfen versetzt, umso mehr als alle nur mögliche magische und phantastische Pracht in Kleidung, Dekoration und Beleuchtung aufgewendet wurde."[34]

Bald schon wurde aber auch Kritik am Kinderballett laut. Der Präsident der niederösterreichischen Landesregierung, Freiherr von Reichmann, teilte am 13. November 1816 seine diesbezüglichen Bedenken dem Polizeiminister Sedlnitzky mit. Er erblicke, so schrieb Reichmann, in dem Kinderballett sowohl eine moralische als auch eine gesundheitliche Gefährdung der Kinder, „da der zarte, noch im Wachsen begriffene Körper und die noch nicht entwickelten Kräfte dieser Kinder durch das Tanzen, besonders aber infolge der vielen Proben, wobei die Kinder, wie man vernehme, viele Mißhandlungen, sogar Schläge auszustehen hätten, zu sehr angestrengt werden, wie denn auch dem Vernehmen nach schon mehrere von ihnen wirklich erkrankt wären"[35].

Freiherr von Reichmann ersuchte, diese Mißstände abzustellen. Die Polizeidirektion, die von Graf Sedlnitzky daraufhin den Auftrag erhielt, nachzuforschen, ob die vorgebrachte Kritik berechtigt sei, konnte allerdings keinerlei Mißstände feststellen, hätte es wohl auch gar nicht gewagt, an der Existenz des Balletts zu rühren. Hatten doch noch am 16. November 1816 – anläßlich der Vermählung von Kaiser Franz mit Prinzessin Karoline von Bayern – das Kaiserpaar selbst, der Hof, die Minister und das diplomatische Corps einer Aufführung von „Aschenbrödel" beigewohnt.

Doch selbst die Beifallsstürme, welche die Aufführungen des Kinderballetts beim Publikum auszulösen vermochten, brachten die Kritik nicht zum Verstummen. Für etliche Mediziner und Theologen war und blieb dieses Ballett ein Stein des Anstoßes, eine Unterhaltung, die mit dem physischen und moralischen Verderben vieler Kinder erkauft wurde.

Im September 1818 sah sich Sedlnitzky jedenfalls erneut veranlaßt, Polizeidirektor Hofrat Siber den Auftrag zu erteilen, „im geheimen zu erforschen, ob wirklich Mitglieder des bereits seit drei Jahren bestehenden Kinderballetts durch die Anstrengungen bei den Aufführungen und den dazu erforderlichen Lektionen und Proben krank, vielleicht sogar lungensüchtig geworden und gestorben seien.[36] Erhoben wissen wollte Sedlnitzky überdies, ob bei den zum Ballett gehörenden Kindern eine frühere Entwicklung des Geschlechtstriebes und Liebeslebens wahrgenommen werde und ob die Kinder infolge des Tanzens vom Besuch der Schule und des Religionsunterrichts abgehalten würden.

In seinem Antwortschreiben, datiert vom 24. 11. 1818, bezeichnete Polizeioberdirektor von Siber alle gegen das

Der Gründer des Kinderballetts; Ferdinand Graf Palffy
(1774-1840).

Schauplatz der Kinderballette: das Theater an der Wien.
Außenansicht mit der ursprünglichen Fassade.
(Stich von 1806)

Kinderballett erhobenen Vorwürfe als unhaltbar. Weder
habe sich gezeigt, daß Kinder infolge ihrer Verwendung
beim Ballett erkrankt seien, noch habe man die mindeste
unsittliche Handlung bemerkt. Im übrigen würden die
Kinder „zu fleißigem und ununterbrochenem Besuche der
Schule angehalten" und durch ihren Verdienst nicht unwe-
sentlich zur Sicherung des Unterhalts ihrer Familie beitragen. Aufgrund ihrer Erhebungen vertrat die Polizeidirektion den Standpunkt, „daß es nicht möglich sei, Ballettän-
zer zu haben, ohne selbe schon als Kinder dazu zu bilden",
die Ausbildung zur Tanzkunst daher in den zartesten Kin-
derjahren erfolgen müsse, solange die Glieder noch flexibel
seien.

Den Vorwurf der moralischen Gefährdung der Kinder versuchte die Polizei mit dem Argument zu entkräften, daß zur
Darstellung von Liebesszenen nicht Kinder verschiedenen
Geschlechtes, sondern ausschließlich Mädchen herangezogen würden, wodurch der Einfluß wegfalle, „den bei den
Produktionen der Affekte die Verschiedenheit des Geschlechtes auf die Reizbarkeit des erregten Gefühles nehmen könnte".

Nach Ansicht der Polizei stünde nicht so sehr die Moral
der Kinder als vielmehr die „Nationalehre" des Landes auf
dem Spiel. Österreichs künstlerischem Ruf im Ausland
würde, so die Befürchtung der Polizei, durch eine Einstellung des Kinderballetts schwerer Schaden zugefügt. „Sollen", so heißt es im Schreiben des Polizeidirektors wörtlich,
„Frankreich und Italien allein das Monopol dieser Künste
haben?" Seinen Bericht schloß er mit den Worten:
„Die Kinderballette verschaffen dem Publikum großes
Vergnügen und sind allgemein beliebt und berühmt. Sie
sind die Bewunderung aller Fremden, sie sind das einzige
originelle Spektakel, desgleichen nirgends zu sehen ist,
sie sind die Hauptstütze des Theaters an der Wien. Die
Einstellung dieser Kinderballette würde den Untergang
dieses Theaters, das die Zierde der Residenz ist, bedeuten."[37]
Graf Sedlnitzky übermittelte diesen Bericht der Hofkanzlei, nicht ohne nochmals ausdrücklich zu betonen, daß durch
das Kinderballett „viele Familien ihren Nahrungserwerb

finden, bei dessen Ermangelung oder Erschwerung ihre Kinder dem physischen und moralischen Verderben weit mehr ausgesetzt sein dürften, als solches bei ihrer Verwendung zu Kinderballetten der Fall sein könnte"[38].

Dem Kaiser schienen die vorgebrachten Argumente einzuleuchten. Im Jänner 1819 ließ er die Behörden davon in Kenntnis setzen, daß weder an eine Einstellung der Kinderballette gedacht sei, noch an eine Beschränkung des Alter,[39] in welchem die Kinder dazu verwendet werden dürfen.

Während der folgenden sechs Monate allerdings änderte der Kaiser seine Meinung grundlegend. Am 3. Juli 1819 teilte er dem Polizeiminister mit, daß er fest entschlossen sei, die im Theater an der Wien gegebenen Kinderballette aufzuheben und daher keine neuen Kinder mehr ins Ballett aufgenommen werden dürfen. Für den Fall, daß das Theater an einen neuen Besitzer übergehe, dürfe diesem die Erlaubnis, Kinderballette zu geben, nicht mehr erteilt werden.[40]

Ein Jahr später, im Juli 1820, erging an die Polizei-Oberdirektion erneut die Weisung, sorgfältig darüber zu wachen, daß nicht etwa – entgegen dem Willen des Kaisers – neue Kinder ins Ballett des Theaters an der Wien aufgenommen werden und Kinderballette auch in allen anderen Wiener Theatern abzustellen seien.[41]

Als das Theater an der Wien im November 1821 an einen neuen Pächter überging, wurde das Kinderballett endgültig aufgelöst. Die Polizeidirektion erhielt folgende Information: Der Kaiser habe angeordnet, sämtlichen Vorstadttheatern, wo Ballette und Pantomimen aufgeführt werden, kundzumachen, daß die Verwendung von Kindern nur zu unentbehrlichen Gruppierungen gestattet werde, und zwar in verhältnismäßig geringer Anzahl und auf eine Art, die ihnen weder in moralischer noch in physischer Hinsicht auch nur im geringsten schädlich werden könne. Nie und nimmer und nirgends mehr dürften ein eigenes Ballettcorps von Kindern oder Ballettschulen für Kinder in der Art, wie sie bis jetzt im Theater an der Wien bestanden haben, geduldet werden.[42]

„Unter massenhaftem Tränenverlust"[43] nahm das Theaterpublikum am 30. November 1821 Abschied vom Kinderballett. Auf dem Spielplan stand „Der Berggeist", ein Stück des Wiener Theaterdichters Josef Alois Gleich.

Ferdinand Graf Palffy, der das Theater in der Zwischenzeit zurückgekauft hatte, war jedoch nicht gewillt, das behördliche Verbot des Kinderballetts widerspruchslos hinzunehmen. In einem Gesuch an den Kaiser bat er, die beim Ballett angestellten Kinder wenigstens bis Ostern behalten zu dürfen, um nicht „30 bis 40 Familien in den kalten Wintermonaten plötzlich dem drückendsten Mangel preiszugeben"[44].

Die Polizei-Oberdirektion, beauftragt, Palffys Gesuch zu begutachten, bestätigte, daß 30 bis 40 Familien bisher allein von dem Verdienst ihrer beim Ballett beschäftigten Kinder gelebt hätten. Durch die Entlassung der Kinder würden diese Familien unweigerlich der Not und dem Elend preisgegeben. Nicht zu unterschätzen sei aber auch, so fügte der Polizeidirektor hinzu, der Schaden, den der Eigentümer des Theaters an der Wien, Graf Palffy, „der sich in dieser Eigenschaft durch die uneigennützigsten Opfer für das Vergnügen des Publikums so sehr verdient gemacht habe", durch die Einstellung des Kinderballetts erleide. „Nur das Kinderballett allein könne, bis ein anderes Spektakel organisiert werde, Abhilfe gewähren und den empfindlichen Schaden, wo nicht gänzlichen Ruin des Theaterdirektors verhüten."[45]

Die Polizeidirektion beantragte daher, dem Grafen Palffy die Fortsetzung des Kinderballetts bis Ostern 1823 zu gestatten – unter der Bedingung, daß kein neues Kind unter 14 Jahren aufgenommen werde und zu Ostern 1823 die Entlassung aller Kinder unter vierzehn zu erfolgen habe.

Palffys Gesuch wurde abgelehnt. Begründung der Hofkanzlei: Graf Palffy kenne die Meinung des Kaisers seit Juli 1819 und hätte längst die für die Auflösung des Balletts nötigen Vorsorgemaßnahmen treffen können.[46]

Im Dezember 1821 verbreitete sich plötzlich das Gerücht, Friedrich Horschelt plane, mit einigen der entlassenen Balletteleven nach München zu übersiedeln. Graf Sedlnitzky beauftragte daraufhin die Polizeidirektion, Horschelt zur Verantwortung zu ziehen, falls er tatsächlich den Versuch der „Verleitung zur Auswanderung" unternehme. Umgehend teilte die Polizeidirektion dem Minister mit, daß in dieser Angelegenheit nichts mehr zu machen sei. Friedrich Horschelt sei durch königlich bayrisches Dekret zum Hofballettmeister in München bestellt worden, als solcher habe er einige Mitglieder des aufgelösten Kinderballetts engagiert, und die Polizei habe sowohl ihm als auch den Kindern bereits Pässe für die Dauer eines Jahres ausgestellt.

Minister Sedlnitzky konnte nur noch seiner Verwunderung über den Gang der Dinge Ausdruck geben und die Polizeidirektion der Fahrlässigkeit bezichtigen. Der Kaiser habe die Kinderballette doch in der Absicht eingestellt, dem moralischen Verderben der Kinder entgegenzuwirken. [47]

Noch Jahrzehnte später gingen die Meinungen über Wert und Unwert dieses Kinderballetts weit auseinander. 1845 schrieb Franz Graeffer: „Jetzt nach einem vollen Vierteljahrhundert werden gar manche nicht begreifen, wie man in die Kinderballette im Theater an der Wien habe vernarrt sein können. (...) Aber was will man sagen: Es war Mode, von diesem Berggeist, Oberon, Waldmädchen entzückt, bezaubert zu sein." Graeffer schien es unbegreiflich und empörend, daß man Kinder verkrümmen, verkrüppeln und ihren moralischen Untergang riskieren konnte. Seiner Ansicht nach entsprang dieser „komödische Unfug" einem Mangel an Gefühl für Menschenwürde. Das Kinderballett war für ihn eine „liliputische Truppe". Das unterentwickelte, unreife Wesen der Kinder, das „Linkische, Eckige ihres ganzen Treibens" bezeichnet er kurzweg als „Spanferkelei".[48]

Ganz anders Ferdinand Ritter von Seyfried. In seiner 1864 erschienenen „Rückschau in das Theaterleben Wiens" gerät er bei der Erwähnung des Kinderballetts geradezu ins Schwärmen. Die „Schar allerliebster, bildungsfähiger und tüchtig geschulter Kinder" war für ihn eine „entzückende Augenweide". Des Lobes voll war Seyfried auch bezüglich des Ballettmeisters Friedrich Horschelt, der – obgleich er „strenge Zucht bei seinen Kindern" hielt – „seinen Kleinen mit der Liebe eines Vaters zugetan" war und bei den Generalproben immer einige Fässer Bier und jede Menge geselchter Würste in Bereitschaft hatte, „damit nur die Kleinen alle bei guter Laune erhalten blieben". Daß Horschelt schließlich „in dem kunstsinnigen König Max einen gar mächtigen Protektor fand" und es in München „zu einem hübschen Vermögen" brachte, schien Seyfried nur recht und billig.In seinen Augen war Friedrich Horschelt ein Genie.[49]

Botschafter beim Heiligen Stuhl

Was den Kaiser tatsächlich zu seinem Sinneswandel und letztlich zur Einstellung des Kinderballetts bewogen hat, ist nirgendwo festgehalten. Verständlich. Legten doch die Behörden jener Tage auf nichts so viel Wert wie auf Geheimhaltung und Kontrolle; jede Grabinschrift bedurfte der Genehmigung der Zensurbehörde, erst recht waren alle „Artikel, welche den Adel, das Militär oder dergleichen höhere Stände" betrafen, der Polizeihofstelle vorzulegen. Auf diese Weise blieb vieles nur angedeutet, manches ganz ungesagt.Eine der wenigen Andeutungen in diesem Zusammenhang findet sich in den Aufzeichnungen des deutschen Dramatikers Ernst August Klingemann. Er hatte anläßlich eines Wienbesuchs einer Aufführung des Kinderballetts beigewohnt und geschrieben, daß er noch kaum etwas Anmutigeres und Kunstvolleres gesehen habe, dann aber hinzugefügt, daß „diese reizenden Blumenfelder von lüsternen Bienen umschwärmt werden, die den ersten süßesten Honig hier zu saugen suchen"[50]. Deutlicher, wenn auch keineswegs eindeutig, ist ein Schreiben, das Kaiser Franz dem Grafen Sedlnitzky übermittelte. Darin drückt der Kaiser sein Mißfallen darüber aus, „daß sich seit einiger Zeit mehrere Mitglieder des hohen Adels soweit über ihre Achtung (...) hintansetzen, von ihnen ausgehaltene Personen in die Logen der ersten Reihen zu führen und mit ihnen daselbst zu verweilen"[51]. Der Kaiser beauftragte den Grafen Sedlnitzky gleichzeitig, den betreffenden Personen „unter vier Augen zu bedeuten", daß diesem Unfug ein Ende zu machen sei.

Aufgrund der von Klingemann gemachten Andeutungen liegt die Vermutung nahe, daß zu den von „Mitgliedern des hohen Adels ausgehaltenen Personen" auch Mädchen vom

Ballett zählten. Anders gesagt: Daß die Moral der Kinder nicht – wie ursprünglich angenommen oder aber doch behauptet worden war – durch das Zusammensein von Knaben und Mädchen, durch das gemeinsame Tanzen von Kindern verschiedenen Geschlechts, gefährdet war, sondern von außen, von den Logen her, deren Besitzer sich mit dem bloßen – wenn auch lieblichen – Anblick der Mädchen nicht begnügen wollten.

Das zitierte Schreiben des Kaisers stammt allerdings erst aus dem Jahr 1821. Bereits im Juli 1819 aber hatte Kaiser Franz erstmals die Einstellung der Kinderballette gefordert, und das, obwohl er im Jänner desselben Jahres noch voll und ganz hinter diesem Unternehmen gestanden war. Zwischen Jänner und Juli 1819 muß demnach Entscheidendes vorgefallen sein, wenn der Kaiser zu einer derart radikalen Meinungsänderung veranlaßt worden ist. Was, das läßt sich trotz aller Zensurbestimmungen und aller für jene Zeit typischen Geheimnistuerei zumindest rekonstruieren. Des Rätsels Lösung:

Im fraglichen Zeitraum war Alois Fürst von Kaunitz-Rietberg von Rom nach Wien zurückgekehrt (richtiger: zurückbeordert worden). Alois Fürst von Kaunitz-Rietberg war der Enkel des unter Kaiserin Maria Theresia wirkenden Staatskanzlers Wenzel Anton Fürst von Kaunitz. Knapp zwei Jahre lang war er in Rom kaiserlicher Gesandter gewesen. 1819 wurde er vom Dienst suspendiert. Sein Verhalten war untragbar geworden.[52]

Auch in Wien war Alois von Kaunitz von früheren Aufenthalten her berüchtigt als – heute würde man wohl sagen: Sexualneurotiker. Er scheute weder Zeit, Geld noch Mühe, um seine eigenwilligen sexuellen Bedürfnisse zu befriedigen. Schon vor Jahren hatte seine Vorliebe jungen Mädchen, halben Kindern, gegolten. Das zeigt ein Brief des Fürsten, geschrieben 1813, an den Wiener Roman- und Theaterschriftsteller Josef Alois Gleich, dem Autor des vom Kinderballett mit so großem Erfolg aufgeführten „Berggeists". Dieser Brief, er existiert heute noch[53], hat folgenden Wortlaut:

Bester Herr v. Gleich!

Nachdem wir gegenseitig die Übereinkunft getroffen haben, daß mich ihre Tochter Louise Gleich mit Ihrer Einwilligung als Liebhaber erkennt, so sichere ich Ihnen hiemit folgende Bedingnisse zu:

Erstens: Erhalten Sie von mir eine Versorgungsurkunde kraft welcher ich Ihrer Tochter von der Zeit an, als ich mich nicht mehr als ihren Liebhaber erkläre und betrage, lebenslänglich jährlich achthundert Gulden W.W. versichere.

Zweitens: Sichere ich Ihnen hiemit, und zwar wenigstens auf die Dauer von zwei Jahren, Wohnung und Holz, dann monatlich zweihundert Gulden W.W. zu, welches aber aufhört, sobald der Unterhaltsbetrag zu laufen anfängt, das heißt, ich mich nicht mehr als Liebhaber ansehe und betrage.

Drittens: Stelle ich Ihnen Ihre in Gewahr habenden Schuldscheine zurück und schenke Ihnen 500 fl. W.W.

Viertens werde ich nicht ermangeln, zur besseren Ausbildung des Mädchens nach meinem Wunsche und freien Willen beizutragen, dagegen erwarte ich auch von Ihnen, Sorge zu tragen, daß Ihre Tochter solange ich mich als Ihren Liebhaber erkläre, nie von der ihr eingeprägten Sittsamkeit abweiche und mir mit untadelhaftem Benehmen zugetan bleibe; verharre

Ihr ergebener Fürst zu Kaunitz Rietberg
Wien, den 23. April 1813.

Der „Gegenstand" dieses Vertrages, Louise Gleich, die spätere Ehefrau Ferdinand Raimunds, war damals elf Jahre alt. Der Vertrag sollte jedoch ein bloßes Stück Papier bleiben; die Mutter Louises war zu dem Geschäft nicht zu bereden und die Tochter dem Fürsten nicht geneigt. Fürs erste jedenfalls.

Zurückgekehrt aus Rom, wurde Fürst Kaunitz Stammgast im Theater an der Wien. Das Kinderballett war aber auch wie geschaffen für ihn. In der Loge konnte er in aller Ruhe gustieren, wählen und die Mädchen seiner Wahl zu sich beordern.

ALOYS FÜRST zu   KAUNITZ RIETBERG

Questenberg Großkreuz des St.   Stephans und des Dänischen
Dannebrog Ordens, dann mehrerer   anderer. St. kaiserl. königl. Apostol.
Majestät wirklich geheimer Rath, Kämmerer, und derzeit außerordent-
licher Bothschafter bey dem heil. Stuhl.

Alois Fürst von Kaunitz-Rietberg (1774-1848) als kaiserlicher Gesandter am päpstlichen Hof.

Alois Fürst von Kaunitz war kein Einzelfall. Wer die Macht hat, beansprucht gewöhnlich auch das Recht, über andere zu verfügen. Die Ausbeutung der unteren sozialen Schichten durch die oberen ist nie nur eine ökonomische gewesen, sie war zu allen Zeiten auch eine sexuelle. Nur selten waren die Affären und Amouren der Adeligen standesgemäß. Das war die Ehe. Zur Erfüllung erotischer Wünsche waren andere da – und auch bereit; zum Teil fühlten sie sich wohl sogar geehrt.

Im Gegensatz zu Frankreich war das Selbstbewußtsein des Bürgertums in der Donaumonarchie noch nicht erwacht.

Erst 1848, als auch in Wien die Bürger auf die Barrikaden stiegen, erwachte in ihnen so etwas wie Stolz. So prangert Severin von Schmitz im September 1848 öffentlich das Verhalten jener Mitbürger an, die sich dem Adel gegenüber benehmen „wie die Magd vor dem Herrn" und „bürgerliche Ehrsamkeit hochadelig beleidigen" lassen. Ins Gericht geht er vor allem mit den Müttern, die meinen, „schlichte Bürgersöhne und Professionisten" seien für ihre Töchter zu minder:

„Unser Adel mit seinen ‚noblen Passionen' ist schlecht, aber daß er es ist, ist euer Werk. Aristokratische Arroganz habt nur ihr durch spießbürgerliche Kriecherei zu solch ekelhafter Reife gedeihen machen, denn gar so lange ist es ja nicht her, als ihr euch noch glücklich und erhaben fühltet, durftet ihr mit adeliger Gunst euch brüsten – und wie ihr danach gestrebt, die bürgerliche Herkunft durch ‚noble Bekanntschaften' zu beschönigen. Das zufällige Vorübergehen eines Aristokraten an eueren Fenstern, sein Lorgnettieren nach eueren Töchterlein waren hinreichend, die gute Meinung, die ihr von euch hattet, womöglich noch zu steigern, und geruhten der Herr Baron gar, sich in ‚höchst eigener Person herabzulassen', um mit der schlichten Bürgerstochter zu scherzen – zu scherzen nach *seiner* Art, so schwammt ihr vollends im Übermaße des Entzückens und saht im Geiste schon die neugebackene Frau Baronin!"[54]

Verständlich, daß es Kupplerinnen gab, die sich rühmten, nur Kavaliere hohen Ranges und nur dem höchsten Adel

Zutritt zu ihrem Etablissement zu gestatten und betonten, niemand könne ihnen den Vorwurf machen, bürgerlichen Besuchern den Eintritt erlaubt zu haben.[55] Auch die Kupplerin Karoline Grünner, wohnhaft im eigenen Hause in der Josefstadt am Glacis Nr. 215, blieb auf diese Weise unbehelligt. Zu ihren Stammkunden zählte Baron Rothschild, dem sie, so oft er es wünschte, eine Jungfrau vermittelte. Da Wiens Bürgermeister Ignaz Czapka es sich mit dem Baron nicht verscherzen wollte, wurde Karoline Grünner von der Polizei nicht belangt. Der Standpunkt Czapkas: „Strafen wir die Grünner, ist der Baron imstande, die namhafte Summe von monatlich 3.000 fl. für das Armeninstitut uns zu entziehen, und dieser Verlust wäre bei weitem schwerer zu ertragen als der Schaden, den die Grünner durch ihre Kupplereien herbeiführt."[56]

Sich bürgerliche Kurtisanen und Mätressen zu halten, war in den Kreisen der (Hoch-)Aristokratie bis dahin eine Selbstverständlichkeit gewesen. Marie Preindl war eine von Ihnen. 1803 war sie in Wien als Tochter eines Rechnungsoffizials der k.k. Hofkriegsbuchhalterei geboren worden. Bei ihrem Tod im Alter von 25 Jahren hat sie drei uneheliche Kinder hinterlassen. Der Vater des ersten, das sie mit 15 Jahren geboren hat, war Eduard Fürst Lichnowsky; der Vater des zweiten, das sie mit siebzehn bekam, Graf Dominik Wrbna; Vater des dritten Kindes war Friedrich Fürst Schwarzenberg. Zwischendurch hatte Marie Preindl mit dem Fürsten Franz von Khevenhüller auf einer seiner Herrschaften gelebt. Die Polizei hat davon Notiz genommen, und es dabei bewenden lassen.[57]

Das Gesetz allerdings verbot in Österreich damals die Prostitution, es verbot die Kuppelei, und es verbot auch, im Konkubinat zu leben. In besonderen Fällen — wie diesem — aber drückte sie ein Auge zu. Aufgegriffen wurden nur „gewöhnliche" Freudenmädchen, richtiger: solche, die sich mit gewöhnlich Sterblichen abgaben. Kommentar eines anonymen Zeitgenossen zu dieser behördlichen Doppelmoral: „Daraus geht abermals hervor, wie wenig man sich in Österreich geniert, den Reichen und den Adel zu begünstigen und den Ärmeren ohne Scheu zu drücken und öffentlich zu sklavisieren."[58]

Alois Fürst von Kaunitz weiterhin zu begünstigen war aber offenbar nicht länger möglich. Am 6. Juli 1822 um 11 Uhr am Abend wurde der Fürst – er saß gerade zu Hause beim Soupé – im Beisein des Kriminalgerichtskommissärs Schlesinger verhaftet.

Grundlegend hat sich der Lebenswandel des Fürsten von dem seiner Umgebung wohl nicht unterschieden. Was ihm zum Verhängnis wurde:

Er hatte es eine Spur zu weit getrieben, hatte allzu viele Bekanntschaften gepflegt, und die mit allzu jungen Mädchen. Guten Gewissens konnte der Kaiser seine Hand nicht mehr schützend über ihn halten.

Die polizeilichen Erhebungen, die schließlich zur Verhaftung des Fürsten führten, hatten schon Monate vorher begonnen. Auch Fürst Kaunitz war im Juni 1822 schon zweimal von der Polizei einvernommen worden. Wodurch die polizeilichen Erhebungen ursprünglich veranlaßt worden waren, geht aus dem Akt nicht mehr hervor.

In einem 1827 in Leipzig erschienen Buch über Wien wird berichtet, daß „ein Fürst – dessen Familienname nicht unberühmt ist – ein zwölfjähriges Mädchen für seine Gier dem Tode geopfert habe"[59]. Aufgrund der strengen Zensurbestimmungen der Zeit sowie der Tatsache, daß es sich bei dem Angeklagten um einen Angehörigen der Hocharistokratie handelte, war der Prozeß Kaunitz selbst Zeitgenossen nur gerüchteweise bekannt. Mit allen Mitteln wurde versucht, den Skandal zu vertuschen. Eben das aber bot der Phantasie reichlich Nahrung. So wurde auch gemunkelt – und selbst von der Polizei vermutet –, Fürst Kaunitz sei im Besitze einer Entjungferungsmaschine und viele Jahrzehnte lang war, auch in der Literatur, die Rede davon, Fürst Kaunitz hätte das Kinder- bzw. Mädchenballett des Theaters an der Wien finanziert, es sei „sein Ballett" gewesen – was in gewisser Weise, wie die Prozeßakten bezeugen, sogar der Realität entsprach.

Noch in den sechziger Jahren des vorigen Jahrhunderts wurde in Zusammenhang mit der Einstellung des Kinderballetts lediglich vom „berüchtigten Fürsten K-"[60] gesprochen Und in Wurzbachs „Biographischem Lexikon des Kaisertums Österreich" wird der Prozeß nicht erwähnt. Lediglich im Artikel über den Grafen Franz Wenzel Kaunitz, einem Onkel des Angeklagten, wird darauf angespielt, wenn es heißt, daß der Graf 1806 in den Ruhestand getreten sei, „den die Familienverhältnisse des einen seiner Neffen nur zu sehr trübten"[61].

Die Prozeßakten selbst blieben mehr als ein Jahrhundert unzugänglich; sie wurden als „acta secreta" behandelt.

Wenn aber auch der unmittelbare Anlaß für die polizeilichen Erhebungen aus den Akten nicht hervorgeht, der abschließende Bericht des Polizei-Oberdirektors von Siber an Minister Sedlnitzky, datiert mit 2. Juli 1822, ist überliefert:

„1. Der schon im Rapport des Stubenviertels vorkommende Fall der Entjungferung der Johanna Passy. Dieser Gegenstand wird dem Kriminalgericht zugemittelt.

2. Werden mehrere Mädchen und Kupplerinnen angezeigt, welch letztere selbe dem Fürsten zugebracht haben. Hiebei kommt vor, daß der Fürst in einem eigenen Absteigquartier eine Entjungferungsmaschine hat. Vorzüglich wird eine beim Ballettcorps angestellte 14 Jahre alte Theresia Ladenberger erwähnt, deren Eltern der Fürst anfänglich 200 fl., sohin 500 fl. monatlich gab, und für die Tochter noch zwei Zimmer einrichten ließ, die Untersuchungsakten sind wegen der Eltern und Kupplerin dem Zivilgericht übergeben worden.

3. Wird eine Theresia Stangl erwähnt, welche, als nicht hierher gehörig, bereits in ihren Geburtsort abgeschoben worden.

4. Die Katharina Bayer, 17 Jahre alt, hat angegeben, daß selbe von einer sicheren Varine dem Fürsten zugeführt, von letzterem entjungfert worden sei. Die Akten wurden dem Kriminalgericht zugesendet.

5. Kommen die beiden Schwestern Josepha und Rosalia Biagi, erstere 17, letztere 14 Jahre alt, vor, deren Vater Koch beim Traiteur Jahn[62] ist, die älteste Tochter behauptet, vom Fürsten entjungfert worden zu sein, und ihr Vater hat von seiner Tochter deshalb einigemal Geld erhalten. Das Kriminalgericht erhielt die Untersuchungsakten.

6. Wegen der vierzehnjährigen Leopoldine Kleun, Tochter

eines beim Hauptgemein-Amte angestellten Beamten, mit welcher sich der Herr Fürst sehr unzüchtig, ohne selbe zu schänden, unterhielt, sind die Akten der Militärbehörde zugestellt worden.

7. Da die 14 Jahre alte Louise Abeck laut ärztlichem Parere vollständig entjungfert ist und die Tat dem Fürsten zur Last fällt, wurden die Akten wegen der der Kuppelei schuldigen Eltern und wegen des Fürsten dem Zivilgericht übergeben.

8. Wegen der 15 Jahre alten Rosina Bieki, welche der Fürst fleischlich gebraucht hat und wegen der Kuppelei ihrer Mutter ist die Untersuchung noch im Gange.

9. Die 15jährige Franziska Schulz ist vom Fürsten, wie er selbst behauptet, entjungfert, dermal ihrem Vater übergeben, die Mutter aber wegen Kuppelei dem Zivilgericht angezeigt worden.

10. Mit der 12jährigen Anna Schwarz hat der Fürst unzüchtige Handlungen getrieben; die Mutter hat selbe verkuppelt, die Untersuchung ist noch im Gange.

11. Die Oberleutnantswitwe Malek hat ihre 14jährige Tochter dem Fürsten zugekuppelt. Die Untersuchungsakten sind dem Militär-Kommando zugestellt worden."

Sibers Schlußfolgerung, die zur Verhaftung des Fürsten führte:

„Aus all diesen angeführten Daten geht der kräftigste Beweis, daß Herr Fürst Kaunitz den unflätigsten, ärgerlichsten Lebenswandel führte und, um seine Wollust zu befriedigen, weder Tugend noch Unschuld, Geld und Geschenke schone. (...) Um die Zahl dieser ohnehin sehr vielen unglücklichen Mädchen nicht zu vermehren, fordert es die strenge Gerechtigkeit, daß diesen Verbrechen der wirksamste Einhalt getan und der Fürst Kaunitz für die Zukunft unschädlich gemacht werde."[63]

Am Tag vor der Verhaftung des Fürsten, am 5. Juli 1822, war neuerlich Anzeige erstattet worden: Die Verpflegungs-Adjunktenswitwe Gibel (auch: Göbel), wohnhaft Nr. 433 in der Stadt, gab bei der Polizei an:

„Es sei der Herr Fürst Kaunitz ihrer Tochter Regina, am 4. März 1798 geboren, nachgegangen, habe sich in ihre Wohnung gedrängt und sie durch das Versprechen einer lebenslänglichen Versorgung ihrer Tochter verleitet,das vertraute Verhältnis desselben mit ihrer Tochter zuzugeben, und ihre Tochter sei noch vor dem 14. Jahre durch den Herrn Fürsten entjungfert worden. Die Bekanntschaft mit dem Herrn Fürsten habe nicht länger als vier Monate gedauert, und Herr Fürst habe ihre Tochter achtmal fleischlich gebraucht. Er habe sie durch drei Jahre unterstützt, durch Drohungen und Versprechen aber die schriftliche Versicherung der lebenslänglichen Pension um 1.500 fl. W.W. abgekauft. Ihre Tochter sei plötzlich krank geworden und in das Irrenhaus gekommen. Zu dieser Geisteszerrüttung sei sie durch die Verführung des Herrn Fürsten geraten.

Ebenso habe der Herr Fürst eine sichere Antonia Demmelmayer in einem Alter bei 14 Jahren entjungfert und die Mutter für die Jungfernschaft ihrer Tochter 1.400 fl. gefordert, Herr Fürst diesen Betrag auf den Tisch gelegt, das Geld aber unter dem Vorgeben, daß seine Mannheit nicht gestanden und die Entjungferung nicht vor sich gegangen sei, wieder eingestrichen und der Mutter nur 200 fl. gegeben."

Die Anklage gegen den Fürsten lautete auf „Schändung, Notzucht und Kuppelei in vielen Fällen". Notzucht war – gemäß Strafgesetz – ein Verbrechen. Dieses Verbrechens war schuldig, wer eine mündige „Weibsperson" vergewaltigte (was auf Kaunitz nicht zutraf; er hatte sich nie aufs Bedrohen, sondern immer aufs Bestechen verlegt); der Tatbestand der Notzucht war aber in jedem Fall auch dann gegeben, wenn die Betroffene noch keine 14 Jahre alt war.

„Die an einer Person, welche noch keine 14 Jahre alt ist, unternommene Schändung wird (...) als Notzucht angesehen und bestraft." So lautete Paragraph 112 des Strafgesetzes. Die Strafe für Notzucht: schwerer Kerker zwischen fünf und zehn Jahren. Bei Aristokraten hatte die Verurteilung wegen eines Verbrechens überdies den Verlust des Adels zur Folge.

Bei der Anklage des Fürsten wegen Notzucht hatte sich das Gericht auf die Aussagen mehrer Mädchen gestützt, die angegeben hatten, der Fürst habe mit ihnen bereits geschlechtliche Beziehungen unterhalten, als sie noch keine vierzehn Jahre alt gewesen waren. Die Frage, ob die einzelnen Mädchen zum fraglichen Zeitpunkt schon vierzehn gewesen waren oder aber nicht, spielt daher im Prozeß Kaunitz eine ganz wesentliche Rolle. Von ihrer Beantwortung hing ab, ob der Fürst eines Verbrechens schuldig war oder nur Polizeiübertretungen begangen hatte.

Der Prozeß selbst dauerte mehr als drei Monate, vom 8. Juli bis zum 10. September 1822. Die Prozeßakten umfassen mehr als 1.000, allein das Verhör des Fürsten hat einen Umfang von 482 Folioseiten. Mit der Führung des Prozesses waren die Räte Alois Gulielmo und Franz Spangler beauftragt. Vorgeladen wurden insgesamt etwa 200 Mädchen, die der Fürst, wie es im Akt heißt, „fleischlich gebraucht" oder entjungfert hat. Nicht bei allen, aber bei einem Großteil von ihnen handelte es sich um (ehemalige) Angehörige des Kinderballetts.

Ein kurzer Ausschnitt aus dieser Zeugenliste:
Franziska Schillinger, Goldarbeiterstochter in Mariahilf
Anna Schwarz, Bandwarenfabrikantenstochter aus Gumpendorf
Katharina Eder, Musikerstochter aus der Pfarrgasse
Leopoldine Kleun, Genie-Amts-Kanzlistens-Tochter
Josepha Planer, Herrschaftsbeamtenstochter
Barbara und Vinzencia Zirirsky, Kammerdienerstöchter
Franziska Kraus, Tochter eines Kutschers
Katharina Kraus, Schwester der vorigen
Franziska Heckermann, Bedientenstochter auf der Laimgrube
Louise Luppi, Beamtenstochter
Elisabeth Drückler, Beamtenstochter
Henriette Rothmann, Traiteurstochter
Tochter der Wäscherin Lazarus, Vorname nicht mehr erinnerlich
Katharina Kanitschek, Weißnäherstochter
Anna Bacher, Kutscherstochter
Rosina Krepatz, Tänzerin
Die Mädchen stammten, jedenfalls in ihrer Mehrzahl, keineswegs aus der untersten Sozialschicht, *die* hat auch im Biedermeier ihre Kinder nicht ins Ballett geschickt. Es waren vornehmlich Mädchen aus dem Kleinbürgertum und

Polizei-Oberdirektor Franz Freiherr von Siber, k.k.
Wirklicher Hofrat (1751-1836).

dem Mittelstand, Töchter von Gewerbetreibenden, Beamten, Handwerkern und Künstlern.

Am Nachmittag des 8. Juni 1822, um Viertel vier Uhr, begann der Prozeß. Zuerst wurde „mit nachgenanntem Herrn Inquisiten" das folgende Personenprotokoll aufgenommen:

Frage	Antwort
Wie heißen der Herr Fürst?	Ich heiße Alois Fürst von Kaunitz und Rietberg.
Wie alt, wo gebürtig, welcher Religion und Standes sind der Herr Fürst?	In bin 48 Jahre alt, hier geboren, katholisch, verheiratet, k.k. wirklicher geheimerRat, des königl.St. Stefanordens Groß-Kreuz, k.k. wirkl. Kämmerer und Herr mehrer Herrschaften in Mähren und Westfalen und Besitzer mehrer Häuser hier, inBaden und Hacking
Belieben der Herr Fürst den Namen und Charakter Ihrer Eltern anzugeben, wie auch, ob sie noch leben oder wann sie gestorben sind?	Dominik Fürst von Kaunitz, mein Vater, k.k. Oberst Stallmeister, ist im November 1812, und meine Mutter, Bernhardine, eine geborne Gräfin von Plettenburg, ist im Jahre 1779 oder 1780 gestorben.
Wann und mit wem haben der Herr Fürst verheiratet?	Ich habe mich im Jahre 1798 mit der Gräfin Franziska von Weissenwolf, welche noch lebt, verheiratet.
Haben der Herr Fürst aus dieser Ehe Kinder, wie	Ich habe aus dieser Ehe drei Töchter, nämlich Leopol-

heißen dieselben, und wo befinden sie sich?

dine[64], welche an den k. k. Gesandten in Dresden, Herrn Grafen Anton von Palffy, verheiratet ist, dann Karoline [65] und Ferdinanda [66] – welche sich bei meiner Gemahlin befinden und von welchen die letztere nächstens in eheliche Verbindung mit dem Herrn Grafen Ludwig von Karoly treten wird.[67]

Wo haben der Herr Fürst bis jetzt sich aufgehalten?

Ich habe mich vom Jahre 1817 bis 1819 als k.k. Botschafter am päpstlichen Hofe befunden, im zuletzt genannten Jahre verließ ich diesen Posten, und seitdem habe ich mich immer, mit Ausnahme kleinerer Reisen (...), in Wien befunden und in meinem Hause in der Dorotheergasse Nr.1.110[68] im zweiten Stock aufgehalten.

Befragt, ob er wisse, was ihm zur Last gelegt werde, antwortete er:
„(...) genauer weiß ich die Gründe meiner Verhaftung nicht, vermute aber, daß sie eine Folge jener weitläufigen Untersuchungen in schweren Polizeiübertretungsfällen ist, in welchen ich zu zwei verschiedenen Malen von dem Herrn Magistratsrat Hofstädter vernommen worden bin. Seine Untersuchungen haben zwar mehrere von mir mit jungen Mädchen vorgehabte unsittliche Handlungen betroffen, allein, ich bin mir nicht bewußt, daß nur eine dieser unsittlichen Handlungen der Art gewesen wäre, daß sie mir als Verbrechen zugemutet werden könnte (...)"
Die im Akt enthaltene Personsbeschreibung des Fürsten:
„(...) ist von großer dicker Natur, vollem blassem Gesicht,

hat eine hohe gewölbte Stirne, große stumpfe Nase, kleinen Mund, ein kleines Kinn mit einem Unterkinn, braune Augen und Augenbrauen, braune, etwas graue Haare und Backenbart, ist übrigens sehr freundlicher Mienen.

Bekleidet mit einem blauen Gehrock, einer weiß-blau gestreiften Weste, einem nankingenen Pantalon, weißen Strümpfen und schwarzen Schuhen."

Aus dem Bericht des Gefangenenhausdirektors: „(...) beträgt sich anständig, mit Bücherlesen."

Zeugnis des Amtsarztes Dr. Portenschlag: „Gesund und zur Strafe geeignet."

Am 8. Juli berichtet Hofrat Siber an den löblichen Magistrat, daß der Fürst Kaunitz

„in das Polizeihaus verschafft worden sei, woselbst er sich unter einstweiliger Beigebung eines Polizeidieners im sogenannten Hofmarschallzimmer befindet. Nach geschehener Arretierung wurde in der Wohnung des Fürsten eine Visitation vorgenommen und hiebei zehn Stück verschiedener goldener Dosen mit verschiedenen betäubenden Tabaksorten und fünf Brieftaschen mit sehr vielen Adressen junger Mädchen, dann 1.000 fl. C.M. und 300 fl. W.W. in Beschlag genommen, übrigens aber dessen Wohnzimmer versperrt und mit dem ämtlichen Siegel belegt."

Wie haben Herr Fürst sich belustigt?

Bei den vor der Verhaftung des Fürsten vorgenommenen Einvernahmen hatten einige der Mädchen angegeben, der Fürst habe ihnen Tabak zu schnupfen gegeben.

Darunter war auch Anna Schwarz (eigentlich: Czerny), eines jener Mädchen, auf dessen Aussagen sich die Anklage wegen Notzucht stützte. Sie hatte angegeben, bei ihren ersten sexuellen Kontakten mit dem Fürsten erst zwölf Jahre gewesen sein zu sein.

Anna Schwarz gab zu Protokoll:

„Der Herr Fürst Kaunitz kam vor beiläufig einem Jahre an einem Sonntage und verlangte, auf den Abtritt zu gehen. Meine Mutter führte ihn auf einen Leibstuhl, er hielt sich kurze Zeit auf und entfernte sich dann.

Nach vierzehn Tagen kam der Herr Fürst Kaunitz neuerlich. Als ich jedoch aus der Kirche nach Hause kam und in die Küche ging, entfernte er sich, und ich küßte ihm die Hand.

Er kam hierauf öfters, wo er jederzeit sich in das Zimmer begab, wo der Leibstuhl war. Ich mußte Tabak schnupfen und ihm den Kopf und Rücken kratzen, während er auf dem Leibstuhl saß. Damals erhielt ich einen Dukaten. An einem Feiertage erschien er einmal zu Mittag – ich weiß die Zeit nicht genau anzugeben – ich ging in das Zimmer, küßte ihm die Hand. Er setzte sich auf einen Sessel und las in einem Buche. Er gab mir bräunlichen Tabak zu schnupfen, worüber ich schwindlig wurde. Er hob mir den Rock in die Höhe, und steckte seinen Finger in mein Muscherl, so daß es mich schmerzte. Da meine Mutter in das Zimmer kam, stand er schnell auf und stieß mich von sich. Dies tat er noch einigemal. Das letzte Mal erschien der Herr Fürst vor beiläufig drei Wochen an einem Sonntag mittag. Er setzte sich auf einen Sessel, öffnete das Hosentürl, zog ein dickes Fleisch heraus und sagte, daß ich ihn daran kitzeln sollte. Ich tat dieses und es floß sohin etwas Weißes heraus, das er mit seinem Schnupftuche abwischte. Ich erzählte dies meiner Mutter, worauf ich Schläge bekam."

Alois von Kaunitz fügt bei seiner Einvernahme den Beginn und das Ende der Geschichte hinzu:

„Ich habe diese Czerny im Sommer vorigen Jahres, als ich einmal der großen Hitze wegen während der Vorstellung aus dem Theater an der Wien fort- und, um Luft zu schöpfen, längs der Wien spazierenging, auf der Gasse getroffen. Da ich sie für ein Mädchen hielt, das auf Aventuren ausgeht, so sprach ich sie an, und sie führte mich ohne weiteres in ein unfern davon gelegenes Haus unter das Tor, wo ich sie küßte und unsittlich berührte. Ich schenkte ihr, wie ich glaube, einen harten Taler, und da sagte sie mir ihre elterliche Wohnung. (...) Hierauf gab ich ihr die Weisung, auf das Monatszimmer zu kommen, welches ich auf der Seilerstatt nächst dem Fuchsischen Haus in der Aftermiete hatte, und da habe ich sie fleischlich gebraucht und ihr dann 30 oder 40 fl. geschenkt."

Das von Dr. Portenschlag bei der Tabakregie in Hainburg eingeholte Tabakgutachten besagte, daß es sich beim Inhalt der Dosen nicht um spezielle Betäubungsmittel, sondern um teilweise mit Parfüm versetzten gewöhnlichen Schnupftabak handle:

„Dosen 1-10. 1 und 9 ohne Beimischung. 4,6,8 mit Cedre, 5 mit Jasmin, 2 mit Vanilla und 7 mit Fleur d'orange-Öl parfümiert. 9 und 1 gewöhnlicher Spaniol, 10 gemischter Tabak."

Warum er den Mädchen Tabak zu schnupfen gegeben habe? Darauf der Fürst:

„Seit vielen Jahren, ich möchte beinahe sagen, seit meiner frühen Jugend, habe ich fleischliche Begierde nur gegen jene Frauenzimmer, deren Nase breit und offen oder groß und lang und voll Tabak ist. Das Warum kann ich nicht angeben. Da Tabakschnupfen aber keine unerlaubte Handlung ist, so habe ich mir bisher über diesen meinen Geschmack keinen Vorwurf machen zu müssen geglaubt."

Zu den Mädchen, auf deren Aussage sich die Anklage gegen den Fürsten, das Verbrechen der Notzucht begangen zu haben, gründete, gehörte auch Louise Abeck (auch ab Egg; eigentlich Weiß). Sie hatte angegeben, vor ihrem 14. Geburtstag vom Fürsten entjungfert worden zu sein. Louise Abeck, zuletzt beim Ballettcorps des Theaters an der Wien angestellt, wohnte bei ihrem Ziehvater, dem Uhrmacher Alois Abeck, auf der Laimgrube Nr. 36. Bei ihrer Einvernahme im Zuge der polizeilichen Vorerhebungen hatte sie folgendes berichtet:

„Sie sei in der angeführten Zeit um ungefähr acht Uhr früh zu dem Herrn Fürsten gegangen, der Herr Fürst wäre noch im Bett gelegen und hätte ihr versprochen, sie glücklich machen zu wollen, wenn sie dem Herrn Fürsten die Jungfernschaft gäbe, und verlangt, sich zum Herrn Fürsten ins Bett zu legen. Dies hätte sie befolgt. Der Herr Fürst wäre dann aus dem Bett gestiegen, hätte sich vor selbes hingestellt, ihre, der Abeck, Füße auf des Herrn Fürsten Achsel gelegt und sein Glied in ihre Schamteile gesteckt."

Fürst Kaunitz hatte bei den Polizeiverhören im Juni diese Aussagen keineswegs bestritten – bis auf einen Punkt: Vor ihrem 14. Geburtstag habe er das Mädchen zwar berührt, aber nicht „gebraucht". Eine Strategie, die Kaunitz, den ganzen Prozeß hindurch verfolgte.

Kennengelernt, so gab Kaunitz an, habe er die Abeck durch die Tante der Tänzerin Angioletta Mayer (später: Primaballerina an der Hofoper), eine sichere Nikodem, der Nikodem aber das Haus verboten, weil sie ihn bestohlen hätte. Die Abeck wäre daraufhin mit ihrem Vater wiedergekommen. Er habe ihr versprochen, sie zu versorgen, sie aber erst nach ihrem 14. Geburtstag entjungfert (daß sie entjungfert war, bestätigte die Untersuchung des Gerichtsarztes), vorher nur mit ihr sich „fleischlich unterhalten".

Am 8. Juli wurde der Fürst auf diesen Punkt noch einmal angesprochen.

Kaunitz: „Es war im Laufe des letzten Winters, daß ich mich mit dem Mädchen zum ersten Male und so fort öfters durch Berührung ihrer Schenkel mit meinem Gliede belustigte."

Gericht: „Belieben der Herr Fürst sich über die Art, wie Sie sich mit Ihrem Gliede zwischen den Schenkeln der Abeck belustigt haben, näher zu äußern?"

Kaunitz beliebte:

„Unter dieser Art Belustigung verstehe ich, wenn ein Mann einem liegenden Frauenzimmer sich dergestalt nähert, daß er sein Glied zwischen ihren Schenkeln reibt, ohne ihre Geschlechtsteile zu öffnen. Auf diese Art habe auch ich mich mit der Abeck belustigt, ohne angeben zu können, ob ich bei dieser Gelegenheit mit meinem Gliede ihre Scham berührt habe. Jedoch glaube ich, es bei ihr damals kaum zur Aufregung meines Geschlechtstriebes, nicht aber zur Befriedigung desselben gebracht zu haben."

Wann es zur Entjungferung gekommen sei?

„Die Defloration ist entweder Ende Mai oder Anfang Juni dieses Jahres geschehen. Den vermutlichen Tag weiß ich nicht mehr zu bestimmen, doch erinnere ich mich, daß die Abeck unmittelbar vor dieser Defloration im Beisein jenes erwähnten Weibes (Anm.: einer Nachbarin namens Therese Fuhrmann) mir versichert hat, sie wäre schon vierzehn Jahre alt."

Zu den Mädchen vom Ballett gehörte auch die vierzehnjährige Therese Ladenberger. Sie war dem Fürsten, wie er selbst angab, schon kurz nach seiner Rückkehr aus Italien im Jahr 1819 ihrer Gestalt wegen aufgefallen, und als er erfuhr, daß „die Eltern nicht in den besten Vermögensumständen wären, sie folglich wahrscheinlich mit der Zeit schon selbst in die Zahl der unsittlichen Geschöpfe geraten würde, so dachte ich mir, sie mir zu einer Freundin aufzuziehen".Theresia Ladenberger hatte bei ihrer Einvernahme am 15. Juni 1822 folgendes erzählt. Verhörprotokoll: „Ich heiße Theresia Ladenberger, bin 14 Jahre alt und zwar mit 27. September vorigen Jahres, katholisch, ledig, Tochter des bürgerlichen Wundarztes Karl Ladenberger, bin bei meinen Eltern in der Stadt am Judenplatz in dem neugebauten Hause im Aufenthalt, noch nie in Voruntersuchung gewesen.

Mein Vater, Karl Ladenberger, lebt sowie meine Mutter Antonia. Ich habe zwei Schwestern, Antonia, 18 Jahre alt, dann Leopoldine, 9 Jahre alt, welche sich beide bei den Eltern befinden ...

Mit meinem elften Jahre kam ich zu dem Kinderballettcorps in dem Theater an der Wien, wo ich mich drei Jahre befand.

In Hinsicht des zwischen mir und dem Fürsten Kaunitz bestehenden Verhältnisses kann ich folgendes angeben:
Am 25. November 1820 kam ein Herr in die Offizin meines Vaters, was er da wollte, weiß ich nicht, da ich nicht gegenwärtig war ...

Acht Tage später kam dieser Herr in unsere Wohnung, Nr. 547 auf der Wieden, wo ich, meine Mutter und meine Schwestern anwesend waren. Er erkundigte sich damals um unsere Umstände, fragte, wer von uns bei dem Theater sei, und als ihm meine Mutter sagte, daß ich beim Theater, jedoch nicht engagiert sei, äußerte er, daß er mich unterstützen werde, und entfernte sich, wo er auch in der Küche meiner Mutter sagte, daß er der Fürst Kaunitz sei.

Einige Tage später kam er neuerdings und sagte meiner Mutter, daß er monatlich 200 fl. zu meiner Unterstützung geben werde, worauf er sich wieder entfernte.

Er erschien einige Male und gab meiner Mutter monatlich 200 fl. W.W., manchmal händigte er diesen Betrag auch mir ein, wo auch meine Mutter und mein Vater manchmal gegenwärtig war. In der Folge erhöhte er diesen monatlichen Betrag auf 300 fl. und brachte mir noch insbesondere Präsente mit einigen Dukaten, Kleidern und Wäschestükken.

Damals küßte er mich oft, und auch ich mußte ihn küssen. Dieses geschah jederzeit in Gegenwart meiner Mutter, und selbst mein Vater war oft gegenwärtig, wenn ich ihn küßte.

In der Folge trug uns der Herr Fürst an, für uns eine größere Wohnung nehmen zu wollen, sagte uns, daß er wirklich eine Wohnung gemietet habe, und daß wir in die Wohnung ziehen sollen. Wir zogen auf sein Geheiß nach Allerheiligen letzten Jahres in die Stadt in unsere gegenwärtige Wohnung, die der Herr Fürst für uns gemietet hatte, und in welcher wir bereits zwei Zimmer vollkommen eingerichtet antrafen. Daselbst besuchte mich der Herr Fürst beinahe alle anderen Tage, wo er mit mir und meiner Mutter sprach, mich jederzeit küßte, manchmal aber auch meiner Schwester Küsse gab.

Solange wir in der Stadt uns befanden, gab er manchmal mir, manchmal auch der Mutter, monatlich 880 fl. W.W. teils zu unserer Subsistierung, teils daß wir noch etwas lernen könnten. Er verlangte nun öfters, daß ich ihn am Kopf, auch am Rücken und am Arme kratzen sollte, indem er vorgab, daß es ihn beiße. Ich kratzte ihn auch wirklich, ohne daß er die Kleider auszog und tat dies in Gegenwart meiner Mutter.

Zur Zeit des Neuen Jahres hatten wir keine Dienstmagd, wo denn meine Mutter sich öfters in die Küche entfernen mußte. Wie ich nun so mit dem Herrn Fürsten alleine war, fing er an, mich zu betasten und griff mir selbst unter das Kleid, an meine Schamteile. Dies wiederholte er mehrmals.

Bei einer seiner späteren Visiten war meine Mutter abwesend, indem sie einkaufen gegangen war, meine Schwester Leopoldine befand sich in dem ersten Zimmer, ich aber und der Herr Fürst waren im dritten Zimmer.

Damals fing er wieder an, mir unter den Rock zu greifen. hat der Vater den Fürsten zur Rede gestellt, wie dies mein

Hierauf nahm er mich und trug mich auf das Bett hin und legte mich quer über dasselbe auf den Rücken. Er hob hierauf mein Kleid in die Höhe, öffnete dann seine Hose und fing an, mit seinem Gliede in meine Scham einzudringen, welches ihm auch zum Teil gelang. Jedoch glaubte ich nicht, daß er mich entjungferte, weil ich keinen Schmerz fühlte und auch kein Blut floß. Dieses wiederholte er in der Folge noch zweimal, so daß er mich in allem dreimal fleischlich gebrauchte, und ich glaube daher, daß ich nun keine Jungfrau mehr bin."

Bereits am 26. Juni 1822 war Fürst Kaunitz von der Polizei auf diese seine Bekanntschaft mit Theresia Ladenberger angesprochen worden. Seine Version – die sich nicht grundlegend von der des Mädchens unterscheidet, aber doch andere Schwerpunkte setzt:

Als er das erste Mal in die Wohnung der Ladenbergers gekommen sei, habe er das fragliche Mädchen vorgefunden, mit irgendeiner Handarbeit beschäftigt, die Mutter, ein krankes Mädchen im Bett, und zwei kleine Kinder, wovon das eine noch auf den Armen war.

„Ich lobte die Schönheit der Tochter und redete sonst von gleichgiltigen Dingen. Die Mutter schien mir äußerst verlegen, sie klagte über böse Zeiten, und nach einem sehr kurzen Aufenthalte und dem Versprechen, sie wieder zu besuchen, verließ ich sie ...

Diese Besuche wiederholte ich von Zeit zu Zeit, ohne daß durch geraume Zeit weder von einer Versorgung noch überhaupt von einem bestimmten Zwecke dieser Besuche die Rede gewesen wäre ...

Ich ging jedoch selten weg, ohne etwas Geld dem einen oder anderen der Kinder geschenkt zu haben. Ich schickte der Kranken auch meinen Hausarzt und bezahlte für sie den Apotheken-Konto. Ich glaube, es war gerade ein paar Tage nach dem Tode dieser Kranken, daß ich die Familie in tiefen Tränen fand, umso mehr, als das Wiegenkind, welches ein Kostkind war, auch zum Sterben war. Ich glaube, damals der Mutter gesagt zu haben, sie sollte sich mit den Kostkindern nicht so plagen, und als sie mir erwiderte, daß sie dies tun, um sich besser durchzubringen, sagte ich ihr: Sie sollen die Resi zu einer Sängerin oder Aktrice ausbilden lassen, sie wird gewiß ihr Glück machen ...

Meine Geschenke wurden von der Zeit an beträchtlicher, und da es mir ungelegen war, jedesmal Geld mitzunehmen, so gab ich ihr, der Theresia, einige Male ganze 100 fl., sagend: Das werde ich dir alle 14 Tage wieder geben.

Ich hielt dem Mädchen einen eigenen Klavierlehrer, und sie mußte mir bisweilen einige Takte vorspielen.

Geküßt mag ich sie wohl unter diesen Besuchen einige Male haben, von einer unzüchtigen Berührung aber war keine Rede, auch ging mir die Mutter damals nicht vom Halse außer einem einzigen Mal, wo sie Wäsche auf den Boden trug, das Mädchen aber, das ich umarmen wollte, ausriß und ihr nachlief."

Warum er für die Ladenbergers eine neue, größere Wohnung besorgt habe? Dazu der Fürst:

„Da ich bemerkte, daß meine Besuche, obwohl ich den Wagen weit weg stehen ließ, den Nachbarsleuten im Hause und besonders den Mägden der Hausfrau, die immer kicherten und lachten, mir auch allenfalls auf der Stiege nachliefen, auffielen, so schlug ich der Mutter vor, ein anderes Quartier zu nehmen."

Ein reiner Wohltäter war Fürst Kaunitz auch seinen eigenen Aussagen zufolge nicht:

„Bei diesem größeren Quartiere, wo nicht alle Zimmer geheizt wurden, war die Gelegenheit, mit dem Mädchen allein zu sein, häufiger, und da sie bereits 14 Jahre und drei Monate alt war, auch an Kräften und Wachstum merklich zugenommen hatte, so benützte ich eines Tages die Abwesenheit der Mutter und versuchte, das Mädchen fleischlich zu gebrauchen."

Angeblich nicht, ohne sich zeitgerecht vergewissert zu haben, daß sie bereits vierzehn sei:

„Im Laufe des vorigen Sommers begehrte ich eines Tages den Taufschein dieser Resi zu sehen und erfuhr hieraus, daß sie Ende September 1821 volle vierzehn Jahre alt werde."

Die Resi war zum fraglichen Zeitpunkt also bereits 14 Jahre und drei Monate alt gewesen – und für den Fürsten eine Enttäuschung,

„Das Mädchen schien nicht vollkommen einzuwilligen, jedoch verweigerte sie weder Küsse noch Betastungen, so daß ich sie nur sehr unvollkommen genossen zu haben glaube. Indes war ich erstaunt, ihre Geschlechtsteile geöffnet zu finden. Ich stellte sie darüber zur Rede, konnte aber aus ihr keine Antwort herausbringen, weil sie überhaupt nicht zu den Gesprächigsten gehörte.

Sie wiederholte mehrmals, wie lieb sie mich habe, auch, daß ihr die Mutter öfter gesagt ‚Hast du den Fürsten wirklich so lieb?', worauf sie erwiderte: ‚Die Heberle hat ja auch einen Kavalier und ist deswegen noch keine Hure.'[69]

Hierauf wiederholte ich die Besuche wieder wie ehe, und ich glaube, mich im ganzen nicht öfter als zwei- bis dreimal mit ihr unterhalten zu haben. ... Auch wurden meine Besuche in der Tat seltener, als ich auf einmal Anfang Februar zu diesen Leuten gebeten wurde, um ihnen zu helfen, wie sie sich ausdrückten, weil der Mann auf die Polizeidirektion vorgefordert sei.

Ich fand sie sämtlich in der äußersten Bestürzung und sagte Ihnen: Sie können die Wahrheit sagen, ich glaube nicht, daß sie ihr Mädel verkuppelt haben, denn was mir die Resi getan, hat sie aus Liebe getan und Dankbarkeit."

Vorgefallen sei zwischen ihm und der Resi ab dieser Zeit nichts mehr. Zu den Ladenbergers sei er erst wieder gegangen, nachdem die Resi im März zum ersten Mal von der Polizei vorgeladen (im Biedermeier: vorgefordert) und auch ärztlich untersucht worden war:

„Ich gestehe, daß ich bloß in der sonderbaren Art, mit welcher mir das Mädchen die ab sofort mit ihr vorgenommene Untersuchung erzählte, einen neuen Reiz fand, ihr diese Erzählung öfters wiederholen zu lassen."

Gleichzeitig habe er dem Mädchen, so erinnert sich Fürst Kaunitz, gesagt:

„Wenn ich dich zu meinem Vergnügen nicht gebrauchen kann, so werde ich dir auch dein Monatsgeld nicht ferner geben. Indes will ich dich nicht Not leiden lassen, und da sie mir von den sich noch immer mehrenden Ausgaben sprach, so glaube ich, ihr einige Male 10, 15 bis 50 fl. Banknoten gegeben zu haben."

Des Fürsten Gesamteindruck von der Familie:

Therese Heberle in der Rolle des Ritters im Ballett
„Die Fee und der blöde Ritter".

Castellis Hunde „Sedl" und „Nitzky". Karikatur auf den
Präsidenten der Zensurhofstelle Graf Sedlnitzky.
(Dosenaquarell von Karl Fichtner)

„Das Mädchen hat mehrmals persönliche Zuneigung gezeigt, von mir so wenig wie die Eltern etwas begehrt, und
sind mir überhaupt sehr uneigennützig erschienen."
Am 11. Juli 1822 betonte auch Theresia Ladenberger die
Großzügigkeit des Fürsten:
„... der Fürst gab mir ein Fortepiano zum Geschenk und
seit dieser Zeit unterrichtete mich der beim Wiener Theater angestellte Kapellmeister Riotte. Auch wurde uns ein
deutscher Lehrmeister gehalten, durch den meine zwei
anderen Schwestern mit unterrichtet wurden, und ebenso
wurden wir auch von einer weiblichen Handarbeiterin
unterrichtet, die aber bereits gestorben ist. Seitdem aber
meine Eltern eine Wohnung in der Stadt erhielten, ist mir
und meiner Schwester ein französischer Sprachmeister
und eine Näherin gehalten worden, und weil dadurch die
Auslagen vermehrt wurden, so gab der Fürst 300 fl.
monatlich. Diese Unterstützung erhielten wir nur zwei
Monate, weil mein Vater wegen des Fürsten Kaunitz zur
Polizei gerufen wurde."
Den Grund für die Vorladung meinten die Ladenbergers zu
kennen:
„Wir glaubten, daß die Frau des Fürsten die Klage eingeleitet haben würde, weil die uns vom Fürsten gegebene
Unterstützung ihrem Hause entzogen würde, und darüber hat der Vater den Fürsten zur Rede gestellt, wie dies
mein Vater schon früher und gleich anfangs der Bekanntschaft getan hat, der Fürst erwiderte darüber, er sei sein
eigener Herr, und die Fürstin würde sich darüber nicht
aufhalten, welche armen Leute er unterstütze."
Nicht alle „seiner" Mädchen hatte Fürst Kaunitz im Theater kennengelernt. Er hatte auch gegen die Vermittlung von
Kupplerinnen nichts einzuwenden. Diese Vorgangsweise
bezeichnete er als üblich in seinen Kreisen.
Daß Fürst Kaunitz sich mit seinem Lebenswandel „in guter Gesellschaft" befand, zeigt auch die folgende Aussage.
Befragt nach seinem Verhältnis zu Franziska Schillinger,
Goldarbeiterstochter aus Mariahilf und ebenfalls Mitglied
des Kinderballetts, gab Kaunitz zu Protokoll:
„Ich fragte sie in der Gegenwart ihrer Eltern und ihrer
Schwester, ob sie schon eine Bekanntschaft gehabt habe

und ob sie mit mir in eine Bekanntschaft sich einlasssen
wolle. Sie erwiderte hierauf, sie habe schon seit mehreren
Wochen eine Bekanntschaft mit dem Grafen Emmerich
Czaky. Derselbe hätte sie jedoch noch nicht genossen.
Geraume Zeit nach diesem Besuche, nach welchen ich sie
wieder in ihrer Wohnung besuchen wollte, sie jedoch nicht
zu Hause antraf, kam ich mit dem Bankier David Barrist
in meiner Loge im Theater an der Wien zusammen. Bei
dieser Gelgenheit sagte er mir, als wir auf die Mädchen
vom Theater zu sprechen kamen, und unter diesen auch
auf die Schillinger, daß dieselbe kürzlich bei ihm gewesen
wäre, und er sie entjungfert zu haben glaube."

Der Andrang wird zu groß

Die im Bericht Sibers an Sedlnitzky genannte siebzehn-
jährige Katharina Bayer hatte Kaunitz durch eine Kupplerin kennengelernt. Fürst Kaunitz begab sich zum avisier-
ten Quartier am Josefstädter Glacis. Die „fragliche Katharina" war gegenwärtig, und die Kupplerin verließ das Haus,
„Geschäfte in der Stadt vorgebend". Kaunitz wörtlich:
„Ich wollte diese Gelegenheit sogleich benutzen, indem
ich mir nichts anderes dachte, als daß ich mit einer gewöhnlichen Dirne zu tun habe. Das Mädchen weigerte sich
aber, sagend: Sie wolle sich mir nicht verkuppeln lassen,
sie wolle lieber zu mir hineinkommen, und wenn ich für sie
sorgen wolle, so brauchten wir diese Frau gar nicht. Auf
diese Äußerung hin verließ ich sie, nachdem ich sie mit
einer Eintrittskarte versehen hatte."
Im Frühjahr 1822 war dem Fürst der Andrang offenbar
zuviel geworden. Nach Aussage der Johanna Passy dräng-
ten sich in seinem Vorzimmer oft dreißig und noch mehr
Mädchen, Eltern und Kupplerinnen. Der Fürst gab daher an
Mädchen, die er bereit war zu empfangen, Eintrittskarten
aus. Seine Dienerschaft wies er an, nur noch gegen Vorwei-
sung dieser Eintrittskarten den Eintritt ins Vorzimmer zu
gestatten. Die Karten selbst – Exemplare liegen dem Akt bei
– stammten aus alten Vorräten. Sie hatten in früheren Jahren zum Eintritt in die Fürst Kaunitzsche Bildergalerie [70]
und seinen Garten in Mariahilf [71] gedient.

Mit einer Eintrittskarte versehen, besuchte Katharina Bayer daraufhin den Fürsten in seinem Haus in der Dorotheergasse. „Da wir Störung fürchteten", wie sich der Fürst beim Verhör ausdrückte, „so bestellte ich sie in ein eigens von mir gemietetes Monatszimmer, wo ich sie genossen habe. Jedoch war selbe keineswegs mehr eine Jungfrau, was noch manche ihrer späteren Äußerungen, daß sie bereits zu einem anderen Kavalier geführt worden sei, der viel generöser sei als ich, bekräftigten."

Desungeachtet wünschte der Fürst, wie er sagte, einen längeren und bequemeren Umgang mit ihr und begehrte, sie zu Hause zu besuchen. Dies schlug sie ihm ab. Offenbar der Eltern wegen. Katharina zog zu einer Schwägerin, wo ihr der Fürst ein Zimmer möblierte.

Das Ende der Affäre, aus der Sicht des Fürsten:

„Nach einiger Zeit blieb ich, des Umgangs müde, aus, ward aber von ihr, Katharina, beinahe täglich überlaufen, bis ich ihr erlaubte, von Zeit zu Zeit mich zu besuchen. Das letzte Mal hat sie von mir ein Geschenk von 25 fl. C.M. und einen Schlüssel zur Loge im Wiedner Theater erhalten, wohin zu gehen ich diesen Tag keineswegs gesonnen war."

Etliche der einvernommenen Mädchen waren „wegen unsittlichen Wandels" verhaftet und im Polizeihaus festgehalten worden. Darunter auch Franziska Schulz, seit 25. Mai 15 Jahre alt, in der Stadt geboren, in Aufenthalt bei ihren Eltern in der Stadt Nr. 131. Von ihr heißt es im Akt:

„Franziska Schulz, hierorts vernommen, gibt in ihrem Verhöre an: Ihre Mutter habe unter den Tuchlauben in jenem Hause, wo der Uhrmacher sich befindet, eine angebliche Baronin bedient. Diese habe ihrer Mutter bedeutet, daß sie ihre Tochter dem Herrn Fürsten aufführen sollte, wo sie sohin nicht mehr nötig hätte zu dienen.

Am Allerheiligentag 1820 habe sie ihre Mutter zu der Baronin geführt, und der Herr Fürst Kaunitz sich geäußert, daß er zehn Jahre ihr Freund sein, sie, wann sie reif wäre, gebrauchen, und wenn er sie sohin nicht mehr möchte, unterstützen werde.

Ihre Mutter habe ihr gesagt, daß, da der Fürst sie versorgen wolle, es alles eins sei, ob der Herr Fürst oder ein anderer die Jungfernschaft bekäme.

„Die ehemaligen Gärten in Mariahilf...", Ausblick vom Palais Kaunitz über die Gartenanlagen auf die Laimgrubenkirche und die Innenstadt. (Ölgemälde von Canaletto, 1759/60)

Jägerzeile mit dem Theater in der Leopoldstadt.(Olgemälde von Franz Scheyerer)

Der Herr Fürst habe sie hierauf in ihrer Wohnung besucht, ihnen geheißen, eine andere Wohnung zu mieten,
und ihr Vater habe wirklich eine Wohnung in der Kotgas-
se um jährlich 400 fl. erstanden und den Zins für ein
halbes Jahr empfangen. Der Herr Fürst habe ihr auch ein
Zimmer eingerichtet, sie dort wöchentlich oder alle vierzehn Tage in ihrem Zimmer besucht und ihr jedesmal 25
oder 50 fl. als monatliche Unterstützung von 100 fl. ange-
reicht. (...) Bei den Besuchen habe sich der Herr Fürst auf
einen Sessel gesetzt, ihr den Rock in die Höhe gehoben,
den Finger in die Scham hineingesteckt und selbst aber
sich an seinem Gliede gespielt, auch habe sie ihm Kopf und
Rücken kratzen und Tabak schnupfen, auch sein Glied in
die Hand nehmen müssen.
Als sie das 14. Jahr zurückgelegt, habe der Fürst ihre
Jungfernschaft verlangt, sie jedoch vorgegeben, daß sie
die Reinigung noch nicht hätte – weil ihr dieses vorzuge-
ben die Mutter geboten habe.
Er habe dies wiederholt verlangt, sie es jedoch jederzeit
verweigert. Herr Fürst habe ihr hierauf ein Präsent zu
geben versprochen, wenn sie in seine Wohnung kommen
würde. Sie sei auch wirklich an einem Sonntag früh in
seine Wohnung gekommen, Herr Fürst habe sie in das
Bett gelegt, sohin den Rock in die Höhe gehoben, sein
Glied in ihre Schamteile gesteckt, worauf sie Schmerzen
empfunden habe und Blut von ihr geflossen sei. Er habe
ihr damals nichts, jedoch später 500 fl. gegeben, wofür sie
sich ein Umhängtuch gekauft habe. Hiervon habe sie ihrer
Mutter nicht das geringste gemeldet, welche noch immer
glaube, daß sie Jungfrau sei.
Der Herr Fürst sei eineinhalb Monate hierauf, weil sie
seines Willens nicht mehr war, ausgeblieben. Ihre Mutter
habe sie deshalb zu dem Herrn Fürsten geführt, und ihn
um die Ursache seinen Ausbleibens gefragt, worauf der
Herr Fürst erwidert habe, daß er mit ihr nicht verheiratet
sei und eine Kaserne bauen müßte, wenn er alle Mädchen
behalten wolle."
Franziskas Mutter wurde – so wie etliche andere Mütter –
wegen Kuppelei angeklagt. Insgesamt wurden in Zusammenhang mit dem Prozeß Kaunitz bei Gericht 15 Verfahren

wegen Kuppelei anhängig, in zwei der Fälle handelte es sich bei den Angeklagten um „adelige Damen"[72].

Wenige Tage nach der Verhaftung des Fürsten langte beim niederösterreichischen Appellationsgericht ein Gesuch um Haftbefreiung des Fürsten ein. Unterzeichnet war es von Franz Wenzel Graf von Kaunitz und Rietberg, Feldzeugmeister als Oheim, Rudolf Graf von Wrbna, als Schwager, und Herrn Clemens Fürst von Metternich, als Vetter.

Ersucht wurde um Aufhebung der Haft und Untersuchung des Beschuldigten auf freiem Fuß. Begründung: „Bei seiner Geburt und Erziehung sei ein solches Verbrechen bei Bewußtsein nicht denkbar. Eine Enthaftung wäre auch wegen der Schonung der Ehre, der Person und Familie des Fürsten angezeigt. Die Belastungszeugen gehören der niedersten und verworfensten Klasse an und könnten als gesetzliche Zeugen überhaupt nicht vernommen werden."[73]

Tatsächlich war es üblich, Adelige und auch alteingesessene Bürger während des Prozesses auf freiem Fuß zu lassen — aufgrund der Annahme, daß sie ihren Besitz nicht Hals über Kopf verlassen würden, also keine Fluchtgefahr bestand. Im Falle Kaunitz aber blieb das Gericht standhaft.

Über Antrag des untersuchenden Rates Gulielmo gab der Kriminalsenat am 14.7.1822 eine Stellungnahme an das nö. Appellationsgericht ab: „Wenn dem Magistrat vorgeworfen wird, daß er ohne Rücksicht auf Geburt, Stand und Würde vorgehe, so ist zu bemerken, daß das Strafgesetz als Ausfluß des höchsten Willens keine Rücksicht auf Ausnahmen nehme. Der Magistrat gehorche nur dem Gesetz (...)"[74]

Am 15. 7. 1822 wurde der Rekurs abgewiesen. In einem Kabinettschreiben vom 19. Juli 1822 nahm der Kaiser selbst dazu Stellung: „Da Mir als Landesfürsten ohne Rücksicht der Person die genaue Handhabung der Gesetze als Pflicht obliegt, so sind die Behörden anzuweisen, was sich zwar von selbst versteht, ihr Amt gegen den Fürsten Kaunitz genau nach den bestehenden Gesetzen zu handeln, übrigens aber ungesäumt alles dasjenige zu veranlassen, was zum Besten der Familie des Verhafteten geschehen darf."

Hie Geld – da Ware

Die Art, auf die der Fürst seine Bekanntschaften anknüpfte, war nicht sonderlich abwechslungsreich. Das Schema, nach dem er vorging:

Er sieht ein Mädchen, das ihm gefällt, erkundigt sich nach den materiellen Verhältnissen, die zumeist eher bescheiden waren, und beginnt zu verhandeln. So gut wie immer kommt es zum Abschluß des Geschäfts.

In dem ganzen umfangreichen Gerichtsakt taucht nur ein einziger Fall auf, wo Kaunitz nicht ans Ziel seiner Wünsche gelangte: Rosina Jägersberger, Figurantin am Kärntnertortheater, hatte der Fürst 100 fl. für die Jungfernschaft geboten. Sie lehnte ab. 100 Gulden waren ihr zu wenig.

Es mag erstaunen, mit welcher Selbstverständlichkeit die Mädchen und ihre Eltern in diesen Handel eingestiegen sind, aber auch, wie bereitwillig diese Kinder vor Gericht in allen Einzelheiten erzählten, was mit ihnen geschehen. Doch die Moralvorstellungen des frühen 19. Jahrhunderts sind mit denen des späten nicht zu vergleichen.

Mehr als religiöse Gebote bestimmen die sozialen und wirtschaftlichen Verhältnisse die Sexualmoral. Auf die Idee, sich die „Unschuld" bis zur Heirat zu bewahren, sie gegen einen Trauschein (und lebenslange Versorgung) einzutauschen, sind im Biedermeier wohl noch nicht allzu viele Mädchen gekommen. Diese Möglichkeit hat in der Realität für die wenigsten bestanden. Etwa 40 Prozent der Frauen blieben damals unverheiratet – im wesentlichen aufgrund der strengen Ehebestimmungen bzw. Eheverbote für die besitzlose Klasse.

Warum aber die Jungfernschaft verschenken, wenn sich jemand findet, der sie kauft? Daß diese Überlegung – nicht zuletzt aufgrund wirtschaftlicher Not – angestellt wurde, zeigt die Aussage der Franziska Schulz, die auch vor Gericht kein Hehl daraus machte, daß es eins sei, ob der Herr Fürst oder ein anderer die Jungfernschaft bekäme; da der Herr Fürst sie aber versorgen wolle ...

Dazu kommt, daß Kindsein im Biedermeier etwas anderes war als heute. Ein Schonraum für Kinder existierte noch

Josef Graf von Sedlnitzky, Polizeipräsident und Präsident
der Zensurhofstelle (1778-1855).

nicht. 1822 gab es noch keine Kinderzimmer und keine Kindergärten, was es gab, war Kinderarbeit. Erwachsene und Kinder lebten in ein- und derselben Welt. Kinder hatten noch nicht ihre eigene. Und sie dienten Erwachsenen in höherem Maße, jedenfalls in vordergründigerer Art, als Mittel zum Zweck – des Erwerbs, der Altersversorgung und mitunter auch der Befriedigung eigener geschlechtlicher Bedürfnisse.

1843 starb in Wien ein Knabe nach Schändung durch einen Schottenpriester.[75] Im Jahr davor hatte ein Zimmermaler seinen achtjährigen Neffen auf die Mölkerbastei geführt, in der Absicht, ihn dort an den Mann zu bringen und Kapital aus ihm zu schlagen. Der Knabe aber wollte nicht, begann sich zu wehren. Daraufhin stieß ihn sein Onkel – aus Angst, das Kind könnte ihn verraten – in den Stadtgraben. Anderntags wurde der tote Knabe gefunden.[76] Wie bei allen Sittlichkeitsverbrechen dürfte auch hier die Dunkelziffer hoch gewesen sein. Öffentlich wurden sie meist nur bei letalem Ausgang. Zum allergrößten Teil aber waren die Opfer von Unzuchtsdelikten Mädchen, und es waren auch in der Mehrzahl Frauen, die sich mangels anderer Erwerbsmöglichkeiten mittels „körperlicher Gewerbstreibung" ihr Geld verdienten. Aber nicht ausschließlich. Aus den Polizeiakten des Jahres 1844 geht hervor, daß gelungen ist, mit einem Schlag „120 Strichbuben und Straßenkuppler" zu verhaften.[77]

Beweis, daß ihr Entjungferer nicht zu begabt gewesen sei

Zum „Bekanntenkreis" des Fürsten gehörten auch die beiden – später als Tänzerinnen berühmt gewordenen – Schwestern Therese und Fanny Elßler.
Auf die Frage, ob er die im Baron Brettfeldschen Hause auf der Bastei wohnhaften Schwestern kenne, gab Alois von Kaunitz an:
„Von diesen beiden Mädchen hat die Therese schon im Winter von 20 auf 21 im Kärntnertortheater, wo sie als

Tänzerin angestellt war und noch ist, ihrer hübschen Gestalt halber meine Aufmerksamkeit auf sich gezogen, besonders, da sie auch sehr gut tanzte. Dies bewog mich, sie im Mai 1821 in der Wohnung ihrer Eltern, die ich durch andere Personen erfuhr, aufzusuchen. Selbe wohnten damals unweit des Hauses zum Gansel auf der Wieden an der Wien.

Bei meinem Eintritte bei ihnen gab ich mich zu erkennen, und weil sie mir Menschen von besserer Erziehung und Denkungsart zu sein schienen, so mußte ich gegen sie eine delikate Ursache meines unverhofften Erscheinens bei ihnen angeben.

Ich sagte daher im Beisein ihrer übrigen Familie zur Mutter, daß mir das Talent und die Tanzkunst ihrer Tochter aufgefallen wäre und ich daher dieselbe zu unterstützen wünschte. Ich versprach mich auch sogleich gegen die Mutter, daß ich ihr zu diesem Ende, und zum Teil auch, damit das Mädchen an heißen Tagen und bei übler Witterung in die Tanzschule fahren könne, monatlich 100 fl. geben wolle. Die Mutter nahm diesen Antrag mit Dank an."

In der Folge engagierte Kaunitz für Therese als Tanzlehrerin die erste Tänzerin des Kärntnertortheaters, Millier. Im Oktober 1821 mietete er für die Familie Elßler eine neue Wohnung, bestehend aus drei Zimmern und drei Kammern. Zwei Zimmer ließ der Fürst möblieren. Die Miete für ein halbes Jahr zahlte er im voraus.

Thereses und Fannys Vater, Johann Florian Elßler, war Musiker, Notenkopist und in früheren Jahren Diener Joseph Haydns gewesen.

Bei ihrer Einvernahme sagt Therese Elßler, daß der Fürst anfangs alle acht oder zehn Tage auf Besuch gekommen sei, sich öfters lange aufgehalten und mit ihren Eltern und ihrer Schwester verschiedene Spiele gespielt, sonst aber „nichts vorgehabt" habe. Das änderte sich im Frühjahr 1822. Acht Tage nach dem 14. Geburtstag Thereses, kam der Fürst wieder, führte sie ins letzte Zimmer, „woselbst er mich im Bette gebrauchte, welchen fleischlichen Gebrauch ich aus Neigung dem Fürsten gestattete".

Eigenen Angaben zufolge hat Alois Kaunitz sie in der

Folge noch einige Male „fleischlich gebraucht", sie „reinlich gekleidet"und öfters mit „gutem Schmuck" beschenkt.

Was Therese an Geschenken erhalten hat, ist im Gerichtsakt festgehalten: Dukaten, Korallen, Ringe, Ohrgehänge, ein blaues Kollier, vier bis fünf Kleider, zwei Umhängtücher, vier Hüte, ein Stück Leinwand und ein Fortepiano.

An Möbeln hatte der Fürst den Elßlers spendiert: 1 Stehspiegel, 1 Tisch, 6 Sessel, noch 6 Sessel, 1 Sofa, 1 Nachtkastel, 1 Bett, 1 Hängespiegel, 1 Spieltisch.

Befragt, in welchem Verhältnis er zu Fanny, der 1810 geborenen Schwester Thereses stehe, antwortete der Fürst: „Selbe mag ich wohl ein paarmal geküßt haben, außerdem aber habe ich mit ihr ebensowenig wie mit ihrer ältesten Schwester Nettel jemals etwas anderes vorgehabt."

Das Zeugnis, das der Stadtphysikus am 30. Juli 1822 nach der Untersuchung Therese Elßlers ausstellte:
„Befunden: daß dieses Mädchen für ihr angebliches Alter groß, aber nicht sehr ausgebildet sei. Ihre Brüste sind flach, nicht formiert, an ihren Geschlechtsteilen finden sich Spuren einer aufkeimenden Pubertät.
Ihr Hymen ist zwar vorfindig, aber auf einer Seite eingerissen, was auch eine Folge des Tanzens sein könnte, ihre Mutterscheide ist sehr eng, ein Beweis, daß sie den Beischlaf, den gepflogen zu haben sie selbst eingesteht, nicht oft wiederholt und ihr Entjungferer von der Natur nicht zu begabt gewesen sei.
Portenschlag."

Mag sein, daß *dies* auch der Grund war, warum Kaunitz ausschließlich Kontakt zu völlig unerfahrenen Mädchen suchte. Diese seine Vorliebe ersparte ihm zugleich Unannehmlichkeiten. Nur eines der 200 Mädchen gab bei der Einvernahme an, schwanger geworden zu sein. (Das Kind starb wenige Tage nach der Geburt.) Historischen Untersuchungen zufolge bekamen in der Biedermeierzeit Mädchen – im Durchschnitt – erst mit knapp 16 Jahren die erste Menstruation.

Dem Ruf der Therese Elßler hat die Affäre Kaunitz jedenfalls nicht geschadet. Sie heiratete – allerdings erst 1850 – den Prinzen Adalbert von Preußen.

Therese Elßler. (Lithographie von F. Jentzen, 1831)

Fanny Elßler. (Miniatur von M.M. Daffinger)

Auch Katharina Eder war dem Fürsten Kaunitz ihrer hübschen Gestalt wegen aufgefallen; auch sie war Tochter eines Musikers und Tänzerin am Kärntnertortheater. Wie üblich machte der Fürst einen Besuch in der Wohnung und klärte Mutter und Tochter ohne Umschweife über seine Absichten auf, nämlich, daß er gesonnen sei, die Katharina, wenn sie einmal vierzehn Jahre alt sein werde, zu seiner Mätresse zu machen. Kaunitz wörtlich:

„Die Mutter äußerte sich hierüber gegen mich, daß sie zwar eine ehrliche Person sei, doch aber meinen Antrag annehme, wenn ich so für ihre Tochter sorgen wolle, daß ich sie als arme Person, die ohnehin keinen Mann bekommen würde, nicht wegwerfen dürfe."

Kaunitz sagte ihr zu, ihr nach zurückgelegtem 14. Jahr für die Jungfernschaft 550 Gulden geben zu wollen und monatlich 200 Gulden, „ohne jedoch beizusetzen wie lange". Die Mutter allerdings verlangte eine verbindliche Zusage für ein Jahr. Kaunitz willigte ein.

Bei ihrer Einvernahme am 20 Juli 1822 erinnert sich die inzwischen sechzehn Jahre alt gewordene Katharina Eder an diesen ersten Besuch des Fürsten in der elterlichen Wohnung. Die Mutter und die 82 Jahre alte Großmutter seien dem Fürsten damals zu Füßen gefallen und hätten ihm beteuert, nur auf ehrliche Art zu dem Geld kommen zu wollen. Ihr selbst habe der Fürst versprochen, sie recht glücklich machen und versorgen zu wollen, wenn sie sich ihm hingebe.

„Weil ich dem Herrn Fürsten gut war und unsere Not sich vergrößerte, so willigte ich umso mehr ein, als ich meiner Mutter helfen wollte. Ich legte mich freiwillig in das Bett, und der Fürst gebrauchte mich fleischlich, indem er dabei stand. Ich erzählte es meiner Mutter sogleich, als der Fürst fortgegangen war, daß er mich gebraucht hatte. Sie war sehr traurig darüber, allein geschehen war es."

Nach drei Monaten ließ sich der Fürst nicht mehr blicken. In diesen drei Monaten aber hatte er Katharina Kleider und Schmuck gekauft, ihrer Mutter und Großmutter einen Sommeraufenthalt in Baden finanziert und der Familie eine neue Wohnung angemietet, für ein Vierteljahr Zins und folgende Einrichtungsgegenstände bezahlt: 1 Bett, 2 Schubladkasten, 1 Trumeaukastel, 1 Hängekasten, zwei große Spiegel, 1 Nachtkastel, 14 Sessel, 1 großer Tisch und noch 1 Nachtkastel.

So gesehen war Fürst Kaunitz an der Produktion von Biedermeiermöbeln nicht unmaßgeblich beteiligt.

Da bei der Verhaftung des Fürsten und anschließenden Hausdurchsuchung neben den Tabaksdosen auch seine Briefe beschlagnahmt worden waren, hatte sich auch der aus dem Jahr 1813 stammende Brief an den Schriftsteller Josef Alois Gleich gefunden.

Befragt über seine Beziehung zu Louise Gleich – sie hatte 1820 den Dichter Ferdinand Raimund geheiratet und war 1822 von ihm geschieden worden, berichtete der Fürst, daß der seinerzeitige briefliche Kontrakt ohne alle Folgen geblieben sei.

„Erst als ich von Rom zurückgekommen war und neuerdings den Wunsch äußerte, die Louise Gleich, die damals schon die Braut des Schauspielers Raimund war und seitdem seine Frau geworden ist, zu besitzen, ward ich dann mit dem Herrn von Gleich dahin einig, an diesen Genuß 500 fl. W.W. zu wenden, und ich habe sie damals, das heißt beiläufig im März oder April 1821, gegen Erlag von 500 fl. und mehrerer anderer Präsente in meinem Monatsquartier auf der Seilerstätte genossen.

Da jedoch Herr Raimund etwas merkte, so zerbrach sich diese Bekanntschaft wieder, und es ist forthin zwischen mir und der Frau von Raimund nichts vorgegangen."

Kuppelei („Hülfeleistung zur Unzucht") war dem Gesetz nach verboten, wurde aber offenbar von der Polizei fallweise geduldet, zum Teil sogar protegiert. Oberster Schutzherr der Kupplerinnen soll Polizeiminister Graf Sedlnitzky höchstpersönlich gewesen sein:

„Sedlnitzky wußte nicht nur viele Kupplerinnen der gerechten Strafe zu entziehen, sondern beschenkte noch, unter dem ersten besten Haustore, die gestraft entlassenen mit 10 fl. C.M., um gleich wieder aufs neue seine gewöhnlichen Bestellungen zu machen."[78]

Zweimal die Woche soll Sedlnitzky sich bei der Kupplerin Barbara Czappo auf dem „Braunhirschengrund" Nr. 37 eingefunden haben. Als sich die polizeiministerlichen Gelüste eines Tages auf deren vierzehn Jahre alte Tochter richteten, erhob die Mutter Einspruch. „Seine Entrüstung soll eine maßlose gewesen sein; er, Österreichs Polizeiminister, wollte sich herablassen, sich herablassen als Graf, mit dieser ‚Bürgerkanaille‘ sich zu amüsieren und wird abgewiesen!"[79] So der Kommentar eines „Achtundvierzigers".

Befragt nach seinen Beziehungen zu den stadtbekannten Kupplerinnen, gab Fürst Kaunitz freimütig zu, sie alle zu kennen und ihre Dienste zu beanspruchen:

„Die Kupplerin Wagner ist mir, wie so viele Kupplerinnen, seit langer Zeit bekannt. Mit der Kupplerin Josephine Lössl war ich schon 1808 bis 1814 in Verbindung. Sie hat mir an die hundert Mädchen angetragen und zum Teil auch zugeführt."

Die Dienste der Josephine Lössl beanspruchte Alois von Kaunitz auch wiederum nach seiner Rückkehr von Rom. Sie hatte ihm „vor vielen Jahren" Katharina Kraus, Tochter des beim Hirschen an der Wien wohnhaften Kutschers zugeführt.

Das Gericht aber war an der Beziehung des Fürsten zu Katharinas Schwester Franziska interessiert, da diese noch keine vierzehn war.

Kaunitz gab folgendes zu Protokoll:

„Ihre in der Frage stehende Schwester Fanni, welche der Katharina gleichsieht, habe ich durch die berüchtigte im Zollerischen Haus in der Jägerzeile wohnhafte Kupplerin Hüller (auch: Höller) kennengelernt. Diese Hüller sagte mir nämlich, daß sie mir ein recht hübsches Mädchen wüßte, welches mir gewiß schon recht sein würde, weil es die Schwester der Kathi sei, von deren Verhältnis mit mir die Hüller wohlunterrichtet war. Ich bedeutete der Hüller, daß ich binnen zwei Tagen, und zwar, wie ich ganz bestimmt weiß, am Weihnachtsabend 1820 wieder zu ihr kommen werde und das Mädchen bei ihr zu finden hoffe. Als ich an diesem Tag zu ihr kam, traf ich auch richtig die Fanni bei ihr an. Sie gefiel mir recht gut, und ich äußerte dies auch gegen sie."

Seinen eigenen Angaben zufolge hat Kaunitz ihr 50 Gulden gegeben, ihrer Mutter, die von ihrem Mann getrennt lebte, 100 Gulden monatliche Unterstützung und eine neue

Louise Gleich, verehelichte Raimund. (Gemälde von W.A. Rieder)

Friedrich Horschelt (1793-1876), der Leiter des Kinderballetts. (Lithographie von Lanzedelly)

Wohnung angeboten, die Fanni aber nicht „genossen", da sie ja erst dreizehn war.

Menschen besserer Erziehung und Denkungsart

Durch die „berüchtigte Kupplerin Hüller", wie er sich ausdrückte, hatte Kaunitz Ende des Jahres 1820 auch erfahren, daß die Ehewirtin des Schauspielers Anton Hasenhut, er war Mitglied des k.k. Hofoperntheaters, für ihre Tochter Leopoldine jemanden suche, der sie versorgen kann. Kaunitz vereinbarte mit der Kupplerin, die Leopoldine, die er schon kannte, solle ihn mit ihrer Mutter besuchen kommen. Die Mutter kam allein. Kaunitz sagte ihr, er sei bereit, 800 oder 1.000 Gulden – genau erinnerte er sich bei Gericht nicht mehr – für die Jungfernschaft zu bezahlen. Die Mutter war damit einverstanden.
Anfang Dezember kam Leopoldine dann allein ins Monatszimmer des Fürsten. „Daselbst habe ich sie entjungfert." Den vereinbarten Betrag zahlte er ihr in Goldmünzen aus, darüber hinaus versprach er ihr monatlich 200 Gulden. Tatsächlich zahlte er nicht lange; nur bis zum Frühjahr 1821. Grund: „Weil ich ihrer satt war."
In der Zwischenzeit hatte Kaunitz Leopoldines Schwester Pauline kennengelernt. Sie war ihm auf der Stiege des Kärntnertortheaters begegnet. Er fragte sie nach ihrem Namen und lud sie ein in seine Wohnung. Pauline kam mit ihrer Mutter. Bis zum Sommer 1821 zahlte der Fürst der Tochter 100 Gulden im Monat. In welchem Verhältnis er zu ihr gestanden sei? „Ich habe sie nur einige Male unsittlich betastet, ohne sie jedoch im mindesten beschädigt zu haben."
Leopoldine Hasenhut war übrigens die einzige von den 200 Mädchen, die vor Gericht bestritt, ein Verhältnis mit Fürst Kaunitz gehabt zu haben. Sie gab es erst zu, als sie der Richter mit der Aussage des Fürsten konfrontierte.
Mehrmals im Laufe des Prozesses hat Kaiser Franz I. eingegriffen. Wiederholt verlangte er vom Kriminalgericht Berichte und forderte die Räte auf, das Verfahren

Fanny Elßler, Therese Elßler, Gustav Carvey und Maria
Taglioni die Ältere in unbekannter Rolle.

Der Schauspieler Anton Hasenhut (1766-1841), Mitglied
des k.k. Hofoperntheaters. (Lithographie von Faustin Herr)

abzuschließen.[80]Am 10.9. 1822 wurde der Prozeß beendet.

Alois Fürst von Kaunitz stellte sich bei seiner Verteidigung auf den Standpunkt, er hätte – jedenfalls wissentlich – kein Mädchen unter 14 Jahren „fleischlich gebraucht".

Seine Verteidigung beginnt mit den Worten:

„Des Verbrechens der präsumptiven Notzucht nach Paragraph 112 bin ich nicht geständig, weil ich nicht gestehen kann, was ich nicht getan."

Im einzelnen verteidigte sich Kaunitz wie folgt:

Keines der Mädchen wäre nachweisbar unter vierzehn gewesen. Zudem könne kaum nachgewiesen werden, daß er es gewesen sei, der die Mädchen entjungfert habe, da zwischen seiner Bekanntschaft mit ihnen und der gerichtsärztlichen Untersuchung mehrere Monate, oft Jahre, vergangen seien. Er habe den Eltern auch nie ausdrücklich erklärt, daß die Bedingung für die Unterstützung der Tochter deren Entjungferung sei. Im übrigen aber seien die Beschädigten nicht glaubhaft, denn dann wäre jeder ehrliche Mann der „Spielball einer Rotzdirne".

Außerdem, so versicherte Kaunitz, würden ihm die körperlichen Voraussetzungen für die Begehung des Verbrechens der Notzucht fehlen:

„Um den Versuch zum Verbrechen zu qualifizieren, so darf das angewandte Mittel zur Tat nicht untauglich sein. Ich habe aber angegeben, daß der Zustand meiner Geschlechtsteile zur Entjungferung vollkommen untauglich ist. Und dieses ist nicht ärztlich erhoben worden."

Hinsichtlich der Anklage wegen Kuppelei erklärte Kaunitz:

„Wenn sich zukuppeln lassen ein Kriminalverbrechen ist, so kann ich in einer volkreichen Stadt bei dem dermaligen Zustande der Sittlichkeit getrost mit der Parabel der Ehebrecherin antworten: Wer frei ist von Schuld, der hebe den ersten Stein."

Seine Verteidigung beendete Kaunitz mit den Worten:

„Von allen Seiten gewarnt, wäre es mir ein leichtes gewesen, mich der gegenwärtigen Untersuchung, ehe sie anfing, zu entziehen. Ich brauchte mich nur nach Ungarn zu begeben, wo ich Magnat bin, und Rechte, nicht nur Pflichten habe, ich war aber stolz darauf, von dem hochlöblichen

Magistrat der Haupt- und Residenzstadt gerichtet zu werden, weil ich es als das einzige Mittel ansah, jenes abscheuliche Gerücht von gemordeten Kindern, von Zwangsstühlen, welches das schändliche Heer der geheimen Angeber, der Mädchen-Marchands nicht ohne Absichten und wahrscheinlich auf Befehl unter das Volk meiner Vaterstadt gestreut hatte, zu entkräften."

Am 18. September 1822 wurde das Urteil gefällt.

Anwesend waren: Der kaiserlich königliche Rat und Vizebürgermeister Anton Lumpert, die Kriminalräte Heiß, Schweidler, Stopper, Berger, Mayrhoffer, Janda, Helie, Poglies, Böck, von Fillenbaum, Schulz, Huber, von Feil, Pekarek, Wollan, Rumolth sowie die mit der Leitung der Untersuchung beauftragten Räte Spangler und Gulielmo.

Spangler und Gulielmo stellten den Antrag, die mit dem Herrn Fürsten Alois von Kaunitz und Rietberg wegen des Verbrechens der Notzucht abgeführte Kriminaluntersuchung wegen Abgangs rechtlicher Beweise für aufgehoben und denselben die Kriminalgerichtskosten zu ersetzen für schuldig zu erklären.

Rechtshistoriker sind der Ansicht, daß die Räte dabei sichtlich unter – zumindest moralischem – Druck gestanden seien. [81]

Nicht alle der anwesenden Räte allerdings waren bereit, diesem Antrag zuzustimmen.

Kriminalrat Berger erklärte, er halte den Herrn Fürsten bei allen gegen ihn wegen Notzucht vorliegenden und im Vortrage angeführten Fällen, zumindest aber in dreien, des Verbrechens für gesetzlich überwiesen.

Er berief sich dabei auf das erste Geständnis des Fürsten, „vermöge welchem er sich zuschulden kommen ließ, mit der Louise Weiß (Abeck) erhobenermaßen vor ihrem 14. Lebensjahr den Beischlaf ausgeübt zu haben". Berger erinnerte daran, daß Kaunitz erst im Laufe der Kriminaluntersuchung davon abgerückt sei und vorgebracht habe, „daß er mit seinem Glied bloß ihre äußeren Schamteile berührt" habe und nun plötzlich „bezweifle, ob er ganz hineingedrungen sein könne". „Wobei", so Berger „seine Ausflüchte, daß er nicht gewußt haben will, daß sie unter 14 Jahren sei, ihm umso weniger nutzen können, da das Gericht ein für allemal diese Handlung als ein Verbrechen darstellt und er keine hinreichenden Gründe anführen könne, diese Veränderung seiner Aussage zu rechtfertigen."

Laut Protokoll fuhr Berger fort:

„Ebenso könne er ihm die Fälle der Passy und der Bertoni zurechnen, da, so viele Umstände diesfalls vorliegen, er nicht in Abrede stellen könne, mit diesen Mädchen den Beischlaf ausgeübt zu haben, und aus seinen lockeren Handlungen, welche er selber in seinem Verhöre aufzudecken sich nicht entblödete, sich klar ergibt, daß er ohne viel Rücksicht auf Gesetze des Staates oder moralische Gründe, ohne weiteres, wie sich die Gelegenheit ergab, er sich solche erspähte oder durch Geld und Versprechungen sich verschaffte, diese Mädchen auch gebrauchte, daß des Fürsten Lebenswandel sohin eine ununterbrochene Kette solcher Schandtaten darbiete."

Mit Hilfe einer Vielzahl juristischer Argumente versuchte er, den Fürsten des Verbrechens der Notzucht sowie der Beihilfe und Vorschubleistung zur Kuppelei zu überführen. Rat Berger stand mit seiner Meinung nicht allein. Die Mehrzahl der Räte aber hielt ihm Widersprüche in den Aussagen der Mädchen entgegen, deren Charakter sowie das Faktum, daß Entjungferung zwar festgestellt, nicht aber nachgewiesen werden könne, ob sie vor dem 14. Lebensjahr erfolgt sei.

Die Mehrheit der Räte entschied schließlich für den von Spangler und Gulielmo eingangs gestellten Antrag.

Urteil

Von dem Magistrate der k.k. Haupt- und Residenzstadt Wien wird über die gegen den verhafteten Herrn Alois Fürst von Kaunitz und Rietberg wegen des Verbrechens der Notzucht am 8. Juli dieses Jahres angefangenen und am 10. dieses Monats geschlossenen Kriminaluntersuchung zurecht erkannt:
Diese Untersuchung wird aus Abgang an rechtlichen Beweisen für aufgehoben erklärt, doch ist der Untersuchte schuldig, die Gerichtskosten zu erlegen. Wien, am 18. September 1822.

Fürst Alois Wenzel von Kaunitz-Rietberg. (Ölgemälde von
Johann Baptist Lampi)

Vorschriftsgemäß wurden die Akten dem Höheren Ober-
Gerichte und von diesem dem Kaiser vorgelegt.

Mit Hofdekret vom 27. September 1822 verfügte der
Kaiser,

„daß der Fürst bei seiner Entlassung aus dem Unter-
suchungsarreste nach der nun sogleich zu veranlassenden
Kundmachung des Urteils unter die strengste gewöhnliche Polizeiaufsicht gesetzt, ihm durch solche jede Veranlassung, in seinen früheren ungeregelten Lebenswandel
zurückzutreten, unmöglich gemacht und diese Aufsicht
solange fortgesetzt werde, bis von Seiner Kaiserlich Kö-
niglichen Majestät wegen fernerer Behandlung dieses
Fürsten die definitive allerhöchste Entschließung erfolgen wird."

Die definitive Entschließung des Kaisers lautete: Der
Fürst möge Wien verlassen.

Am 30. Oktober 1822 begründet der Kaiser diese seine
Entscheidung in einem Schreiben an Graf Sedlnitzky:

„Ich halte es für meine Pflicht, meinem Volke und der
ganzen Welt zu zeigen, daß ich Religion und Sittlichkeit
für die Hauptstützen der Staaten halte und an meinem
Hofe nur rein moralische Menschen versammelt zu sehen
wünsche, um so auf die unteren Stände mit Nachdruck
und Erfolg durch das Beispiel zu wirken."[82]

Alois Fürst von Kaunitz-Rietberg begab sich auf seine Besitzungen nach Brünn.

Aus einer Polizeinachricht, datiert vom 10. März 1823:
Fürst Kaunitz zeige nicht mehr in so hohem Grade, wie dies
früher der Fall gewesen sei, auffallendes Benehmen. Dies
aber sei nicht so sehr die Folge polizeilicher Erinnerungen,
sondern geschehe „um sich das Vertrauen der Familie des
Dikasterialhausverwalters Wendel zu erwerben, auf dessen
jüngste Tochter er seine Absichten gerichtet habe". Dem
Mädchen habe er aus Wien „einen feinen Shawl samt einem
zierlichen Potpourri-Polster im Wert von ca. 200 fl. C.M."
mitgebracht. Weiters ist in dieser Polizeinachricht vermerkt:

„Eine früher im Kaunitzschen Dienste gestandene Magd,
Anna, von hier ubiquierend, befindet sich gegenwärtig in
Untersuchung, weil sie dem Fürsten Mädchen, die nach

dem ihr von den Dienstleuten des Fürsten erteilten Auf-
trage nach Jungfrauen sein mußten, zugeführt hatte; es
dürfte deswegen wohl auch einer seiner Jäger in Untersuchung gezogen werden müssen."[83]
Drei Tage später meldet die Polizei von Brünn nach Wien,
„daß Kaunitz auch nach seiner Rückkunft und ungeachtet
seiner bevorstehenden Abreise die alten Gewohnheiten fort-
setzt"[84].

1848 starb Alois Fürst von Kaunitz-Rietberg im Alter von
75 Jahren in Paris.

Zur Unfreiheit des Geistes

Alles was im Österreich der Biedermeierzeit geschrieben, gezeichnet und gemalt, gedruckt, medailliert oder in Kupfer gestochen wurde, hatte der Zensurbehörde vorgelegt zu werden. So bestimmten es die noch aus dem 18. Jahrhundert stammenden Zensurverordnungen und das Zensuredikt aus dem Jahr 1810. Die Richtlinien, nach denen die Zensoren zu entscheiden hatten, waren den Zeitgenossen im Detail nicht bekannt.

Der Zensur unterworfen waren also nicht nur Herstellung, Vertrieb und Import von Büchern und Zeitschriften; der Genehmigung der Zensurbehörde bedurften auch Spielkarten, Gebete und Lieder, Grabinschriften (hebräische hatten in dreifacher Ausfertigung vorgelegt zu werden), Aufschriften von Häusern und Gewölben. Von der Polizei begutachtet wurden aber auch „Zeichnungen jeder Art auf was immer für einem Material" und auch die Vorträge der Universitätsprofessoren. Die geistige Bevormundung der österreichischen Bevölkerung war eine totale.

Der Zensur vorgelegt werden mußten selbstverständlich auch alle Theaterstücke. Doch nicht nur neue Stücke waren auf Gedeih und Verderb dem zuständigen Polizeibeamten ausgeliefert, auch klassische Stücke wurden von ihm korrigiert.

„Auch Hofmarschälle sind nicht geduldet; in Kabale und Liebe heißt es daher: ‚Louise, kannst du den Geheimen Obergarderobemeister lieben?' Denn Kalb als Hofmarschall zu lieben, verbietet der armen Pfeiferstochter schon die Zensur; an einem Obergarderobemeister, denkt man, ist nichts zu verderben. Nebenbei ist bekannt, wie die Theaterzensur für die allgemeine Sittlichkeit Sorge trägt und außer Blutschande, Kindermord und Vatermord auch alle Geistlichen, Pfarrer und gar zu bösen Väter von der Bühne verweist. Für die Pfarrer nimmt man Rektoren, für böse Väter böse Oheime und gar zu anstößige Söhne werden zu Neffen degradiert." (Alexis, S. 372f)
Verboten wurde von der Zensur in erster Linie, was als „staatsgefährdend" galt:

„Alle Schriften, welche landesfürstliche Gesetze und Anordnungen kritisieren und tadeln sind ganz dem Verbote zu unterziehen; weil durch Verbreitung solcher Schriften die Folgsamkeit des Untertans geschwächt und die Vollziehung der landesherrlichen Verordnungen erschwert wird. (...) Insbesondere sind die Geistlichen gegen alle Flugschriften, Broschüren und Kritiken in Schutz zu nehmen."

Verboten war auch, was als Verstoß gegen die „guten Sitten" empfunden wurde, aber auch was „zwar unanstößig, jedoch ohne allen inneren Wert und Gehalt" war. Letztlich bestimmte damit die Polizei über Wert und Unwert jeder geistigen und künstlerischen Arbeit. Nicht wenige Schriftsteller – wie Ignaz Kuranda, Adolf Meißner, Fritz Mautner und Karl Beck – haben Österreich aus diesem Grunde verlassen, obwohl sie – genaugenommen – als österreichische Staatsbürger auch ihre im Ausland erscheinenden Werke der Zensurbehörde hätten vorlegen müssen. Der allergrößte Teil der Künstler und Wissenschaftler allerdings ging den Weg des geringsten Widerstandes und wandte sich „unpolitischen" Inhalten zu. Die vielen Genreszenen, Landschafts- und Tierbilder der Biedermeiermaler kommen nicht von ungefähr. Einige Schriftsteller bewarben sich sogar persönlich um die Stelle eines Zensors. Offenen Widerstand hat niemand geleistet. Die Freiheit des Geistes zu fordern, offenbar niemand gewagt.

Gegenstand besonderer polizeilicher Überwachung war die Presse, für die – neben vielen anderen – die folgenden Vorschriften galten:

o Der Besuch der Mitglieder des Allerhöchsten Kaiserhauses in den Vorstadttheatern darf in hiesigen Journalen nicht angeführt werden.

o Der Preis oder Geldwert einer Sache darf in Journalen nicht erwähnt werden.

o Alle Eisenbahnen betreffende Artikel sind der Hofstelle vorzulegen.

o Auf Vermeidung persönlicher Ausfälle gegen das Wirken des Regisseurs am k.k. Hofoperntheater, Schober, ist stets billige Rücksicht zu tragen.

o Ausfälle und Schmähungen gegen die Hofburgtheaterdirektion sind unbedingt zu streichen.

Eines der Ergebnisse war, daß Österreich, damals ein Staat mit 36 Millionen Einwohnern, kein einziges politisches Blatt von nur einigem Gehalt hatte. Was einen ausländischen Beobachter zu der folgenden Feststellung veranlaßte:

„Daß der gemeine Wiener und Österreicher in politischen Neuigkeiten und Wissenschaften zurück und sehr beschränkt ist, ist gleichfalls wahr; aber das ist nicht seine Schuld. Wo fast alle politischen Blätter zu lesen verboten und das heimlich Verschaffen derselben mit so viel Unkosten verbunden ist, da kann ich freilich keine Kenntnis von Neuigkeiten verlangen, die zu wissen man nicht erlaubt und verhindert. Verbinden sie dem Astronomen die Augen, und lassen Sie sich dann von ihm die Sterne zählen." (Europäische Geheimnisse, S. 44)

HALTS'N, BINDTS'N, BRINGTS'N AUFS RATHAUS!

Das Attentat des Hauptmanns Franz Reindl (1832)

Das Attentat auf den Kronprinzen und König von Ungarn, den nachmaligen Kaiser Ferdinand, durch den pensionierten Hauptmann Franz Reindl in Baden am 9. August 1832 kann nur in einem sehr weiten Sinn als politische Tat verstanden werden. Reindl hatte sich als Offizier in den Napoleonischen Kriegen mehrfach ausgezeichnet, konnte aber nach seiner Entlassung im bürgerlichen Leben nicht mehr Fuß fassen. Einige Male war er bei dem als gütig bekannten Kronprinzen wegen einer Unterstützung vorstellig geworden, hatte jedesmal die übliche Gratifikation zwischen zehn und hundert Gulden erhalten, höhere Beträge oder eine Staatsstelle waren ihm jedoch unter Hinweis auf seinen Hang zur Trunkenheit verweigert worden.

Der Kronprinz, der sich seit Ende Juli 1832 in Baden befand, hatte am 9. August wie gewöhnlich die Frühmesse besucht und war dann, in Begleitung seines Adjutanten und Dienstkämmerers, des Feldmarschalleutnants und Ritters des Maria Theresien-Ordens Rudolf Graf von Salis-Zizers zu seinem üblichen Spaziergang aufgebrochen, über die Bergstraße gegen das Helenental zu. Als Ferdinand und sein Adjutant am Hause des Arztes Dr. Rollet vorbeigegangen waren, krachte ein Schuß, den ein in einen verschnürten schwarzen Rock gekleideter kleiner, untersetzter Mann auf den König abgegeben hatte. Die Kugel aus dem Terzerol traf zwar, verursachte aber nur eine leichte Prellung am linken Schulterblatt. Sie war, wegen zu schwacher Ladung, im Futter des wattierten Überrockes steckengeblieben.

Sofort kamen drei Personen dem bedrohten Kronprinzen zu Hilfe. Der Bediente Andreas Keller riß dem in der Nähe arbeitenden Weinhauer Josef Glaner die Haue aus den

Händen und ging damit auf den Attentäter los, der sich mit dem Terzerol zu wehren versuchte. Von hinten packte ihn der Gärtnergehilfe Franz Tauscher am Kragen und brachte ihn zu Fall. Reindl, der von zwei jungen kräftigen Männern gefaßt, keinen Ausweg mehr sah, versuchte sich mit einem Schuß in den Mund zu töten, doch auch die zweite Waffe funktionierte nicht richtig. Der Schuß war wieder zu schwach, die Kugel blieb im Gaumen stecken. Ein drittes bereitgehaltenes Terzerol richtete er jetzt auf Tauscher, der versuchte, sich mit einer Lederkappe zu schützen, doch der Schuß ging nicht los. Reindl aber gab noch nicht auf, zog aus dem Stiefel ein Stilett, das ihm jedoch entrissen wurde, und schließlich gelang es dem Hauer Glaner, die Hände Reindls zu fassen und ihn mit seinem Halstuch zu fesseln.

Merkwürdig war das Benehmen des Kronprinzen, der vor der Szene ruhig gestanden sein soll, den Attentäter „fest im Auge behaltend"und den drei Helfern zurufend: „Halts'n! Bindts'n! Bringts'n aufs Rathaus!" Merkwürdiger war noch das Verhalten des Feldmarschalls, der zitternd im Straßengraben Zuflucht gesucht haben soll.

Der Attentäter wurde gefesselt ins Rathaus von Baden gebracht, er gestand sofort und wurde am Nachmittag unter Militäreskorte nach Wien überführt, wobei ihn die empörte Menschenmenge fast gelyncht hätte. Vom Kriegsgericht, dem er als ehemaliger Soldat unterstand, wurde er am 1. September 1832 zu lebenslanger Haft in Eisen verurteilt, die er auf der Festung Munkacs abzubüßen hatte. 1847, nach fünfzehn Jahren Haft, starb er.

Die drei Retter bekamen „fürstliche Belohnung". Franz Tauscher wurde zum kaiserlichen Leiblakai ernannt. Andreas Keller wurde die nächste freiwerdende Stelle im selben Beruf zugesichert. Den verwaisten Sohn Reindls ließ der Kronprinz erziehen. Begründung: „Ich tu nur meine Schuldigkeit."

Das ganze Land brach in Loyalitäts- und Dankbarkeitsadressen aus: Daß dabei Baden voranging, mag selbstverständlich erscheinen. In der Pfarrkirche fand ein Dankgottesdienst und am 12. August 1832 anläßlich eines Festes auf der Hauswiese eine feierliche Jubelkundgebung für die kaiserliche Familie statt. Nicht minder aufrichtig war die

Freude der Wiener offiziellen Kreise und der Bevölkerung. Am 15. August 1832 wurden Dankgottesdienste in der Wiener italienischen Nationalkirche und in der Pfarrkirche Altlerchenfeld abgehalten.Am 18. August stattete die Kultusgemeinde ihren Dank ab. Der Magistrat der Stadt Wien folgte am 19. August mit einem feierlichen Hochamt in St. Stefan. Die Gemeinden Leopoldau, Rossau und Margareten bezeigten ihre loyale Gesinnung ebenso wie die Pfründner des Versorgungshauses St. Marx. Selbst die Witwe Andreas Hofers ließ in ihrer Hauskapelle in Passeier einen Dankgottesdienst zelebrieren, alle Feiern wurden aufmerksam in der Wiener Zeitung gemeldet. Auch Dichter griffen zur Leier:

„Errettet aus der Mörderhand
Hat Gott den König Ferdinand,
Die Hoffnung von ganz Österreich.
Wir danken, Herr, Dir allzugleich.

Der Prinz ging ohne Furcht und Scheu,
Von aller bösen Ahnung frei,
Dort fröhlich nach Helena aus;
Doch kaum war er beim letzten Haus,

Schon lauert da mit Mörderwut
Der Reindl auf des Prinzen Blut ...

Franz Tauscher greift ihn mutig an,
Auch Keller zeigt ihm seinen Mann
Und scharenweis kommt Volk herbei
Und schleppt zum Rathaus ihn, juchei.

Beschütze, Herr, noch fernerhin
Das ganze Kaiserhaus und ihn!
So ruft in Österreich Land und Stadt
Und singt von Herzensgrund: Vivat!
Vivat! Vivat! Vivat! Vivat!" [85]

Der öffentliche Ruhestand

Politische Verbrechen oder auch nur Vergehen waren in der Biedermeierzeit eher selten; die wenigen, die vor Gericht kamen, scheinen heute unbedeutend. Gerichtliche Verfahren wegen Störung öffentlicher Ruhe finden sich fast nur in der Zeit der Napoleonischen Kriege und dann erst wieder nach der Revolution von 1848. In der Zwischenzeit sorgten Gesetz und (Geheim-) Polizei für den „öffentlichen Ruhestand". Kritik war nicht nur unerwünscht, sondern wurde im Keim erstickt, „um allfälligen Gefahren vorzubeugen". Der Landesvater wünschte, daß seine Bürger artig seien, waren sie es nicht, so stand ihm – wie dem Hausvater – die Zuchtgewalt zu Gebote. Den Professoren des Laibacher Gymnasiums erklärte Kaiser Franz 1821: „.. halten Sie sich an das Positive, denn ich brauche keine Gelehrten, sondern rechtschaffene Bürger." Widersetzlichkeit wurde geahndet. Der Kaiser wörtlich: „Wer mir dient, muß lehren, was ich befehle. Wer das nicht kann oder mir mit neuen Ideen kommt, der kann gehen, oder ich werde ihn entfernen." (Kleinberg, Denken, S. 14 f)

Da das Auge des „Kaisers von Gottes Gnaden" nicht alles sehen konnte, aber wollte, bediente es sich der Polizei, die sich an den Buchstaben des Gesetzes zu halten hatte.
Und Paragraph 37 des Strafgesetzes lautete:
Schwere Polizeiübertretungen gegen Sicherheit des gemeinschaftlichen Staatsbandes und den öffentlichen Ruhestand sind:
a) Teilnahme an geheimen Gesellschaften
b) Auflauf
c) Druck, Verkauf und Verbreitung von Büchern, von Kupferstichen gegen die Zensurgesetze
d) Winkelbuchdruckerei
e) Verleitung zur Auswanderung
f) Verleitung der Untertanen gegen die Obrigkeiten
Die Zugehörigkeit zu einer „geheimen Gesellschaft" war in jedem Fall gesetzwidrig – „ ihr Hauptzweck mag sein, welcher er will: also auch ein unschädlicher oder sogar lobenswerter und gemeinnütziger ". (Kudler, S. 105) Als bedroh-

lich galt in jedem Fall, was „ nicht zureichend beobachtet werden " konnte. So wurde auch die Künstlervereinigung Ludlamshöhle, aller Wahrscheinlichkeit nach ein höchst unpolitischer Verein, dem auch Grillparzer, Bauernfeld und Castelli angehört hatten, von der Polizei ausgehoben.

Die Gesetze erzwangen den Rückzug der Bürger ins Privatleben. Auf die Dauer aber konnte nicht verhindert werden, daß sich neue politische Ideen, von denen Kaiser Franz den Laibacher Professoren sagte, daß er sie „nie billigen kann und nie billigen werde", durchzusetzen begannen.

Daran konnten auch die Ausreisebeschränkungen nichts ändern, die nach der Julirevolution in Frankreich 1830 den österreichischen Bürgern verordnet worden waren.

Schreiben des Polizeiministers Graf Sedlnitzky an die Polizei-Oberdirektion vom 29. August 1830:

„Ich finde Eure Hochwohlgeboren in Kenntnis zu setzen, daß Sie Sorge tragen wollen, bei vorkommenden Paßgesuchen zur Reise in das Ausland vorzüglich aber nach Frankreich und in solche Länder, wo die Gefahr der Ansteckung mit dem Revolutionsgifte vorhanden ist, den Reisezweck, die Individualität des Paßwerbers, seine Gesinnungen, sein bisheriges Verhalten, seine einheimischen Verhältnisse und seine etwaigen Verbindungen mit dem Auslande einer sehr genauen Prüfung zu unterziehen, und nur bei ganz unbedenklichen und solchen Individuen, bei denen die Besorgnis, daß sie nicht etwa infolge ihrer Unerfahrenheit und Charakterschwäche oder wohl gar wegen einer Verdorbenheit auf politische Abwege geleitet werden könnten, nicht eintritt, für die Paßewilligung sich erklä- ren." Oberhummer, S. 170)

Auch wenn die Majestätsbeleidigungen, die in der Biedermeierzeit an die Öffentlichkeit gelangten, nicht selten Folgen des Alkoholgenusses waren, so geben die gerichtlich sorgsam protokollierten Schimpfreden ein anschauliches Bild von der Meinung, die sich das Volk von seinem gütigen Regenten machte.

So gut wie immer aber war der Ausbruch ohnmächtigen Zorns eine Reaktion auf die vielfältigen Möglichkeiten der Bürokratie, das Leben des einzelnen zu beschränken, mitunter auch zu ruinieren.

DAS VERHÄNGNISVOLLE ZUCKERL

Der Fall des Polizei-Oberdirektors Alois Ritter von Persa (1829)

Die Umstände, die zum Tod des Wiener Polizei-Oberdirektors Alois Ritter von Persa führten, waren letztlich Ergebnis des politischen „ Klimas ", geprägt von der Angst der Obrigkeit vor dem Aufruhr der Untertanen und der Angst der Untertanen vor der Obrigkeit, die auch in hohen Staatsstellungen – oder vielleicht gerade dort - das Leben des einzelnen bestimmte.

Mit Unterstützung des Polizeiministers Sedlnitzky war Alois Ritter von Persa am 24. Juli 1824 zum Hofrat und Polizei – Oberdirektor von Wien ernannt worden, als Nachfolger Freiherr von Sibers, der nach fünfzigjähriger Dienstzeit pensioniert worden war. Über seine Herkunft ist nur wenig bekannt, es existiert auch kein Bild mehr von ihm. Um 1770 dürfte er in Ofen geboren worden sein, als Sohn des dortigen Stadtarztes. Die Beamtenlaufbahn begann er 1787 in der Kameralbuchhaltung von Temesvar, war dann in Ofen und Lemberg, bis er 1805 zum Direktor der Polizei in Krakau avancierte. Während der Napoleonischen Kriege konnte er sich in Lemberg im Kampf gegen polnische Aufrührer erste Verdienste erwerben, durch die offenbar Sedlnitzky auf ihn aufmerksam wurde. Er entsandte ihn 1820 als Verwalter des Polizeipräsidiums nach Prag und holte ihn 1822 wieder nach Wien, wo er zuerst dem bisherigen Polizeidirektor Siber als Assistent beigegeben wurde, dessen Stelle er schließlich übernahm.

In Wien fielen in seine Amtszeit einige aufsehenerregende Verbrechen, wie der Mordfall Jaroszynski. Persa war es auch, der die Aushebung der Ludlamshöhle leitete, wodurch er seinen Platz in der Literaturgeschichte erhielt. Grillparzer, als betroffener Teilnehmer der Ludlamshöhle, behauptete, Persa habe aus Rachsucht gehandelt. Eines der Mitglieder der Ludlamshöhle, der Maler Daffinger, soll dem Polizeichef bei einer Liebschaft in die Quere gekommen und seine Rachsucht herausgefordert haben. Grillparzers Meinung wird durch eine andere Begebenheit um Persa gestützt: Der Polizeichef soll sich im Theater gegen Frauen „unziemlich" benommen haben, was den Kaiser zu einem eigenhändigen Schreiben an die Hofstelle veranlaßte. Das Theater sollte Persa letztlich auch zum Schicksal werden.

Es gehörte zu den Obliegenheiten des Polizeidirektors, im Burgtheater in einer Loge oberhalb der des Kaisers anwesend zu sein, wenn dieser einer Vorstellung beiwohnen wollte. Am 2. August 1829 stand das Lustspiel von Franz Fuß „Der Schneider und sein Sohn" auf dem Programm.

Nur neun Tage, nachdem Persa vom Schreiben des Kaisers an die Polizeihofstelle in Kenntnis gesetzt worden war, mußte er ihn ins Theater begleiten. Ein Zuckerl, das er auswickeln wollte, entglitt ihm und fiel dem in der Loge unter ihm sitzenden Kaiser auf die Hand. Alarm. Attentat. Sedlnitzky persönlich wurde mit den Untersuchungen an Ort und Stelle betraut und soll den Übeltäter entdeckt haben. Mit höchst bedenklicher Miene entfernte er sich.

Persa kehrte in seine Amtswohnung in der Polizeidirektion am Petersplatz zurück und stürzte sich in der Nacht vom dritten Stockwerk auf die Straße, wo er tot liegen blieb. Seine labile Persönlichkeit — schon in Lemberg soll er einen Selbstmordversuch unternommen haben — war sicherlich neben der berechtigten Angst vor der Ungnade des Monarchen, mit schuld an seiner Verzweiflungstat.

Von den Wiener Blättern meldete nur das Amtsblatt, die Wiener Zeitung, den Tod des Polizeidirektors, freilich ohne Hintergründe: „... starb an den Folgen der durch einen Fall erlittenen Verletzungen."

Fritz von Herzmanovsky-Orlando, der mit den Kuriositäten der Wiener Lokalgeschichte gut vertraut war, hat sich diesen Vorfall natürlich nicht entgehen lassen.

Mit Ausnahme einiger Details — er verlegt den Schauplatz ins Carltheater, um auch Nestroy mit ins Spiel brigen zu können, erfindet eine besondere Art schwarz — gelber Zukkerl und läßt das Bonbon nicht der Hand, sondern dem zahnlosen Mund des Polizeibeamten entgleiten — erzählt er die Geschichte im„ Maskenspiel der Genien" genau nach den Fakten; die Wirklichkeit war in diesem Fall durch dichterische Phantasie kaum zu übertreffen.

„No, der Persa tut seine Pflicht und wacht und lutscht dabei an einem so schwarzgelben Zuckerl, Kaiserbemmerln habms gheißn. Extemporiert Ihnen nicht auf einmal das Mistviech von einem Nestroy. No, was der Persa is, öffnet mißbilligend die Lippen – Zähnd hat er keine ghabt –, und schon hupft ihm's Bonbon ausm Mund und fallt, bumsti, aufn Kaiser sein Kopf. Die Majestät wacht auf und schreit: zu Hilfe. Auf mi hams gschossn. I bin dermordet. Schauts nach, ob i wo bliat. Zu Hilfe, zu Hilfe. Könnens Ihnen vorstellen. S' Publikum sofort in Panik – ein paar Dutzend fallen ins Orchester, andere kraxeln auf der Logenbrüstung umeinand wie die Maikäfer – die Musi spielt die Volkshymne – den Kaiser führen's hinaus – und der Persa lauft ins Amt hinterm Peter und stürzt sich vom dritten Stock aufs Pflaster. Hin war er."[86]

Wiener Polizeibericht für den Monat Jänner 1848

Alleruntertänigster Vortrag des Präsidenten der k.k. Polizeihofstelle Graf Sedlnitzky
mit dem Administrationsberichte des hiesigen Polizei-Oberdirektors für den Monat Jänner 1848

Volksstimmung, öffentliches Leben und Provinzen

Was die Stimmung der hiesigen Bevölkerung rücksichtlich der Anhänglichkeit an die geheiligte Person Sr. Majestät des Kaisers anbelangt, so haben sich im abgewichenen Monate die erstaunlichsten Resultate dahin ergeben, daß die hiesige Bevölkerung mit der unerschütterlichsten Treue an dem vielgeliebten und tiefverehrten Monarchen hänget, und kein Zeitereignis weder des Inlandes noch des Auslandes imstande sei, diese Treue wankend zu machen.

Im Gegenteil hat sich im abgewichenen Monate diese Treue noch recht befestigt, als man wahrnahm, daß einige Provinzbewohner es gewagt hätten, verführt durch fremde Einflüsterer, sich der bestehenden Ordnung zu widersetzen.

(...)

Es ist soweit gekommen, daß bei Zuweisungen in die freiwillige Arbeitsanstalt die Zugewiesenen kommissionell die Bitte vorbringen, sie lieber in die Zwangsarbeitsanstalt einzuweisen, denn daselbst sei für ihr Unterkommen und für ihre sonstigen Bedürfnisse viel besser gesorgt.

(...)

Wenn man auch nicht voraussetzt, daß die Regierung zu ausgedehnte Schlaf- und Wärmeorte für die Notleidenden errichte, so sollte man doch, meint man, die freiwillige Arbeitsanstalt vergrößern und verbessern. Man findet den Grund, daß im heurigen Jahre trotz des strengen Winters eine mindere Zahl von Verbrechen vorgefallen als in anderen Jahren gerade darin, daß so viele der der bürgerlichen

Sicherheit gefährlichen Individuen in der Zwangsarbeits-anstalt untergebracht sind und demnach unschädlich gemacht wurden.

Ordnung, Sittlichkeit und Reinlichkeit

(...)
So wurden im Monate Jänner 705 Personen wegen Mangels an Ausweis, Erwerb, Unterstand und Subsistenzmittel, 121 wegen bedenklicher und nächtlicher Betretung einer näheren Erörterung ihrer Verhältnisse unterzogen. (...)
Wegen Bettelei sind 688 Individuen, wovon 58 als Gewohn-heitsbettler zur Amtshandlung der Strafbehörde sich eigneten, aufgegriffen und nach den bestehenden Vorschriften behandelt worden.
(...)
Wegen Exzeß und Trunkenheit wurden 244 Individuen sowie 15 wegen Wachebeleidigung und drei wegen minderer Renitenz in Verhaft gebracht.
(...)
In Beziehung auf die öffentliche Sittlichkeit ist zu erwähnen, daß man dem Treiben der Straßendirnen, von denen 112 – unter diesen 10 mit Veneria behaftete – aufgegriffen wurden, sowie dem Kupplergewerbe, wegen dessen 14 Indi-viduen zur Amtshandlung der Strafbehörde gelangten, möglichst zu steuern bemüht war. Nebstdem kamen drei Fälle der Unsittlichkeit und ein Ehebruch zur polizeilichen Verhandlung.

Öffentliche Ruhe und Sicherheit

Auch im verflossenen Monate begaben sich, was die öffent-liche Ruhe betrifft, keine ungünstigen Veränderungen. Nach dem beiliegenden Ausweise wurden wegen Rechtsver-letzungen in anderen Beziehungen und minderen Illegalitä-ten im ganzen 3.038 Personen von den hiesigen Polizeibe-hörden untersucht, hierunter 80 wegen Verbrechen, 547 wegen schwerer Polizeiübertretungen und 2.041 wegen Polizeivergehen oder sonstiger Beanständigungen. Es zeig-te sich in allen drei Rubriken eine Abnahme in den numeri-schen Verhältnissen, wenn damit die Tabellen des Monats

Dezember, in welchem sich die Gesamtzahl der untersuchten Individuen auf 3.970 Köpfe belief, verglichen werden. Was die in der Tabelle über Verbrechen vorkommende Brandlegung betrifft, so wurde ein derlei Versuch wie schon wiederholt in der Zwangsarbeitsanstalt von zwei Zwangsarbeiterinnen unternommen, um aus dem ihnen verhaßten Verwahrungorte in den Kriminalverhaft übersetzt zu werden, da sie nach kurzer Untersuchung die Freiheit zu erlangen hofften.
(...)

Unglücksfälle

Wie der beigeschlossene Ausweis zeigt, wurden im verflossenen Monate 15 Irrsinnige unter polizeilicher Intervention in die Irrenanstalt des k.k. allgemeinen Krankenhauses verschafft; ferner ereigneten sich 7 vollbrachte und 4 versuchte Selbstmorde, 6 Unglücksfälle, die den Tod der Betroffenen zur Folge hatten, und 16 von schweren Verwundungen begleitete Verunglückungen. Auch wurden 4 Leichen aufgefunden, an welchen keine Spuren einer verübten Gewalttat ersichtlich waren.

Sanitätswesen

(...)
Durch die vom hiesigen Wasenmeister eingeleiteten Streifungen der Abdeckerknechte wurden 158 teils herrenlose, teils nicht vorschriftsmäßig verwahrte Hunde eingefangen und vertilgt. Von den in das Tierarznei-Institut zur Beobachtung überbrachten Hunden sind zwei an der Wut abgelebt; doch stellte sich die beruhigende Überzeugung heraus, daß weder Menschen noch Tiere von den wutkranken Hunden gebissen wurden.

Anmerkungen:

1 Hügel, Findelhäuser, S. 396
2 Ebd., S. 396f
3 Wien wie es ist, S. 138f
4 Hügel, Prostitution, S. 14
5 Europäische Geheimnisse, S. 83
6 Wien wie es ist, S. 97f
7 Vgl. Die Prostitution in Berlin und ihre Opfer. – Berlin 1846. Zitiert nach: Hügel 1855, S. 67
8 Vgl. Fauller, S. 338
9 Johann Pezzl: Skizzen von Wien. – Wien 1798. Zitiert nach Hügel 1865, S. 72
10 Europäische Geheimnisse, S. 79
11 Bei Maria Dreieichen im Waldviertel
12 Zitiert nach Zatschek, S. 44
13 Bartsch, S. 1
14 Putzer, S. 58
15 Ebd., S. 70
16 Weill, S. 113
17 Hruschka zitiert den Taufschein nach dem Original im Pfarrarchiv von Mährisch-Budwitz.
Die Angabe bei Bartsch, S. 2, Grasel wäre am 29. April geboren, muß daher korrigiert werden.
18 Verhör vor dem Militärgericht. Zitiert nach Bartsch, S. 6f
19 Ebd., S. 7
20 Bartsch hat sie nach Verhörprotokoll einzeln aufgelistet und numeriert. Die Straftaten und sein abenteuerliches Leben sind bereits so oft beschrieben, daß sie hier nicht noch einmal wiederholt werden sollen. Neueste Grasel-Biographie: Richard Bletschacher: Der Grasel. Chronik eines Räuberlebens. – Wien 1981
21 Hartl, S. 339
22 Kreisschreiben. Wegen Verschärfung der Polizeiaufsicht. Nr. 258, 12.11.1815, vom k.k.nö. Kreisamt Traiskirchen
23 Zitiert nach Bartsch, S. 228
24 Ebd., S. 255

25 Violand, S. 63f

26 Vgl. Altmann, S. 21

27 In dem Bericht Münichs erwähnt. Zitiert nach Cloeter, S. 114

28 Vgl. Fröhlich, S. 40

29 Anläßlich einer Benefizaufführung, deren Einnahmen Raimund zugute kamen

30 Zitiert nach: Therese Krones, Ausstellungskatalog, S. 60

31 Castelli, S. 114

32 Europäische Geheimnisse, S. 58

33 Zitiert nach Bauer, S. 94

34 Zitiert nach Glossy 1915, S. XVI

35 Zitiert nach Glossy 1915, S. 216

36 Ebd., S 246

37 Ebd., S. 246ff

38 Ebd., S. 249

39 Vgl. ebd., S. 253. Die Regierungsräte der niederösterreichischen Landesregierung hatten im Juli 1818 dafür plädiert, keine Kinder unter 12 Jahren ins Ballett aufznehmen. (Vgl. ebd. S. 318)

40 Vgl. ebd., S. 255

41 Vgl. ebd., S. 266

42 Vgl. Glossy 1920, S. 13

43 Schlögl, S. 57

44 Glossy 1920, S. 14

45 Vgl. ebd. S. 14f

46 Vgl. ebd., S. 16

47 Vgl. ebd. S. 20

48 Graeffer, S. 156f

49 Vgl. Seyfried, S. 2ff

50 Zitiert nach Glossy 1915, S. XVI

51 Glossy 1920, S. 7f

52 Die offizielle Rückberufung erfolgte erst ein Jahr später (Rekreditiv vom 27. Juni 1820; von Rom bestätigt am 7. Oktober 1820). Damit war Kaunitz definitiv aus dem diplomatischen Dienst entlassen.

53 Dieser Brief liegt dem Kriminalakt bei

54 Schmitz, S. 6f

55 Ebd., S. 12

56 Ebd., S. 14
57 Vgl. Schönholz, S. 258f
58 Europäische Geheimnisse, S. 85
59 Wien wie es ist, S. 99
60 Seyfried, S. 4
61 Wurzbach, S. 60
62 Jahns Traiteurie, Himmelpfortgasse 6, war ein auch seiner Tafelmusik wegen berühmtes Wiener Restaurant.
63 Szana, Nr. 9, S. 12f
64 Geboren 1803
65 Karoline, die älteste der Töchter (geb. 1801), heiratete 1831 Anton Gundakkar von Starhemberg, der 1842 starb. In zweiter Ehe war sie mit Peter Prinz von Arenberg verheiratet.
66 Die Ehe der jüngsten Tochter des Fürsten von Kaunitz, Ferdinanda (geb. 1805), mit Ludwig Graf Karoly wurde 1846 geschieden
67 Da Alois Wenzel von Kaunitz „nur" Töchter hatte, erlosch mit ihm die mährische fürstliche Linie des Geschlechtes Kaunitz
68 Heute Dorotheergasse 11 (Kunstabteilung des Dorotheums)
69 Therese Heberle (1813 - 1840) war ebenfalls Mitglied des Kinderballetts im Theater an der Wien
70 Die ehemals im Sommerpalais des Staatskanzlers Wenzel Anton Fürst Kaunitz in Mariahilf untergebrachte Gemäldesammlung war nach Verkauf dieses Besitzes durch die Erben in das Kaunitzsche Stadtpalais gekommen. Ein Teil dieser wertvollen Sammlung war bereits 1820 versteigert worden, der Rest 1829.
71 Heute: Esterházypark
72 Vgl. Hartl, S. 358
73 Zitiert nach Hartl, S. 204
74 Ebd.
75 Andrian-Werburg 1843, S. 41ff
76 Tartaruga, S. 233
77 Oberhummer, S. 156
78 Schmitz, S. 9

79 Ebd. S. 13
80 Vgl. Hartl, S. 241
81 Vgl. ebd., S. 204
82 Zitiert nach Glossy 1920, S. 128
83 Akt der Polizeihofstelle, Zl. 44/1823
84 Akt der Polizeihofstelle, Zl. 44/1820 (richtig: 1823)
85 Zitiert nach Blümml, S. 338f
86 Herzmanovsky-Orlando, S. 241f

Abkürzungen

fl.   = Gulden
W.W. = Wiener Währung
C.M. = Konventionsmünze

Quellenverzeichnis

Werden im Text des Buches Passagen aus dem jeweiligen Kriminalakt wiedergegeben, so sind diese als Zitate gekennzeichnet, wurden jedoch nicht eigens mit Quellenhinweisen (Anmerkungen) versehen.
Das gleiche gilt für jene Fälle, für deren Wiedergabe nur eine Quelle herangezogen wurde, die Herkunft der Zitate somit eindeutig ist.

Die im folgenden angeführten Kriminalakten stammen aus dem Wiener Stadt- und Landesarchiv, die Akten der Polizeihofstelle aus dem Allgemeinen Verwaltungsarchiv.

Fall Zimmerl:
Kriminalakt 6 Z 1835

Fall Straubinger:
Kriminalakt 87 S 1841

Fall Göll und Czerwinka:
Pfundheller, J.: Baumeister Kieselherz. – In: Ders.: Die Schwarze Bibliothek. 5 Bde. – Wien 1861–1862, Bd. 5, S. 93-165

Fall Haberfellner:
Kriminalakt 115 C 1822 (der aus dem Jahr 1816 stammende Akt Haberfellner liegt den Prozeßakten Kaunitz bei)

Fall Denner:
Kriminalakt 12 C 1843

Fall Grasel:
Kriminalakt 69 C 1817
Bartsch, Robert: Johann Georg Grasel und seine Kameraden. – Wien 1924. (Aus dem Archiv des grauen Hauses. Eine Sammlung merkwürdiger Wiener Straffälle. Hrsg. von Ludwig Altmann)

Pfundheller, J.: Aus den letzten Tagen des Räubers Johann Georg Grasel. – In: Ders.: Die Schwarze Bibliothek. 5 Bde. – Wien 1861-1862, Bd.4, S. 3 - 33

Fall Gasselseder

Pfundheller, J.: Der Wiener Kartouche Josef Gasselseder. – In: Ders.: Die Schwarze Bibliothek. 5 Bde. – Wien 1861-1862, Bd. 5, S. 207 - 257

Fall Jaroszynski:

Kriminalakt 12 J 1827
Altmann, Ludwig: Der Raubmörder Severin von Jaroszynski. – Wien 1924. (Aus dem Archiv des grauen Hauses. Eine Sammlung merkwürdiger Straffälle)

Fall Kusterer:

Pfundheller, J.: Julius Franz Kusterer. Fälscher aus Not und Leichtsinn. – In: Ders. Die Schwarze Bibliothek, Neue Folge, 5 Bde. – Wien 1862. Bd. 2, S. 305- 315

Fall Bohr:

Kriminalakt 145 B 1846
Felsenthal, Rudolph von: Der Banknotenfälscher Peter von B+++.– Wien 1853. (Ders.: Aus der Praxis eines österreichischen Polizeibeamten; 1)

Fall Kaunitz -Rietberg:

Kriminalakt 115 C 1822
Akt der Polizeihofstelle 44/1820 (richtig: 1823)
Akt der Polizeihofstelle 44/1823
Szana, Bernhard: Der Wüstling aus der Weihburggasse. – In:Bettauers Wochenschrift. (Wien) 3. Jg. (1926) Nr. 8 u. 9

Fall Reindl:

Blümml, Emil Karl: Der Mordanschlag auf König Ferdinand V. von Ungarn in Baden.- In: Emil Karl Blümml und Gustav Gugitz: Altwienerisches. Bilder und Gestalten. – Wien 1921, Bd. 2, S. 316– 340

Fall Persa:

Meißner, Leopold-Florian: Aus den Papieren eines Polizeikommissärs. Wiener Sittenbilder. – Leipzig 1892, Bd. 2, S.
20 - 27
Herzmanovsky-Orlando, Fritz von: Maskenspiel der Genien. – Ders.: Gesammelte Werke. Hrsg. und bearbeitet von
Friedrich Torberg. 4 Bde. – München 1957 - 1963, Bd. 2
Marx, Julius: Alois von Persa. - In: Wiener Geschichtsblätter. 23. Jg. (1968), Nr. 3, S. 321 - 327

Polizeiberichte

Bei den im Buch zitierten Wiener Polizeiberichten handelt
es sich um auszugsweise, aber wörtliche Abschriften folgen-
der Akten der Polizeihofstelle (Wiener Stadt- und Landesarchiv)
532/1817
6106/1838
350/1848

Weitere Handschriften

A 21 Memorabilien des Wiener Kriminalgerichts. (1750 -
1850) in sieben Bänden. (Wiener Stadt- und Landesarchiv)

Literaturverzeichnis

Alexis, Willibald (=Wilhelm Häring): Wiener Bilder. – Leipzig 1833.

Allgemeines bürgerliches Gesetzbuch für die gesamten deutschen Erbländer der österreichischen Monarchie. – Wien 1811

Altmann, Ludwig: Der Raubmörder Severin von Jaroszynski. – Wien 1924. – (Aus dem Archiv des grauen Hauses. Eine Sammlung merkwürdiger Wiener Straffälle, hrsg. von Ludwig Altmann)

Andrian-Werburg, Viktor von: Österreich im Jahre 1843. – Hamburg 1843

Andrian-Werburg, Viktor von: Österreich und dessen Zukunft. 2 Bde. – 3. Auflage. – Hamburg 1847

Avé-Lallemant, Friedrich-Christian-Benedict: Das deutsche Gaunertum in seiner sozialpolitischen, literarischen und linguistischen Ausbildung zu seinem heutigen Bestande. 4 Bde. – Leipzig 1858-1862, Bd. 2

Bäuerle, Adolf (=Otto Horn): Therese Krones. Roman aus Wiens jüngster Vergangenheit. – 2. Auflage. – Wien 1855

Bartsch, Robert: Johann Georg Grasel und seine Kameraden. – Wien 1924. – (Aus dem Archiv des grauen Hauses. Eine Sammlung merkwürdiger Wiener Straffälle, hrsg. von Ludwig Altmann; 2)

Bauer, Anton: 150 Jahre Theater in Wien. – Zürich 1952

Becker, Moritz-Alois: Verstreute Blätter. – Wien 1880

Beidtel, Carl: Die Geldangelegenheiten Österreichs. – Leipzig 1847

Bermann, Moriz: Alt- und Neu-Wien. Geschichte der Kaiserstadt und ihrer Umgebungen seit dem Entstehen bis auf den heutigen Tag und in allen Beziehungen zur gesamten Monarchie. – Wien 1880

Bibl, Victor: Die Wiener Polizei. Eine kulturhistorische Studie. – Leipzig 1926

Bletschacher, Richard: Der Grasel. Chronik eines Räuberlebens. – Wien 1981

Blümel, Jacob: Die Geschichte der Entwicklung der Wiener Vorstädte. – Wien 1884-1886, 3 Hefte

Blümml, Emil Karl und Gustav Gugitz: Altwienerisches. Bilder und Gestalten. – Wien 1921, Bd. 2, S. 316 – 340)

Bolognese-Leuchtenmüller, Birgit: Bevölkerungsentwicklung und Berufsstruktur, Gesundheits- und Fürsorgewesen in Österreich 1750-1918. – Wien 1978. – (Materialien zur Wirtschafts- und Sozialgeschichte, hrsg. von Alfred Hoffmann, Herbert Matis und Michael Mitterauer; 1)

Bürgersinn und Aufbegehren. Biedermeier und Vormärz in Wien 1815–1848. Katalog zur 109. Sonderausstellung des Historischen Museums der Stadt Wien. – Wien 1987

Castelli, Ignaz Franz: Memoiren meines Lebens. Gefundenes und Empfundenes, Erlebtes und Erstrebtes. 4 Bde. – Wien 1861, Bd. 3

Catalogus Bibliothecae dom. dom. seren. principis Aloysii de Kaunitz etc. etc. quae Auctioni publicae exponentur. – Die 17. July 1823 et subseqq. diebus. – Wien 1823

Cloeter, Hermine: Häuser und Menschen von Wien. – 6. Auflage. – Wien 1920

Durstmüller, Anton: 500 Jahre Druck in Österreich. Die Entwicklungsgeschichte der graphischen Gewerbe von den

Anfängen bis zur Gegenwart. – Wien 1982

Ehmer, Josef: Familienstruktur und Arbeitsorganisation im frühindustriellen Wien. – Wien 1980. – (Sozial- und wirtschaftshistorische Studien; 13)

Europäische Geheimnisse eines Mediatisirten. Metternich und Europa. Wien und Österreich. – Hamburg 1836

Fauller, Chrysostomus: Gesetze, Verordnungen und Vorschriften für die Polizei- Verwaltung im Kaisertume Österreich. 4 Bde. – Wien 1827, Bd. 3

Felsenthal, Rudolph von: Der Banknotenfälscher Peter von B+++. – Wien 1853. – (Ders.: Aus der Praxis eines österreichischen Polizeibeamten; 1)

Friedmann, Bernhard: Die Wohnungsnot in Wien. – Wien 1857

Fröhlich, Rudolph Alois: Die gefährlichen Klassen Wiens. Darstellung ihres Entstehens, ihrer Verbindungen, ihrer Taktik, ihrer Sitten und Gewohnheiten und ihrer Sprache. Mit belehrenden Winken über Gaunerkniffe und einem Wörterbuche der Gaunersprache. – Wien 1851

Gesetzbuch über Verbrechen und schwere Polizeiübertretungen. – Wien 1803

Glossy, Karl (Hrsg): Wien 1840-1848. Eine amtliche Chronik. Erster Teil: 1849-1847. – Wien 1914. – Zweiter Teil: 1845-1848. – Wien 1919

Glossy, Karl: Zur Geschichte der Theater Wiens. Bd. 1 (1801–1820). – Wien 1915. – Bd. 2 (1820–1830). – Zürich 1920

Graeffer, Franz: Wiener Dosenstücke. Neue billige Ausgabe. – Wien 1867 (zuerst 1846)

Groner, Richard: Wien wie es war. Ein Nachschlagewerk für Freunde des alten und neuen Wien. Vollständig neu bearbeitet und erweitert von Felix Czeike. – Wien 1966

Gross, Hans: Gesammelte kriminalistische Aufsätze. – Leipzig 1902

Gross, Hans: Handbuch für Untersuchungsrichter als System der Kriminalistik. 5 Bde. – Umgearbeitete Auflage. – München 1908

Gugitz, Gustav: Bibliographie zur Geschichte und Stadtkunde von Wien. 5 Bde. – Wien 1947–1962

Gwinner, Heinrich und Gustav Radbruch: Geschichte des Verbrechens, Versuch einer historischen Kriminologie. – Stuttgart 1951

Häusler, Wolfgang: Von der Massenarmut zur Arbeiterbewegung. Demokratie und soziale Frage in der Wiener Revolution von 1848. – Wien 1979

Hartl, Friedrich: Das Wiener Kriminalgericht. Strafrechtspflege vom Zeitalter der Aufklärung bis zur österreichischen Revolution. – Wien 1973. – (Wiener rechtsgeschichtliche Arbeiten; 10)

Hausner, Otto: Vergleichende Statistik von Europa. – Lemberg 1865, Bd. 1

Herzmanovsky-Orlando, Fritz von: Maskenspiel der Genien. – In: Ders.: Gesammelte Werke. Hrsg. und bearbeitet von Friedrich Torberg. 4 Bde. – München 1957–1963, Bd. 2

Hruschka, Rudolf: Der Räuber Grasel in Böhmen und Mähren. – Budweis o.J.

Hügel, Franz Seraph: Die Findelhäuser und das Findelwesen Europas, ihre Geschichte, Gesetzgebung, Verwaltung, Statistik und Reform. – Wien 1863

Hügel, Franz Seraph: Die Prostitution und deren Regulierung in Wien. – Wien 1863

Hügel, Franz Seraph: Über die sozialen Humanitätsanstalten für die Kinder der unteren Volksklassen. – Wien 1851

Hügel, Franz Seraph: Zur Geschichte, Statistik und Regelung der Prostitution. Sozialmedizinische Studien in ihrer praktischen Behandlung und Anwendung. – Wien 1865

Johansen, Erna M.: Betrogene Kinder. Eine Sozialgeschichte der Kindheit. – Frankfurt am Main 1978

Kisch, Wilhelm: Die alten Straßen und Plätze von Wiens Vorstädten und ihre historisch interessanten Häuser. – Wien 1883

Kleinberg, Alfred: Denken und Fühlen im Vormärz. – Prag 1917

Kleinberg, Alfred: Die Zensur im Vormärz. – Prag 1917

Kolb, Franz Josef: Das k.k. Niederösterreichische Provinzial-Strafhaus in Wien. – Wien 1823

Kopecny, Angelika: Fahrende und Vagabunden. Ihre Geschichte, Überlebenskünste, Zeichen und Straßen. – Berlin 1980

Kranister, W.: Die Geldmacher. – Wien 1987

Kudler, Joseph: Erklärung des Strafgesetzes über schwere Polizeiübertretungen mit Berücksichtigung der auf dasselbe sich beziehenden später erlassenen Gesetze und Erläuterungen. – 3. Auflage. – Wien 1831, Bd. 1

Küther, Carsten: Räuber und Gauner in Deutschland. Das organisierte Bandenwesen im 18. und frühen 19. Jahrhundert. – Göttingen 1976

Lichtenberg, Elisabeth: Von der mittelalterlichen Bürgerstadt zur City. Sozialstatistische Querschnittsanalysen am Wiener Beispiel. – In: Helczmanovski, Heimold (Hrsg): Beiträge zur Bevölkerungs- und Sozialgeschichte Österreichs. – Wien 1973, S. 297 - 333

Marx, Julius: Alois von Persa. – In: Wiener Geschichtsblätter. 23. Jg. (1968), Nr. 3, S. 321 - 327

Marx, Julius: Das Ende des Wohlfahrtsstaates. Ein Beitrag zur Vorgeschichte des Jahres 1848. – Wien Diss. o.J.

Matsch, Erwin: Der auswärtige Dienst von Österreich (– Ungarn) 1720 – 1920. – Wien 1986

Meißner, Leopold-Florian: Aus den Papieren eines Polizeikommissärs. Wiener Sittenbilder. – Leipzig [1892], Bd. 1

Mitterauer, Michael: Ledige Mütter. Zur Geschichte illegitimer Geburten in Europa. – München 1983

Mitterauer, Michael und Reinhard Sieder: Vom Patriarchat zur Partnerschaft. Zum Strukturwandel der Familie. – München 1977. – (Beck'sche Schwarze Reihe; 158)

Moos, Reinhard: Der Verbrechensbegriff in Österreich im 18. und 19. Jahrhundert. Sinn- und Strukturwandel. – Bonn 1968

Oberhummer, Hermann: Die Wiener Polizei. 200 Jahre Sicherheit in Österreich. 3 Bde. – Wien 1937, Bd. 1

Opll, Ferdinand : Studien zur Versorgung Wiens mit Gütern des täglichen Bedarfs in der ersten Hälfte des 19. Jahrhunderts. – In: Studien zur Wiener Geschichte. Jahrbuch des Vereins für Geschichte der Stadt Wien. – Wien 1981, S. 50 – 87

Pfundheller, Josef: Die Schwarze Bibliothek. Eine Sammlung interessanter Kriminalfälle mit Benützung authentischer Quellen. 5 Bde. – Wien 1861–1862. – Neue Folge: 5 Bde. – Wien 1862

Pilgram, Arno: Kriminalität in Österreich. Studien zur Soziologie der Kriminalitätsentwicklung. – Wien 1980

Pribram, Alfred Francis (Hrsg): Materialien zur Geschichte der Preise und Löhne in Österreich. – Wien 1938. – (Veröffentlichungen des Internationalen Wissenschaftlichen Komitees für die Geschichte der Preise und Löhne: Österreich;1)

Putzer, Peter: Das Salzburger Scharfrichter Tagebuch. – St. Johann und Wien 1985

Reischl, Friedrich: Wien zur Biedermeierzeit. Volksleben in Wiens Vorstädten nach zeitgenössischen Schilderungen. Wien 1921

Rittler, Franz: Freimütige Enthüllungen der wahren Ursachen des täglich sich mehrenden Bettelunwesens und wohlgemeinte Vorschläge, ihm mit sicherem Erfolg zu steuern. – Wien 1818

Rittler, Franz: Gaunerstreiche oder listige Ränke der Betrüger unserer Zeit. Eine Beantwortung der Frage „Wovon leben so viele unbemittelte und doch nicht arbeitene Menschen besonders in den großen Städten?". Um Redliche vor Schaden zu warnen. – Graz 1820

Rühm, Gerhard: Räuberhauptmann Grasel. – In: Protokolle. Wiener Halbjahresschrift für Literarur, bildende Kunst und Musik. – Wien 1976, Heft 1, S. 92 – 128

Schlögl, Friedrich: Vom Wiener Volkstheater. Erinnerungen und Aufzeichnungen. – Wien 1884

Schmitt, Friedrich: Statistik des österreichischen Kaiserstaates. Nach „Hains Handbuch der Statistik" für den Schulgebrauch bearbeitet. – Wien 1854

Schmitz, Severin von: Wiens Schandsäulen. – 2. Auflage. – Wien 1848

Schönholz, Friedrich Anton: Traditionen zur Charakteristik Österreichs, seines Staats- und Volkslebens unter Franz I. Eingeleitet und erläutert von Gustav Gugitz. – München 1914, Bd. 2

Schrank, Josef: Die Prostitution in Wien in historischer, administrativer und hygienischer Beziehung. – Wien 1886

Seyfried, Ferdinand von: Rückschau in das Theaterleben Wiens seit den letzten fünfzig Jahren. – Wien 1864

Soziale und politische Zustände Österreichs mit besonderer Beziehung auf den Pauperismus. – Leipzig 1847

Strafgesetz über Verbrechen, Vergehen und Übertretungen und die Preßordnung vom 27. Mai 1852 für das Kaisertum Österreich. – Amtliche Handausgabe. – Wien 1852

Szana, Bernhard: Der Wüstling aus der Weihburggasse. – In: Bettauers Wochenschrift. 3. Jg. (1926), Nr. 8, S. 3 – 6 u. Nr. 9, S. 12 – 13

Tartaruga, Ubald (= Edmund Otto Ehrenfreund): Der Wiener Pitaval. Eine Sammlung der interessantesten Kriminalprozesse aus Alt- und Neu-Wien. – 2. Auflage. – Wien 1924, Bd. 1

Therese Krones zum 150. Todestag. Katalog zur 68. Sonderausstellung des Historischen Museums der Stadt Wien. – Wien 1980

Tietze, Hans: Das vormärzliche Wien in Wort und Bild. – Wien 1925

Unger, Franz: Im Zeichen der Grausamkeit. Skizzen zur Geschichte der Leibes- und Lebensstrafen im alten Wien mit besonderer Berücksichtigung der verschiedenen Hinrichtungsarten. – Wien 1903

Violand, Ernst: Die soziale Geschichte der Revolution in Österreich. Hrsg. von Wolfgang Häusler. – Wien 1984

Wächtershäuser, Wilhelm: Das Verbrechen des Kindesmordes im Zeitalter der Aufklärung. Eine rechtsgeschichtliche Untersuchung der dogmatischen, prozessualen und rechtssoziologischen Aspekte. – Berlin 1973

Weill, Erwin: Berühmte Räuber nach authentischen Quellen. – Wien [1928]

Wien wie es ist. Fortsetzung der Sitten- und Charaktergemälde von London und Madrid. Aus dem Französischen übersetzt von Eduard Forstmann (= Carl Georg Reginald Herloss). – Leipzig 1827

Wiesner, Adolph: Denkwürdigkeiten der österreichischen Zensur vom Zeitalter der Reformation bis auf die Gegenwart. – Stuttgart 1847

Wildner, Ignaz (=Ignaz von Wildner-Mauthstein): Das österreichische Fabrikenrecht mit einem Anhang über das Recht der Wasserleitungen zum Maschinenbetriebe sowohl als zu andern Zwecken. – Wien 1838

Wurzbach, Constant von: Biographisches Lexikon des Kaisertums Österreich. – Wien 1864, Bd. 11

Zatschek, Hans: Handwerk und Gewerbe in Wien. – Wien 1949

Zenker, Ernst Viktor: Die Wiener Revolution 1848 in ihren sozialen Voraussetzungen und Beziehungen. – Wien 1897

[Zweihundert] 200 Jahre österreichische Unterrichtsverwaltung. Festschrift des Bundesministeriums für Unterricht in Wien. – Wien 1960

[Zweihundert] 200 Jahre Rechtsleben in Wien. Katalog zur 96. Sonderausstellung des Historischen Museums der Stadt Wien. – Wien 1985

Bildnachweis

Die vollständigen Angaben zu den Nachweisen finden sich im Literaturverzeichnis.

S. 93, Avé-Lallemant, S. 56
S. 98 f, Gross, Handbuch, S. 357 ff
S. 111, unten: Hartl, Wiener Kriminalgericht, S. 31, Hist. Museum der Stadt Wien
S. 111, oben: Bartsch, S. 128
S. 121, Therese Krones-Katalog, S. 72, Hist. Museum der Stadt Wien
S. 127, Therese Krones-Katalog, S. 53, Hist. Museum der Stadt Wien
S. 139, Hartl, Wiener Kriminalgericht, S. 43, Hist. Museum der Stadt Wien
S. 177, oben: Hartl, Wiener Kriminalgericht, S. 64, Hist. Museum der Stadt Wien

Alle übrigen Illustrationen stammen aus dem Bildarchiv der Österreichischen Nationalbibliothek.